激发孩子潜能的 500个 思维游戏

常　桦◎主编

吉林出版集团
吉林科学技术出版社

图书在版编目（CIP）数据

激发孩子潜能的500个思维游戏 / 常桦主编. -- 长春 : 吉林科学技术出版社, 2016.1（2021.1重印）
ISBN 978-7-5578-0000-0

Ⅰ. ①激… Ⅱ. ①常… Ⅲ. ①智力游戏－青年读物②智力游戏－少年读物 Ⅳ. ①G898.2

中国版本图书馆CIP数据核字(2015)第285335号

激发孩子潜能的500个思维游戏

主　　编　常　桦
出 版 人　李　梁
责任编辑　刘宏伟
封面设计　南关区涂图设计工作室
技术插图　南关区涂图设计工作室
开　　本　710mm×1000mm　1/16
字　　数　300千字
印　　张　15
版　　次　2016年1月第1版
印　　次　2021年1月第2次印刷

出版发行　吉林出版集团
　　　　　吉林科学技术出版社
实　　名　吉林科学技术出版社
社　　址　长春市人民大街4646号
邮　　编　130021
发行部电话/传真　0431-85677817　85635177　85651759
　　　　　　　　85651628　85600611　85670016
编辑部电话　0431-85642539
邮购部电话　0431-86037579
网　　址　www.jlstp.net
印　　刷　北京一鑫印务有限责任公司

书　　号　ISBN 978-7-5578-0000-0
定　　价　45.00元
如有印装质量问题可寄出版社调换

前言

哈佛大学校长艾略特曾经说过："人类的希望取决于那些知识先驱者的思维，他们所思考的事情可能超过一般人几年、几代人甚至几个世纪。"著名科学家霍金认为："有一个聪明的大脑，你就会比别人更接近成功。"思维能力在人的成功过程中起着举足轻重的作用，无论从事什么职业，处于什么岗位，拥有活跃的思维，都是快速走向成功的有利资本。对于哈佛大学这样的百年世界名校来说，全面开发学生的思维能力，其重要性远排在教授具体知识技能之上。

培养青年学子的超常思维能力，其重要性永远排在具体的知识技能之前。游戏为我们提供了最好的训练思维的方法，无论多么杰出的教育都比不上游戏对我们智力的影响。因此，思维是玩出来的，逻辑是练出来的，头脑就是这样变聪明的！

这是一本可以让我们的脑袋做体操的书。无论孩子、大人，或是学生、上班族、管理者，甚至高智商的天才们，都能在书中找到适合自己的题目。玩精彩游戏，快速提升我们的智商，充分发掘大脑潜能，提升素质，让每个孩子都能迅速迈向成功人生！

书中精选的各类游戏，从开发和加强的目的着手，用游戏把孩子爱玩的天性和好奇的天性结合起来，让孩子能够在"玩中学"，在"学时玩"，科学合理地培养孩子分析问题、解决问题的能力和良好的思维习惯，使孩子终身受益。

本书所选的思维游戏是全方位提升学生素质而专门设计的，每个游戏都极具代表性和独创性，内容丰富，形式活泼，难易有度。这些训练思维和提升素质的游戏，将让你在享受乐趣的同时，全面提升你的各种素质和能力，发掘你的大脑潜能，让你不断超越自我，迅速迈向成功。

目 录 Contents

第一章 想像与创造——让思想插上翅膀

第二章 观察与分辨——捕捉稍纵即逝的火花

第三章 逻辑与判断——在思维的海洋中畅游

第四章 注意与记忆——唤醒沉睡的大脑

第五章 排除与假设——熟谙思海战术

第六章 分析与综合——细节与大局的辩证观

第七章 类比与计算——感受数字王国的魅力

第八章 侦探与推理——思维火山大爆发

第一章

想像与创造

——让思想插上翅膀

思维魔方提醒：不要以常规思维来解决这些问题，因为你会一无所获。

充分调动你的大脑想像力，运用创造性思维，试着发挥你的潜力。拥有强大想像力和创造性可以深度释放个人大脑的能量，让你的脑子越用越活，越用越有灵感，像一处永不干涸的泉水，时时迸发出惊人的创新，让每一天都是新的一天。

1 提示作答

游戏难度 ★☆☆☆☆
最佳完成时间 1分钟

◆用三个字来描述与下列词语有关的事物。

广告、荧光粉、维多利亚女王、哨兵。

2 脱口而出

游戏难度 ★☆☆☆☆
最佳完成时间 1分钟

提示一：法国大革命
提示二：广播
提示三：塞纳河
提示四：建筑

◆你能猜出与这四种提示有关的事物或概念吗？(五个字)

3 占卜

游戏难度 ★☆☆☆☆
最佳完成时间 2分钟

在城墙环绕的市镇里，住着一名道行高深的占卜师。有一名男子去拜访这位占卜师，请占卜师占卜他的婚姻、事业、健康和运气。但占卜师家的门口写着："每问两个问题费用为20元。"偏偏他身上只带了25元，他认为费用过于昂贵，便问占卜师："不管我的问题多长，也算是一个问题吗？"占卜师回答："是的。"他又问："不管我的问题多短，也算是一个问题吗？"占卜师回答："当然。"因此，他找出了最有效率的问法。

◆请问，他可以问几个原本他想问的问题？

4 老兵的教导

游戏难度 ★☆☆☆☆
最佳完成时间 1分钟

老兵总是这样教导新兵："在战场上要躲在炮弹炸出的新弹坑里，因为根据概率，炮弹再落到那个地方的可能性近乎为零，所以那里是最安全的。"

◆这种说法正确吗？为什么？

5 马尾巴的方向

游戏难度 ★☆☆☆☆
最佳完成时间 1分钟

有匹马溜溜达达走出马圈。它先向着太阳升起的地方长嘶一声，然后便掉头飞奔了一会，又向左转弯飞奔，继而又向右转弯飞奔，继而又就地打了个滚，接着抖抖身上的草，开始低头吃起草来。

◆现在，这匹马的尾巴朝着哪个方向？

6 可怜的小狗

游戏难度 ★☆☆☆☆
最佳完成时间 1分钟

一根2米长的绳子将一只小狗拴在树干上，小狗贪婪地看着地上离它2.1米远的一块骨头，却够不着。

◆它该用什么方法来抓骨头呢？

7 看谁跑得慢

游戏难度
最佳完成时间 4分钟

一场骑马比赛正在进行，哪匹马跑得慢就是胜利者。于是，两匹马慢得几乎“停滞不前”，这样进行下去，比赛什么时候可以结束呢？骑手也犹豫，担心和不安起来了。多亏来了个聪明人，他想出了一个办法，使这场比赛很快结束了。

◆聪明人想的是什么办法？

8 失踪的小鸭

游戏难度
最佳完成时间 3分钟

有一只母鸭带着一群小鸭去河边，在河滩上，鸭妈妈数了一遍，是12只鸭宝宝。鸭妈妈又数了一遍，却变成了10只，在这个过程中，没有别的人或者动物来把鸭宝宝带走，也没有小鸭跳到水中去游泳。

◆那么，这是怎么一回事呢？

9 熊的颜色

游戏难度
最佳完成时间 1分钟

一只熊向南走一里，又向东走一里，然后再向北走一里，又回到了起点。

◆这只熊是什么颜色的？

10 挖隧道

游戏难度
最佳完成时间 3分钟

英国政府为在英吉利海峡下挖一条隧道而公开招标，预算达数百万英镑，可是有一家商行只要1万英镑。建筑委员会主席问：“考虑到设备和成本，这么少标的，请问，你打算怎么进行这项工程？”承包商答道：“这很简单。我的合作人拿一把铁锨在法国那边动手挖掘；我拿另一把铁锨从英国这边动手挖掘，一直挖到我们俩汇合在一起，你就会得到一条隧道了！”

“如果你们不能汇合呢？”主席又问。

◆请猜一猜，承包商如何回答？

11 怎样才能喝到好酒

游戏难度 ★★★☆☆
最佳完成时间 3分钟

曾经有一家稀奇的饭店，卖的酒也是稀奇古怪。客人无不感到新鲜有趣，虽然每每无功而返，但还是有人乐此不疲。这家酒店平时只卖两种酒，一种好的，一种不好的。怪就怪在它居然还有一条奇特的规定：想喝好酒的人必须从4米多高的竹竿上，将装满好酒的酒瓶拿下来，不准用梯子，也不许把竹竿砍断或放倒，而且不能爬上竹竿，因此许多人只能望着酒瓶垂涎。

◆ 你有办法喝到好酒吗？

12 聪明的收税官

游戏难度 ★★★★☆
最佳完成时间 4分钟

很多年以前，在一个生活富裕的部落里，部落首领对该部落的一头神河马照料得十分周到。

首领每逢生日，就和他的收税官带着这头畜生一起乘上华丽的彩船，沿河游览收税营房。

当地的习惯是，交给首领的金币的重量必须同这头神河马的体重相等。在收税营房的边上有一台大天平，它的一边可以载上河马，而另一边则以金币来平衡。

首领把神河马喂养得很好，河马越长越肥壮，以致有一年天平的杠杆竟然称断了，而这根杠杆需花几天才能修好。

首领顿时变了脸色，他对收税官说："我今天就要把金币收上来，而且一定要如数收齐。如果在太阳落山之前还想不出办法，我就砍你的头。"

可怜的收税官一时没了主意。他集中精力苦苦思索几个小时之后，突然想出一个好主意。

◆你能想出他用的是什么办法吗？

13 测绳长

游戏难度 ★★★☆☆
最佳完成时间 4分钟

伽利略曾经提出这样一个问题：在一个又高又暗的城堡顶端，挂着一根细绳，人们看不见它的上端，只能看见它的下端，可又无法爬到高处去测量长度。

◆ 你有办法测出绳子的长度吗？

14 锁船问题

游戏难度 ★★★☆☆
最佳完成时间 3分钟

3位航海爱好者共有一只小艇。他们想做出一种安排，使每个人都可以随时取到小艇使用，而又不被别人偷去。为此，他们用3把锁和一条铁链把小艇锁在岸边。每人只有一把钥匙，但都能用自己的钥匙把自己的锁打开，而用不着等待另外两人带着他们的钥匙前来协助。

◆这个巧妙的安排是怎样做的呢？

15 抛锚的轿车

游戏难度 ★★☆☆☆
最佳完成时间 2分钟

一位新手司机开着车会见朋友，半路上忽然有一个轮胎爆了。当他把轮胎上的4个螺丝拆下来，从后备箱里把备用轮胎拿出来时，不小心把4个螺丝踢进了下水道。

◆那么，新手司机该怎么做才能使轿车安全地开到距离最近的修车厂？

16 两个月亮

游戏难度 ★★★☆☆
最佳完成时间 3分钟

外星人向地球发射了一颗人造卫星。这颗卫星同月亮一样大，而且与月亮运行在同一条轨道上。

◆从此，两个月亮同时绕着地球转，后果如何？

17 巧解七链环

游戏难度 ★★★★☆
最佳完成时间 4分钟

有一个女士去外地旅行时没有钱了，她要在一个陌生的小镇待上七天等待她的家人给她邮钱过来。

但是在这七天的时间内，她必须付她的房费，她只剩下一条由7个金环套在一起的手链，店主同意她每天用1个环来充当她的房费，等她有钱的时候再赎回。她必须自己把链环割开。那么，在每天必须付1个链环作为房费的情况下，有一种方法是割开第二、四、六个环，这样就可以把7个环都分开来付房费了。

◆但是，有没有更少的分割的方法呢？

18 离奇的决斗

游戏难度 ★★☆☆☆
最佳完成时间 2分钟

甲和乙因世仇而决斗。在一个乌云滚滚的天气里，二人在荒野中各自拔出刀。在决斗前，甲已用阴谋诡计把乙的钢刀换为一把木刀。当乙举起刀的那一刻，才发现自己上当，但甲已挥动利刃向乙逼来。乙想这回自己必死无疑。正在此时，突然天空雷电交加，震耳炫目，情况发生了巨大的变化。

◆究竟有什么变化？猜猜看。

19 智慧的青年

游戏难度 ★★☆☆☆
最佳完成时间 2分钟

有一个青年要参加巴黎公社运动，但是他并不是很了解它，他的父亲劝阻他说："如果你做的是一件正直的事情，你就要受到恶势力的侵害；如果你做的是一件邪恶的事情，那么上帝就会惩罚你，你总要受到伤害，所以你不要去了。"

但是青年想参加这项运动，他巧妙地回答了那个问题，说服了父亲。

◆你知道他是怎么回答的吗？

20 巧打绳结

游戏难度 ★★☆☆☆
最佳完成时间 2分钟

有一条绳子，请用右手拿着绳子的一端，左手拿着另一端，两只手都不准放开绳子，把这条绳子打个结。

◆你能做到吗？

21 小偷斗恶狗

游戏难度 ★★☆☆☆
最佳完成时间 2分钟

有一个小偷探得一个别墅中午没人在家，他准备入室行窃。那一家的围墙只有150厘米高，但只能由一条小径进入。

不幸的是，有只凶猛的狗被用一根链子拴在一颗大树上，而别墅的门窗都在恶狗的势力范围。

◆但这个小偷还是绕过了恶狗进入室内，他是怎么做到的呢？

22 推谁下去

游戏难度 ★☆☆☆☆
最佳完成时间 2分钟

有三个人乘坐一个大热气球在空中飞行，他们遇到了风暴，在风暴中点火装置坏了，他们将要飘落在海中，如果减轻一些重量的话，就会飘过海洋，落到对面的陆地上，他们开始把热气球中的东西往外扔，但是扔完后，还是不够。

于是三个人中必须有一个做出牺牲，来确保另外两人的安全。他们一个人是著名的物理学家，在物理学界做出过杰出的贡献；一个人是计算机专家，曾设计出一种快速运算的超级计算机；另一个是心脏病专家，曾拯救过数千患者的生命。

◆那么，究竟该牺牲哪一个人？

23 奇怪的车祸

游戏难度 ★★☆☆☆
最佳完成时间 2分钟

车祸发生不久，第一批警察就赶到了现场，他们发现司机完好无损，翻倒的车子内外血迹斑斑，却没有见到死者和伤者，而这里是荒郊野外，并无人烟。

◆这是怎么回事？

24 年轻的真相

游 戏 难 度 ✿✿❀❀❀
最佳完成时间 2分钟

曾经有一位夫人在一个宴会上遇到了爱因斯坦，她在爱因斯坦面前喋喋不休地说着，尽讲一些虚荣的事情。爱因斯坦有些厌烦，但不好意思拒绝。他本来参加宴会是想和人聊一些物理上的事情。这时，那位夫人问道："你知道为什么成年男子一般看起来比成年女子年轻吗？"这是一个古怪的问题，但爱因斯坦想了一下，用一句话就解释清了这个问题。

◆你知道他是怎么说的吗？

25 问路

游 戏 难 度 ✿❀❀❀❀
最佳完成时间 1分钟

如果有人向你问路。

◆你最怕听到哪一句话？

26 幽默的钢琴家

游 戏 难 度 ✿✿✿❀❀
最佳完成时间 3分钟

一位著名的钢琴家去某地演出，结果他发现到场的观众并不多，座位多半空着，为了打破尴尬的气氛，钢琴家灵机一动，先向观众说道："我想你们一定都很有钱，______________。"钢琴家的话音刚落，观众就笑了起来，立即为这位幽默的钢琴家鼓掌。

◆请问：你知道这位钢琴家的后半句说了什么吗？

27 精神病院的故事

游 戏 难 度 ✿✿✿❀❀
最佳完成时间 3分钟

德国大音乐家瓦格纳的学生，奥地利作曲家胡戈•沃尔夫在37岁时被认为精神失常而被送进一家精神病院，但他认为自己是"正常"的，不应该进精神病院。

"那只钟有毛病吗？"沃尔夫指着医院餐厅里挂着的一只钟说。

"它走得很准。"护士回答说。沃尔夫立即问了一句话，让护士惊讶不已，不得不在心里认为沃尔夫其实也是正常的。

◆请聪明的你，猜猜沃尔夫问了什么？

28 妙答警察

游 戏 难 度 ✿✿❀❀❀
最佳完成时间 3分钟

布朗科•纳戈斯基是美国杰出的足球运动员，也是球迷们的偶像。

有一天，他比完赛回来，在房间里和另一个队员嬉闹起来，一不小心，纳戈斯基从二楼的一个窗户掉了下去，很快引来不少人围观。

庆幸的是纳戈斯基没有什么大碍，他慢慢从地上站起来，摸摸头想看看头上有没有摔出伤口。这时，一个交通警察走了过来，他并不关心纳戈斯基有没有受伤，只是问他："出了什么事？"谁知，纳戈斯基的回答竟让警察一脸迷茫。

◆你知道纳戈斯基是怎样回答的吗？

29 国王的孩子

游戏难度 ✿✿✿✿⚙

最佳完成时间 1分钟

很久以前，有一个年老的国王想收养一个孩子。他将一些煮过的花籽发到全国各地，宣布愿意做他的孩子的小朋友，都可以拿一些去种。并提出条件，一年以后，这些孩子需端着一盆花来见他，其中谁的那一盆最感动他，谁就是他的孩子。

一年过去了，许多小孩子都端着一盆花来拜见国王，那些花都开得十分漂亮，有的还是花骨朵。但是唯有一个穿着旧衣服的小男孩，站在一个角落里，默默地注视着国王，眼里泪花闪闪。只见他拿的花盆里除了泥土，连一片叶子也没有。

国王走向他，问他为什么哭泣。他看着花盆说："我精心地浇灌着，可它始终没有长出来，更没有开出一朵让国王感动的花。我对不起国王。"孩子说完，真诚的泪水夺眶而出。国王立即将他搂在怀里，缓缓地说道："不用说了，你就是我的儿子！"

◆请问，国王为什么选中了这个男孩？

30 让水不洒

游戏难度 ✿✿⚙⚙⚙

最佳完成时间 3分钟

请你用手把装满水的杯子倒转过来，一直拿着，确保杯中的水不会洒下来。

要求：杯子上不加盖子，杯中一定是液态的水，而非冰或水蒸气。

◆请问，应该用什么方法呢？

31 让长线变短

游戏难度 ✿✿⚙⚙⚙

最佳完成时间 2分钟

在纸上画一条直线，要求不许把这条直线截断，但是你要把这条直线变短。

◆你能办到吗？

32 求职绝招

游戏难度 ✿✿✿✿⚙

最佳完成时间 1分钟

曾经有个美国青年去求职，当他到达招聘地点时，前面已有几十位求职者排着长队。

这时，青年知道，要在这个队伍中赢得老板的青睐并不是一件容易的事，要想求得这个职位，必须想一个好办法。片刻之后，青年想到了一个主意，他拿出一张纸，掏出笔在上面写了几行字，然后托人交给老板。不一会儿，看完字条后的老板就哈哈大笑起来，并将职位留给了这个聪明的美国青年。

◆请问，你知道这个青年在字条上写了什么吗？

33 毕加索与士兵

游 戏 难 度 ✿✿✿✿✿
最佳完成时间 4分钟

有一次在巴黎，世界著名画家毕加索和一位士兵聊起了绘画。士兵坦率地对毕加索说：“我不喜欢抽象画，因为它不真实。”毕加索听后没有反驳这位士兵。两人在闲谈间，士兵拿出了自己女朋友的照片给毕加索看，并兴奋地说：“这是我的女朋友。”毕加索看了一会儿故作惊讶地说了一句话，温和而幽默地证明了士兵之前对现代画的荒谬理解。

◆你知道毕加索对着照片说了一句什么话吗？

34 保守军事秘密

游 戏 难 度 ✿✿✿✿✿
最佳完成时间 3分钟

一次，约克逊将军受访于好友，好友向将军提出了一些问题，但这些问题事关军事机密，将军是不会回答的。但是，他们俩是好朋友，将军既不愿意让好朋友为难，又绝对不能泄露军事秘密。怎么办呢？

这时，将军想了一个办法，巧妙地拒绝了好朋友的要求。

◆你知道将军是怎样说的吗？

35 让谁上车

游 戏 难 度 ✿✿✿✿✿
最佳完成时间 3分钟

在一个暴风雨的深夜，司机开车行驶在回家的路上，现在只能搭载一个人了。此时车到了一个公交车站，有三个人正在站上等公共汽车。其中一个是患重病的老人，急需到医院进行救治；一个是医生，曾经救过司机的命，司机一直想报答他；一个是司机爱慕已久的姑娘，此刻便是向对方大献殷勤的好机会，错过这个机会可能就永远得不到姑娘的芳心。

◆请问，司机该怎么办呢？

36 机智的俘虏

游 戏 难 度 ✿✿✿✿✿
最佳完成时间 3分钟

有一个残暴的国王，统治着一个奇怪的国家。这个残暴的国王颁布了一条奇怪的法令，所有从前线抓回来的俘虏都要回答这样一个问题：你来这里做什么？如果回答的是真话，就得用火烧死；如果回答的是假话，就得绞死。看起来，任何俘虏都难逃噩运。

有一天前线送来了一个俘虏，执法官按照惯例问他：你来这里干什么？

◆如果你是这个俘虏，你会怎么回答这个问题，来保住性命？

37 妙进城堡

游 戏 难 度 ✱✱✱☼☼
最佳完成时间 3分钟

有一座城堡，城主下了一道命令，不许外面的人进来，也不许里面的人出去。看守城门的人非常负责，每隔10分钟就走出城门巡视一番，看看是否有人想偷着出去或进来。詹姆斯有急事要进城去找他的朋友商量，可是看守城堡的人又那样认真，怎样才能趁守门人不注意时，偷偷进入城堡呢？詹姆斯想到了一条妙计，顺利地进入城堡。

◆你知道詹姆斯是怎样做的吗？

38 斯芬克斯谜题

游 戏 难 度 ✱✱✱☼☼
最佳完成时间 3分钟

古希腊有一个神奇的怪物叫斯芬克斯，它上身是一个女人的头像，下身却是狮子的身体。斯芬克斯来到底比斯城后，蹲在一个小山上，注视着过路的人。每一个进入底比斯城的人都会被它拦住，然后被问一个问题：

世界上有一种动物，这种动物早晨四条腿，中午两条腿，晚上三条腿，腿越多，力量越弱。这是什么动物？

如果行人答不上来，立刻会被它吃掉；如果行人答对了，斯芬克斯就会跳悬崖而死。后来俄狄浦斯回答了出来，为底比斯城除去了一大祸害。

◆你知道该怎么回答吗？

39 标签的作用

游 戏 难 度 ✱☼☼☼☼
最佳完成时间 2分钟

明明是放糖的罐子，却贴着一张写着“盐”的标签。

◆这样用意何在？

40 怎么灭蚊

游 戏 难 度 ✱☼☼☼☼
最佳完成时间 2分钟

夏天，一个老太婆在院子里乘凉，有一只蚊子来吸她的血，她没用手也没用脚，就把那只蚊子弄死了。

◆她是怎样灭蚊的？

41 佐罗求婚

游 戏 难 度 ✱✱☼☼☼
最佳完成时间 2分钟

佐罗喜欢上了维加，他用自己正常人狄戈的身份去向维加的父亲求婚，维加的父亲知道自己的女儿很喜欢这个小伙子，但是他想难为佐罗一下，于是他对佐罗说：“让我同意把女儿嫁给你也可以，但是你必须说一件令我不相信的事情，如果你能说出的话，我就让你娶我的女儿。”

佐罗想了想，说了一句话，维加的父亲听了，知道自己无论怎么说都要把女儿嫁给他，于是很满意，同意了这门婚事。

◆你知道佐罗说的是什么话吗？

42 聪明的女演员

游戏难度 ✿✿✿✿✿
最佳完成时间 3分钟

剧作家的新剧本的首次演出获得了成功，他非常兴奋，跑到后台拉着女主角的手说：“太精彩了，太完美了。”女主角感到有点受宠若惊，便说：“你过奖了，没有那么好。”可是这位剧作家却说：“我指的是剧本。”

这位女演员很是尴尬，但是她掩饰住脸上尴尬的神色，平静地说了一句话，为自己摆脱了窘境。

◆你能想到她是怎么说的吗？

43 平分甘蔗

游戏难度 ✿✿✿✿✿
最佳完成时间 1分钟

有三个孩子一起分一根粗细不均匀的甘蔗。

◆他们怎么分，才能平分成三份呢？

44 智力学校招生

游戏难度 ✿✿✿✿✿
最佳完成时间 3分钟

中古时代欧洲有一个很出名的智力学校，从学校出来的人都特别聪明，而且大都成就了一番事业，所以当时很多人都想成为这个学校的学生。但学校的入学考试特别严格，有一届考试是这样的：把所有的考生关在一个大屋子里，每天有很不错的吃喝，但门口有考官把守，谁能第一个出这间屋子，将被学校录取。

于是有人说父亲病重要回去照顾，考官就把他父亲从家中接来；有人说自己病重，考官就请来医生……这里的考生提了很多理由，但是考官就是没有让人出去过。这时有一个人对考官说了一句话，考官就放他出去了，结果他被录取了。

◆你知道这个人说的是什么话吗？

45 获得最多的金币

游戏难度 ✿✿✿✿✿（1/5）
最佳完成时间 3分钟

国王对有功劳的大臣说："我决定犒赏你们，我在这个瓦罐里面放了101颗重量、大小、质地、触感都一样的圆球。有51颗是黑色的，有50颗是白色的。现在我让你蒙上眼睛来取圆球，数目不计，如果你拿出来的圆球正好是黑白对半，我就赏你和圆球同样数目的金币；但如果你取出来的数目不同，就得不到金币了。"

大臣旁边的侍从偷偷对这名大臣说："你只要拿两颗，就有50%的概率赢得金币了。"

◆但是，除此之外，有没有更好的方法呢？

46 狼吃羊

游戏难度 ✿✿✿✿✿（3/5）
最佳完成时间 3分钟

一条干瘦的饿狼晚上去了一个村庄，它发现有一只肥羊被关在一个铁笼子里。笼子的缝隙正好可以让这个狼钻进去。

但是这只狼很聪明，它知道如果它钻进去吃了羊，那时它的身体就不能从笼子里钻出来了，可他又不想放弃这个饱餐一顿的机会。

◆那么，这只狼怎么做才能吃到羊，并且可以从容逃脱呢？

47 委屈的纳粹军官

游戏难度 ✿✿✿✿✿（4/5）
最佳完成时间 4分钟

第二次世界大战时，在被德国占领的法国，四个人坐在同一辆火车上，其中一个是身穿军装的纳粹军官；一个是法国人；一个是漂亮的姑娘；一个是老妇人。

火车上的灯坏了，在过山洞的时候，漆黑一片。突然传来亲吻的声音，然后是一掌打在脸上的声音。很快火车从山洞里出来，只见纳粹军官脸上出现了一块猩红的手掌印。

老妇人心想："他真活该，这姑娘就应该这么对待坏人。"

而姑娘想："这个纳粹军官真怪，他没有吻我，难道是他吻了那个老妇人或者那个法国人？"

纳粹军官感到很委屈，心想："我什么都没有做啊！难道是那姑娘打错了？"

◆你能想出事情的真相吗？

48 发财狗

游戏难度 ✿✿✿✿✿（1/5）
最佳完成时间 2分钟

小狗波波不小心吞了1元钱，主人把它倒过来，它却吐出10元钱。

◆这时，主人该怎么办？

49 如何固定蜡烛

游戏难度 ✿✿✿✿✿
最佳完成时间 3分钟

◆以下是有名的"邓克尔蜡烛"问题，经常用于智力测试题，请你仔细思索一下：

给你几根普通蜡烛、一盒火柴、一些图钉，要求你在尽可能短的时间内，把其中一根蜡烛安放在垂直的木板墙上。

50 美女推销员

游戏难度 ✿✿✿✿✿
最佳完成时间 2分钟

有一个女推销员，专门推销价格相当高的百科全书，其业绩惊人。同行们向她请教成功的秘诀，这位美丽的女推销员说："我选择夫妻在家的时候上门推销，手捧全书先对那位丈夫说明来意，进行推销。讲解结束后，总要当着妻子的面对丈夫说：你们不用急着做决定，我下次再来。这个时候，妻子一般都会做出积极的反应。"

◆为什么妻子会做出积极的反应？

51 放风囚徒的谜题

游戏难度 ✿✿✿✿✿
最佳完成时间 5分钟

有100个无期徒刑的囚徒，被关在100个独立的小房间里，互相之间无法通信，但他们每天有一个囚徒可以出来放一会风，且这个囚徒是随机抽取的。在放风的院子里有一盏灯，囚徒可以打开或者关上，除囚徒外，没有别人会去动这盏灯。除了出来放风的囚徒，别的囚徒是看不到这个灯的。

有一天，国王来巡视这个监牢，他决定大赦这批囚徒，但是有一个要求，就是如果某一天，某个囚徒能够明确表示，所有的囚徒都已经出来放过风了，而且的确如此，那么所有囚徒都将被释放；如果仍有囚徒未出来放过风，那么所有的囚徒将一起被处死。

国王给了他们1个小时的时间讨论。

◆你能想出一个合适的方法，帮助他们吗？

52 抢救名画

游戏难度 ✿✿✿✿✿
最佳完成时间 2分钟

德意志的路易皇帝很喜欢收集名画，皇宫到处挂满了历代名家之作。有一次，皇宫进行了一次有奖智力竞赛，其中有这样一个题目：如果德国最大的博物馆失火了，而当时的情况非常紧急，只允许抢救出一幅画，那么，你会去抢救哪一幅？

结果，在皇宫所收到的成千上万份回答中，奥卡姆的回答最佳，他因而获得了很大一笔奖金。

◆他的回答是什么呢？

53 阿基米德巧赢战争

游戏难度 ✿✿✿✿✿
最佳完成时间 3分钟

公元218年的一天，古希腊叙拉古城的城楼上，一位士兵像往常一样向远处瞭望。突然，他发现远处的海面上出现了无数的战船。

"罗马人向我们进攻了！"这名士兵惊恐万状地大叫起来。

当时，城里的男人都被派去前线了，只留下少数士兵，指挥官心急如焚，这时，阿基米德碰巧也在场。

只见他快步上了城楼，向一筹莫展的指挥官建议道："快，立即发布命令，让全城的妇女每人带着一面镜子，全部集中到城楼上来。"

阿基米德就是靠这些镜子战胜了敌人，这次战争的胜利成为古今军事史上的一个奇迹。

◆请问，阿基米德用这些镜子干什么？

54 如何为国王铺牛皮

游戏难度 ✿✿✿✿✿
最佳完成时间 2分钟

很久很久以前，人们是不穿鞋子的。

有一个国王，大臣们为了讨好他，将他所有的房间都铺上了牛皮，当国王走在上面的时候，感到十分舒服。于是国王就下令，将全国所有的土地全部铺上牛皮。这简直是不可能的事！到哪儿去找这么多的牛皮？即使有那么多牛皮，又怎能把国王要走的路全铺满呀？大臣们全慌了，他们抓耳搔腮，一筹莫展。

◆你有什么好办法，既不需要将全国所有的土地全部铺上牛皮，又使国王感到舒适满意呢？

55 强盗火拼

游戏难度 ✿✿✿✿✿
最佳完成时间 4分钟

有三个强盗分赃不均，决意进行火拼。这时三个人正好站在边长为1米的正三角形的顶点上。每个人手中都有一把枪，枪中都有一发子弹，而且每个人都是神枪手，都不会失手。

◆如果你是其中的一个人，你要怎么做才可能活下来？

56 机敏的新兵

游戏难度 ★★★☆☆
最佳完成时间 3分钟

某个连队中，有个刚入伍的新兵总是分不清左右，因为这个他经常挨批评，带队的班长也为此颇感头疼，但他就是改不了。一次，上级首长前来视察新兵的操练情况。尽管班长反复叮嘱了他，可到了真正为首长做汇报表演的时候，他却再次出现了失误。当班长喊出“向右看齐”的口令时，只有他一个人把头扭向了左边。于是，首长注意到这个“与众不同”的新兵，就把他叫到自己的跟前，问他为什么会错误地执行了口令。

一边的班长直冒冷汗，这位首长可是一向以严厉著称啊！可这个新兵灵机一动，竟然脱口而出地说出了一个理由。等他说完以后，首长不仅没有批评他，反而夸他是一个反应很机敏的好士兵呢！

◆那么，你能猜出这个新兵是如何回答问题的吗？

57 雷人的招牌

游戏难度 ★★★☆☆
最佳完成时间 3分钟

有三个商人在一处互相毗邻的地段各自租赁了一个店面，分别开起了古玩店，独立经营。这三个店铺同时开业，有很多围观的人等着开门。就见左边的店主挂出了一个招牌，上边写着：“酬宾大甩卖！”而右边的店主也挂出了一个招牌，写着：“降价不惜本！”中间的店主见了，马上回到自己店里，也拿出了一个招牌挂上。结果，大家看了，纷纷走进了他的店，生意十分红火。

◆那么，他的招牌上到底写的什么呢？

58 摆脱罚款

游戏难度 ★★★☆☆
最佳完成时间 3分钟

一天，英国小说家狄更斯正在湖边钓鱼，这时一位陌生人走到他面前说道：“您好，在钓鱼吗？”“是啊，”狄更斯热情地答道，“可今天钓了半天，都没见一条鱼上钩。昨天也是在这儿，我却钓到15条呢！”“噢，是吗？”陌生人问道：“那你知道我是谁吗？”狄更斯摇了摇头。“告诉你，我是专门检查钓鱼的。本湖禁止钓鱼。”说着，他便从口袋里掏出罚款单，准备记名罚款。见此情景，狄更斯不慌不忙地反问了一句：“你知道我是谁吗？我是作家狄更斯！你不能罚我的款，因为……”那位检查人员一听，还真对这位作家毫无办法。

◆狄更斯是如何摆脱罚款的呢？

59 馆长催书有妙法

游戏难度 ★★☆☆☆
最佳完成时间 1分钟

加拿大卡尔加里市有一家公共图书馆，历史悠久，规模宏大，但就是有很多逾期不还的图书，当图书管理员向馆长汇报这一情况之后，馆长突发奇想，想出了一个办法，马上解决了这个问题。

◆你知道馆长想了个什么样的好办法吗？

60 鳄鱼池边的标牌

游戏难度 ★★★☆☆
最佳完成时间 3分钟

动物园的鳄鱼池边游人如织，经常有一些不文明的游客往鳄鱼池里面扔垃圾，工作人员想了好多办法都没有解决这个难题。一个聪明的工作人员想了一个办法。在鳄鱼池边立了一块标牌，上面写了一句话，立刻杜绝了乱扔垃圾的现象。

◆这是怎样的一句话呢？

61 货车过桥

游戏难度 ★★★☆☆
最佳完成时间 3分钟

一辆货车满载着6吨的钢索前进，但在行进中遇到了一座桥梁。桥头的标志牌上写着：最大载重量7吨。然而，光货车车身就重2吨，再加上钢索，明显超过了桥的载重量。

◆你能想办法帮司机通过这座桥吗？

62 分开红豆和绿豆

游戏难度 ★★☆☆☆
最佳完成时间 2分钟

用一个锅同时炒红豆和绿豆，炒熟后往外一倒，红豆与绿豆便自然分开。

◆请问该怎么炒？

63 聪明的狱吏

游戏难度 ★★★★☆
最佳完成时间 4分钟

国王视察监狱。他问一名犯人被判处何种徒刑。“终身监禁，陛下！”“典狱长！传我的命令，判处他一半终身监禁。”天哪！没有一个人知道应该怎样执行国王的命令。

后来有一个聪明的狱吏，想出了一个绝妙的办法，解决了这个难题。

◆你知道这个狱吏是怎样解决的吗？

64 最佳裁缝

游 戏 难 度 ✿✿✿⚙⚙
最佳完成时间 3分钟

欧洲某国的人最讲究服装时髦、高雅，这是因为他们的裁缝勇于创新、手艺高超。只要一有新款式服装出现，欧洲的富人就争先恐后地去这个国家买衣服、做衣服。在这个国家的都城，有一条大名鼎鼎的小街道，这条街上开着三家出了名的裁缝店，是欧洲的王公贵族们喜欢光顾的地方。这三家裁缝店为了竞争到最多的顾客，店招牌时常更换。什么“最雅缝纫店”、“绝活缝纫店”、“美妙缝纫店”等等。

某日，一家挂出了一个新店牌“欧洲最佳缝纫店”。又一家也赶紧挂出了新店牌：“世界最佳缝纫店”。谁也没有料到，当第三家的店牌挂出之后，另两家就彻底败阵了。因为他们即使绞尽脑汁，也无法想出在招牌上写什么文字可以压过这家了。不久，这两家店铺先后搬走了。

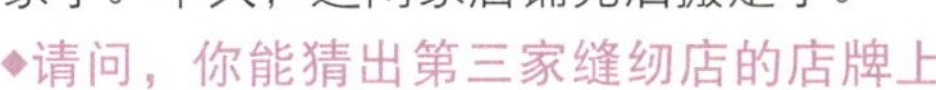

◆请问，你能猜出第三家缝纫店的店牌上写的是什么吗？

65 智力大考验

游 戏 难 度 ✿✿✿✿⚙
最佳完成时间 5分钟

现在你手头上有一盘水、一个烧杯、一个软木塞、一个大头针和一根火柴。你必须使所有的水都进入烧杯，但是不能把盛水的盘子端起来或者使之倾斜，也不能借助其他工具使水进入烧杯。

◆你怎么完成任务？

66 推销小说的办法

游 戏 难 度 ✿✿✿⚙⚙
最佳完成时间 3分钟

著名小说家毛姆在成名之前，生活非常艰苦，好不容易完成了一部很有价值的书，但由于种种原因，出版后一直无人问津。为了引起人们对这本书的注意，毛姆别出心裁地在各大报刊上登了一则征婚启事。几天之后，毛姆的书就被抢购一空。

◆请问，你知道毛姆的征婚启事都写了什么吗？

67 烤饼

游 戏 难 度 ✿✿✿✿✿
最佳完成时间 4分钟

有一种烤锅一次只能烤两张饼，烤一面所需的时间是1分钟。

◆你能在3分钟的时间烤好3张饼吗？注意：饼的两面都需要烤。

68 动手做做看

游 戏 难 度 ✿✿✿✿✿
最佳完成时间 3分钟

给你一张卡纸和胶带。

◆你能在不用手扶的情况下想办法让纸举起一本书吗？

69 过河

游 戏 难 度 ✿✿✿✿✿
最佳完成时间 1分钟

有个小学生想跳过两米宽的一条河，试了几次都失败了。可是后来，他什么工具也没用就达到了目的。

◆你知道他用的是什么好办法吗？

70 胖子过桥

游 戏 难 度 ✿✿✿✿✿
最佳完成时间 3分钟

一个胖子挑着一担重物准备过桥，但是桥只能承受400千克的重量，而胖子重250千克，他挑的重物重200千克，加起来已经超过了桥的载重量。重物是不能拆分的，必须和人一起过去，可这样一来，万一超重使桥断裂，掉下去可不得了，下面是深不见底的水，重物掉下去倒没事，因为他挑的重物不怕水，可人一旦掉下去就没命了。

他想了想，终于想到一个办法，一次性就将重物带过了桥。

◆请问，你知道胖子是怎样过桥的吗？

71 有趣的取水问题

游 戏 难 度 ✿✿✿✿✿
最佳完成时间 5分钟

有个装满了水的杯子，请你在不倾斜杯子或打破杯子的情况下，设法取出杯中全部的水。

◆请注意，办法越多越好。

第二章

观察与分辨

——捕捉稍纵即逝的火花

思维魔方提醒：睁大眼睛看清楚每一个地方，这样才不会找不到头绪。

不要被表面现象所迷惑，要仔细观察问题的每一个细节，注意：是观察而不是扫视。拥有一双火眼金睛需要大局观察和仔细分辨，能在别人都发现不了的思维盲区内纵意驰骋。用独特的眼光发现问题并解决问题，这是一种高质量的能力。

1 这样也相等

游戏难度
最佳完成时间 3分钟

下列算式，按一般考虑当然是不正确的。但从某种角度来看，它便成立。

◆这是什么角度？

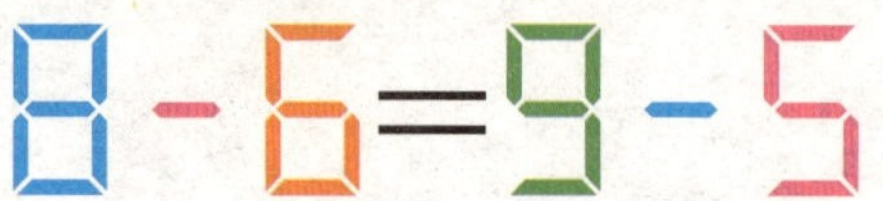

2 数正方形

游戏难度
最佳完成时间 4分钟

有一位艺术家拍了一张照片，照片是一处非常有意思的门廊。

◆如图所示，你能从中看到多少个正方形？

3 走楼梯

游戏难度
最佳完成时间 3分钟

某人要到10层大楼的第8层办事，不巧停电，电梯停开。如从第1层走到第4层需要48秒。

◆请问以同样的速度往上走到第8层，还需要多少秒才能到达？

4 地质员之死

游戏难度
最佳完成时间 2分钟

一个初秋的早晨，在一片森林里一棵大树下的一顶帐篷里，发现了失踪的老地质队员的尸体，他好像是在这儿被人杀死的。然而，公安人员得知他是个老地质队员后，只看了一眼现场，就马上下了结论：“罪犯是在其他地方作的案，然后又将尸体转移到这里来，伪装成死者在帐篷里被杀的假象。”

◆此结论的理由何在？

5 三分天下

游戏难度
最佳完成时间 5分钟

英、美、法3国各派一名探险家环球航行，企图发现新大陆。3名探险家经过千辛万苦，终于找到一个形状奇特的岛屿。3名探险家经过商量，决定3国平分这块土地，但怎样才能公平地划分这一土地呢？他们向大科学家爱因斯坦请教。爱因斯坦一笑：“太简单了，你们看，应该这样分。”3人一齐点头称对。

◆你知道爱因斯坦是怎样巧分土地的吗？

6 几个面

游 戏 难 度
最佳完成时间 1分钟

◆请问，一支尚未削开的端面为六角形的铅笔，一共有几个面？一支未削开端面为圆形的铅笔共有几面？

7 未湿的手机

游 戏 难 度
最佳完成时间 2分钟

有个人不小心把自己的手机掉进装满咖啡的杯子里，他急忙伸手从杯子中取出手机。此时，不但他的手指没有湿，而且连手机也没有湿。

◆有没有可能？

8 吹气

游 戏 难 度
最佳完成时间 1分钟

将长方形纸片的两端折成直角状，端放在桌上，然后用力吹气。请问这张纸会出现怎样的变化？

◆A.吸附在桌面上　　B.飞走

9 空中射弹

游 戏 难 度
最佳完成时间 1分钟

飞机在天空飞行，向前、后、正下方同时丢下一颗炸弹。

◆哪个先到达地面？

10 问路

游 戏 难 度
最佳完成时间 4分钟

一位行人问寓言作家伊索：“请问，到最近的村子还得走多长时间？”

伊索说：“你就走吧！”

行人说：“我知道走，但请你告诉我需要多长时间？”

伊索说：“你就走吧！”

行人想，这个人可能是个疯子，于是继续向前赶路。

过了一会儿，伊索大声对他喊道：“再过一小时你就到了！”

行人回头大声问：“为什么刚才你不告诉我呢？”

◆你知道这是为什么吗？

11 过元旦

游戏难度 ✿✿✿✿✿
最佳完成时间 3分钟

两个远航归来的人见面了。

一个说："我年前离开上海，向东航行。当我到美国旧金山的时候，已经是年后数天了。我是在海上度过新年的，有趣的是，我连续过了两个元旦。"

另一个说："我和你航线一样，只是方向相反，当我到上海的时候，也是年后几天，我竟没有赶上过元旦，真遗憾！"

◆请想一想，他俩说得对吗？为什么？

12 杂技演员过桥

游戏难度 ✿✿✿✿✿
最佳完成时间 2分钟

有一位杂技演员，带着两只大铁球，来到一座快要坍塌的旧桥前面，这座桥只能接受杂技演员再加一只铁球的重量。这位杂技演员利用杂技技巧，把两只铁球轮流地抛起来，这样，在同一时间内，他的手中就只有一只铁球。

◆他这样能安全地过桥吗？

13 多了一把伞

游戏难度 ✿✿✿✿✿
最佳完成时间 5分钟

火柴棒排成一把伞的形状（如图所示）。在只能移动4根火柴棒的情况下，要使这把伞变成两把。

◆该怎么做？

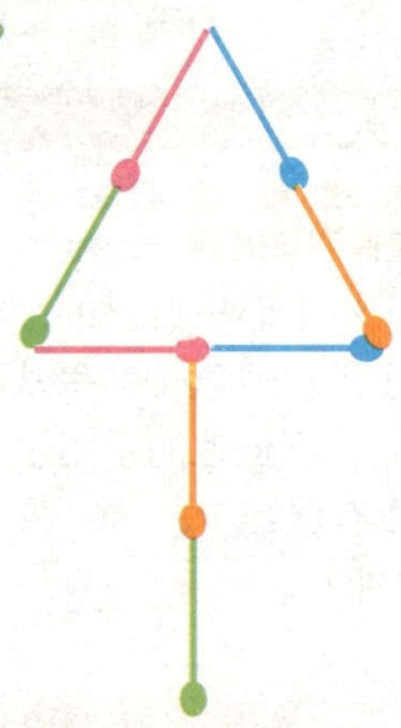

14 树往哪个方向倒

游戏难度 ✿✿✿✿✿
最佳完成时间 1分钟

◆这棵被砍的树要倒向何方？

15 数字迷宫

游戏难度 ✲✲✲✲✲
最佳完成时间 5分钟

◆上面是由数字组成的迷宫，如何从入口走到出口？

16 移动的蟑螂

游戏难度 ✲✲✲✲✲
最佳完成时间 5分钟

有9只蟑螂分布在9×9的方格中，每横行、竖行和对角线都超不过一只，3分钟后有3只蟑螂移动到了邻近的方格中，但每横行、竖行和对角线仍然不超过一只。

◆请问哪3只蟑螂移动了，怎么移动的？

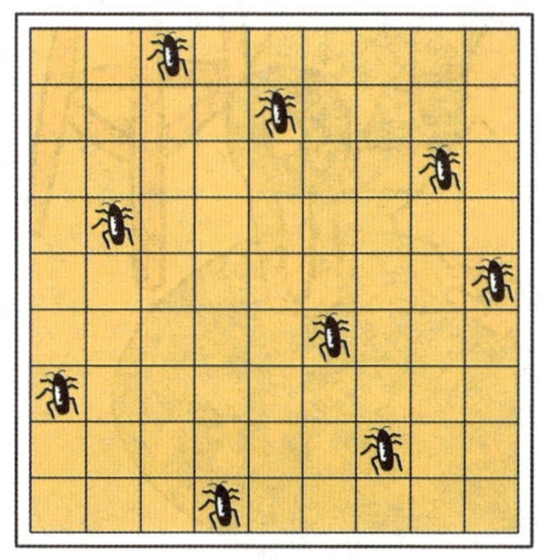

17 狡猾的赌徒

游戏难度 ✲✲✲✲✲
最佳完成时间 5分钟

街上有一个小赌局，摆赌局的人面前放着三个小茶碗。他对观众说："我要把一个玻璃球放在这三个小碗中的一个里，然后你猜测它可能在哪个碗中，如果你猜对了，我就给你10元钱，如果你猜错了，就要给我5元钱。"有个观众同意了，他玩了一会，输了一些钱，这时他计算了一下，发现自己猜对的概率只有三分之一。所以他不想玩了。这时那个摆赌局的人说："这样吧，我们现在开始用新的方式猜测，在你选择一个茶碗后，我会翻开另外一个空碗，这样，有玻璃球的碗肯定在剩下的两个碗中，你猜对的概率就大了一些。"

这位观众听后一想，觉得这样赢的概率大多了，于是继续赌了下去，可怜的他很快就输光了。

◆你知道这是怎么一回事吗？

18 聪明的老师

游戏难度
最佳完成时间 4分钟

老师发现自己唯一的落地钟时间停了，他要去邻居家对一下表。他按自己正常的步伐去了邻居家，到后他先看了一下邻居家表的时间，然后就进客厅和邻居聊天去了。当他要回家的时候，又看了一下邻居家表的时间，然后就回家调好了落地钟的时间。

◆那么，他是如何调整出准确时间的呢？

19 赶羊入圈问题

游戏难度
最佳完成时间 2分钟

如果你有9只羊，你怎么能把它们赶进10个羊圈里？

◆并且让每个羊圈里的羊的数目相等呢？

20 中奖的概率

游戏难度
最佳完成时间 1分钟

很多人都喜欢抽彩票，因为可能会得到大奖。如果有两种抽彩票的方法：一种是在10张中抽出2张来；另外一种是从100张彩票中抽10次，每次抽出2张来，但是每抽完一次就要把抽出的彩票再放回去。

◆你认为这两种方法哪一种抽中大奖的概率大一些呢？

21 两个车间的人数

游戏难度
最佳完成时间 2分钟

有两个相邻的车间，甲车间有5名工作人员。

◆那么乙车间可能比甲车间多6个人还是少6个人？

22 电路

游戏难度 ✲✲✲✲✲
最佳完成时间 1分钟

一根接在电路上的铁丝已经完全热了，突然，铁丝的左端被冷水滴打中。

◆你认为这时铁丝右端的温度和刚才相比，是变热了还是变冷了，或者是不变呢？

23 是男是女

游戏难度 ✲✲✲✲✲
最佳完成时间 5分钟

有90个学生排成一队去参观烈士公墓。如果他们的排列顺序是这样的：男、女、男、男、男、女、男、男、男、女、男、男、男、女、男、男、男、女……

◆那么，最后一个学生是男还是女呢？

24 变大还是变小

游戏难度 ✲✲✲✲✲
最佳完成时间 1分钟

如果在一枚硬币中间钻一个孔，再将硬币加热，那么，孔径是变大还是变小呢？有人说变小，理由是金属受热后膨胀，就把有孔的地方挤小了。

◆你认为呢？

25 倒霉的兔子

游戏难度 ✲✲✲✲✲
最佳完成时间 3分钟

老虎逮到了10只兔子，它只想吃中间的一个，做它的晚餐。于是它让这10只兔子站成一排，然后从头起“一、二、一、二”地报数，凡是报出“一”的都可以离开，最后剩下的那个就是它的晚餐。

◆那么，最后倒霉的兔子是几号呢？

26 变三角形

游戏难度 ✲✲✲✲✲
最佳完成时间 4分钟

如图，有两条直线。

◆想一想能不能只画上三条直线就将图变成5个三角形呢？试一试吧。

27 人生价值

游戏难度 ✲✲✲✲✲
最佳完成时间 2分钟

古希腊哲人说，未经反省的人生是没有价值的。

下面哪一个选项与这句格言的意思最不接近(　　)

◆A.只有经过反省，人生才有价值

B.要想人生有价值，就要不时地对人生进行反省

C.糊涂一世，快活一生

D.人应该活得明白一点

28 赚了多少钱

游戏难度 ✿✿✿✿✿
最佳完成时间 5分钟

一个商人以50元卖出一辆自行车，然后又花40元买了回来，这样显然他赚了10元钱，因为原来的自行车又回到他手里，又多了10元钱。现在他把他花40元买来的自行车以45元钱又卖了出去，这样他又赚了5元，前后加起来一共赚了15元。

但是，有一个人却认为：这个人以一辆价值50元的自行车开始，第二次卖出以后他有了55元，也就是说他只赚了5元钱。而50元卖一辆车是一次纯粹的交换，表明不赚也不赔；只有当他以40元买进而以45元卖出的时候，才赚了5元钱。

而另外一个人却认为：当他以50元卖出并以40元买进时，他显然是赚了10元钱；而当他以45元卖出时，则是纯粹的交换，不赚也不赔。所以他赚了10元钱。似乎每个人说的都有道理，但是答案却有3个。

◆你认为哪一个才是正确的呢？

29 圣诞老人

游戏难度 ✿✿✿✿✿
最佳完成时间 1分钟

一般的乔装都是打扮成不太起眼的人物，但在一次重大杀人案的调查中，一名警员却故意穿着特别引人注目的圣诞老人服装。尽管如此，这名警员还是在对方眼皮底下获得重要证据。

◆那么，你知道警方为何要穿这种特别显眼的服装吗？

30 浓烟飘向哪个方向

游戏难度 ✿✿✿✿✿
最佳完成时间 1分钟

在铁轨上，有辆电动机车以每小时100千米的速度向前正常行驶。迎面的大风以每小时30千米的速度刮过来。

◆现在有一个问题要考考你：你知道从车头冒出来的浓烟会以什么速度飘向哪个方向？

31 案发时间

游戏难度 ✿✿✿✿✿
最佳完成时间 4分钟

一天夜里，邻居听到一声惨烈的尖叫。早上醒来发现昨晚的尖叫声是受害者的最后一声尖叫。负责调查的警察向邻居们了解案件发生的确切时间。一位邻居说是12：08，另一位老太太说是11：40，对面杂货店的老板说他清楚地记得是12：15，还有一位绅士说是11：53。但这4个人的表都不准，在这些人的手表里，一个慢25分钟，一个快10分钟，还有一个快3分钟，最后一个慢12分钟。

◆聪明的你能帮警察确定作案时间吗？

32 能循环工作吗

游戏难度 ★★★★★
最佳完成时间 5分钟

有甲、乙、丙、丁四个清洁工负责一条环绕着正方形公园的四条公路上的清洁工作，但是他们四个人只有一套清洁工具，并且他们每个人竭尽全力也只能完成其中一边路段的清洁任务。所以他们的工作总是不能让领导满意。

于是，一个清洁工想出了一个办法：他们四个人分散在公园的四个角上，先由甲拿着清洁工具开始清理，清理完一条边后到达乙的位置就把工具交给乙，乙就开始清理，甲休息。乙清理完一条以后丙开始工作，乙休息， 以此类推。当丁做完之后再把工具交给甲，他们就可以一直不停地循环下去了。

◆你觉得他们的想法真的能实现吗？

33 酒鬼的决定

游戏难度 ★★
最佳完成时间 2分钟

一个酒鬼看到一本书上写着喝酒对身体有害，于是他做了一个决定。

◆请问，他做了什么决定？

34 谁更聪明

游戏难度 ★★★
最佳完成时间 3分钟

有三个同学外出看电影，他们要乘公交车回校，但是等了很久，车都没有来。这时，甲的意见是站在那里等，乙的意见是往前面走一些，因为等的时间已经可以走出一段路程了，这样可以早点返校，丙的意见是往后走，这样可以更快地遇到迎面开来的车子，就可以早点到家。三个人谁也说服不了谁，结果都按自己的方式行事。

◆那么，这三个人谁先到达学校，谁最聪明？

35 盛雨水的缸

游 戏 难 度

最佳完成时间 1分钟

院子里有一口大缸，下雨的时候，水缸可以在2个小时内落满雨水。如果这天雨的大小并没有改变，只是雨是倾斜着落下来的。

◆那么要盛满这口缸需要的时间是长了还是短了？

36 破译密码

游 戏 难 度

最佳完成时间 3分钟

第二次世界大战期间，很多战事情报都是通过密码的方式发送的。转换密码是一种很常用的密码，它最早出现在古罗马时期。有这样一种转换加密方式，用1至9的数字组合来代替字母a到z，如果你能知道它们分别是怎么代替的，你就可以破解这个密码了。已知这个等式是成立的：SEND+MORE=MONEY。它们中的每一个字母都代表一个独一无二的数字。

◆那么，你能破译它们吗？破译后，ME和DO分别代表什么数字？

37 聪明的贩马人

游 戏 难 度

最佳完成时间 3分钟

一个城镇需要很多好马，于是出高价收购，但是在路上设置了5个关口，向贩马人收取重税。关口规定每次从贩马人手中收取所运马匹数量的一半作为关税，然后再返还一匹。一位贩马人赶着自己的马匹前来卖马，过了5个关口，却一匹马也没有损失。

◆你知道他带了几匹马吗？

38 最后一枪

游 戏 难 度

最佳完成时间 5分钟

有一个富翁在自己的窗台前被凶手射杀了，子弹穿过玻璃打死了富翁。玻璃窗上留下了4个弹孔。侦探通过观察发现，最后一枪才是致命的。

◆从下图中，你能判断出哪一个弹孔是最后一枪留下的吗？

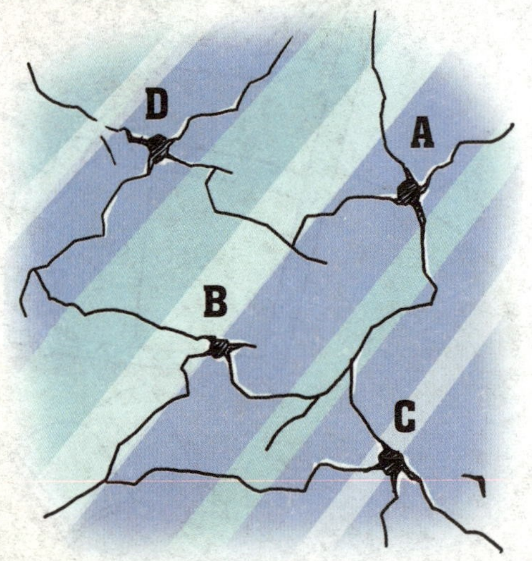

39 蟑螂的问题

游戏难度 ★★★☆☆
最佳完成时间 3分钟

有一个顾客在一个饭店里就餐，他在喝一碗紫菜鸡蛋汤时发现碗里有一只死蟑螂，于是他很生气。厨师过来赔礼道歉后决定给他重新做一碗汤。10分钟后，他得到了另外一碗紫菜鸡蛋汤。但是他喝了一口后，更加生气了，原来他发现还是刚才那碗汤。

◆你知道他是怎么发现的吗?

40 司令今年几岁

游戏难度 ★☆☆☆☆
最佳完成时间 1分钟

在做游戏时，你是司令，你手下有2名军长、5名团长、10名排长和25名士兵。

◆那么请问司令今年几岁了?

41 火车过隧道

游戏难度 ★★☆☆☆
最佳完成时间 2分钟

在山区，火车道是双轨的，但是在过隧道的时候，是单轨的，所以只可能有一辆火车在一个时间段通过隧道，另外的火车只能等待。

但是一天上午，有一辆火车从北往南驶进一条隧道，另一辆火车从南往北驶进同一条隧道，两辆火车都是高速行驶，但是并没有发生相撞事件。

◆你知道这是为什么吗?

42 瞎眼的牛

游戏难度 ★☆☆☆☆
最佳完成时间 1分钟

有一头牛的右眼瞎了，在它面前的地上，左面有一块猪肉，右面有一块羊肉。

◆你说它会吃哪一块?

43 谁去洗脸

游戏难度 ★★★☆☆
最佳完成时间 2分钟

在一辆蒸汽机车中，靠窗有两个乘客，这时一阵风吹来，刮过来一些煤灰，把一个人的脸弄脏了，另一个人脸上仍是干净的。

◆他们两个人谁会去洗脸?

44 查明死因

游戏难度 ★★☆☆☆
最佳完成时间 2分钟

有一只公狗突然在沙漠中死掉了，经过检查发现，它并非死于饥饿和干渴，也不是因为疾病。

◆你猜它为什么会死?

45 能否赶回

游戏难度
最佳完成时间 2分钟

一个人上午8时驾车从A地到B地办事，预计办完事后再从原路返回，可以在正午之前赶回A地。不料在外出途中，因交通阻塞，以致比预计的时间多两倍才到达目的地，接着按原来所花时间办完了事。

◆现在请问，如果这个人在返回时，以4倍于去时的速度加速往回赶，还能否在正午以前赶回A地？

46 谁是总统

游戏难度
最佳完成时间 1分钟

美国宪法规定，如果总统在意外情况下死亡，副总统就可以继任总统。

◆现在副总统意外地死了，那么谁是总统呢？

47 少女抓石子

游戏难度
最佳完成时间 3分钟

债务到期了，心怀叵测的老债主许诺一个商人不必还债，也不会受到惩罚，只要商人把心爱的女儿许配给他。商人和女儿非常恐惧和绝望，请求再给一次机会。债主建议，他要在一个口袋里放黑、白两个石子，让商人的女儿从中抓出一个石子。如果她抓到白颜色的，就可以取消父亲的债务，而使自己获得自由；如果抓到了黑颜色的石子，她就要许身给债主，但债务也将同时取消。如果她拒绝抓，商人就要入狱。

于是，他们走到撒满石子的路上停了下来。债主从满是白石子和黑石子的路上抓了两个石子迅速地放进了布袋里。这个少女早已看在眼里急在心头：这个老家伙抓的两个石子都是黑的。

◆怎么办？

48 开往前线的火车

游戏难度

最佳完成时间 3分钟

1942年，德军入侵苏联以后，为了切断苏军的交通运输线，他们出动了大批轰炸机，在连接斯大林格勒和内地的铁路沿线上空，不间断地进行狂轰滥炸。这样一来，斯大林格勒附近进出站内的火车一时都无法运行，全部滞留在站内，形成了严重的堵塞，而前线急需的物资也一时无法运出。

面对这种局面，苏军指挥员心急如焚，他们千方百计地想办法加强对空中的炮火力量，可这种被动的方法收效甚微。

后来，一位名叫拉宾的车站军代表来到现场进行调查研究。他发现，德军轰炸机的目标，只是针对开往前线的列车，而对向内地开的列车几乎不过问。经过进一步的观察，他又发现，德国的飞行员是根据列车机头的位置来判断列车运行的方向的。于是，这位军代表想出了一个非常简单而又很管用的方法，使斯大林格勒的火车顺利地开往了前线。

◆这是什么办法？

49 划火柴比赛

游戏难度

最佳完成时间 2分钟

现在正在进行一场划火柴比赛，参加比赛的甲乙二人每个人各拿100根火柴开始比赛，甲一秒钟可以划1根，乙两秒钟可以划3根。

◆那么，当甲划到第93根的时候，乙已经划了多少根？

50 毛衣的颜色

游戏难度

最佳完成时间 1分钟

你伴侣的生日要到了，对方要求你送一件毛衣，那么你会选择什么颜色的呢？

◆A.白色　B.红色　C.蓝色　D.粉色　E.紫色

51 你讨人喜欢吗

游戏难度

最佳完成时间 1分钟

假设有一个年轻人手提一个精致的竹篮，篮中的东西是打算送给一个白发老人的，老人就站在他的面前。你认为篮子里面装的东西是下面的哪一种呢？

◆A.桃子　B.鲜花　C.烤鸭　D.蔬菜或者其他水果

52 谁更多些

游戏难度

最佳完成时间 1分钟

两个人花了一个小时，在数他们面前人行道上走过的行人数。其中第一人坐在家门口，另一人则在人行道上走来走去。

◆谁数的行人会多些？

53 发财有术

游戏难度 ✿✿✿✿✿
最佳完成时间 5分钟

16世纪，在德意志还是由许多小公国组成的时候，国内发生了这么一件事：

有两个相邻的公国，彼此关系很好，不仅互通贸易，而且货币也互相通用，就是说A国的100元等于B国的100元。可是，有一次这两个公国因故翻了脸，两国国王相互指责，险些动了刀兵。后来，A国国王下了一道命令：B国的100元只能兑换A国的90元。B国国王也立即宣布，A国的100元也只能兑换B国的90元。

聪明的阿德诺得知这个消息，趁机赚了大钱。

◆你知道阿德诺发财的巧妙手段是什么吗？

54 别人眼中的你

游戏难度 ✿
最佳完成时间 1分钟

和朋友一起去餐厅吃饭，餐馆的四名厨师各自穿着不同颜色的制服，你会觉得穿哪种颜色制服的厨师做的菜最难吃？

◆A.红色 B.黄色 C.蓝色 D.黑色

55 瞎子买剪刀

游戏难度 ✿
最佳完成时间 1分钟

一个又聋又哑的人来到一家五金店买钉子，他把两个手指并拢放在柜台上，用另一只手做锤击动作。店员给他拿来一把锤子，他摇摇头。店员又给他拿来钉子，他挑出合适的就买了。

◆那么，你听好了，接着进来一个瞎子，他要买剪刀，你猜他是怎么表示的呢？

56 太空笔

游戏难度 ✿✿
最佳完成时间 2分钟

美国太空总署曾对外招标，征求一种太空笔的设计方案。按照要求，这种太空笔应是太空人使用的超现代化书写工具。它必须能在真空环境中使用，必要时能用笔尖向上书写，还要求几乎永远不需要补充墨水或油墨。当然，设计的太空笔能够在地球上的工厂里生产出来，生产成本最好不要太高。至于设计费用，那肯定是让中标者欣喜若狂的。

全世界的天才都为此大伤脑筋，不过一封来自一位小学生的电报让问题变得很简单。

太空总署负责设计招标的官员看了一眼电报，顿时呆若木鸡。他们没有想到，如此复杂的问题竟被一个小学生轻易地解决了。

◆你知道电报上写的是什么吗？

57 简单吗

游戏难度 ✿
最佳完成时间 1分钟

如果1=5，2=25，3=125

◆那么5=？

58 臭名昭著的司机

游戏难度 ✿✿⚙⚙⚙
最佳完成时间 2分钟

琼斯是个恶名昭彰的坏司机。他总是闯红灯、超速，并在单行道逆向行驶。他是警察公认的最糟糕与最危险的司机。然而，将近20年他都没有发生车祸，也没有被警察逮捕或告诫，驾照上没有任何不良记录。

◆为什么？

60 哪个读数大

游戏难度 ✿⚙⚙⚙⚙
最佳完成时间 1分钟

在秤上放着一个装着很多苍蝇的玻璃瓶，玻璃瓶的瓶口是密封着的。

◆那么当苍蝇都停落在玻璃瓶的底部的时候秤的读数会大呢，还是苍蝇在玻璃瓶中乱飞的时候秤的读数大呢？

59 打赌

游戏难度 ✿✿⚙⚙⚙
最佳完成时间 2分钟

甲、乙两个人在打赌，甲说有一种情况乙是不可能拣起眼前的硬币的：两腿并拢，然后脚跟靠着墙站立，在不弯膝盖和不动腿的情况下，去拣起脚前25厘米处的一枚硬币。乙不相信，他试图证明甲的论断是错误的。

◆那么乙可能成功吗？

61 最后的胜者

游戏难度 ✿✿⚙⚙⚙
最佳完成时间 2分钟

斑马和袋鼠在平原上的一条长100米的路上做往返赛跑。斑马跑一步是3米，而袋鼠跑一步是2米，赛跑时这样的步长始终不变。要请你特别注意，当袋鼠跑3步时，斑马只能跑2步。也就是袋鼠跑步的频率要快于斑马。

◆那么，你觉得谁将是最后的胜者呢？

62 数圆圈

游戏难度 ✿✿✿✿✿
最佳完成时间 3分钟

请你快速地数清下图中一共有多少个圆圈。

63 数三角形

游戏难度 ✿✿✿✿✿
最佳完成时间 3分钟

请你快速数出这幅图中共有多少个三角形。

64 考眼力

游戏难度 ✿✿✿✿✿
最佳完成时间 3分钟

为了考验你的眼力，请仔细看这张图，想想看它是什么?

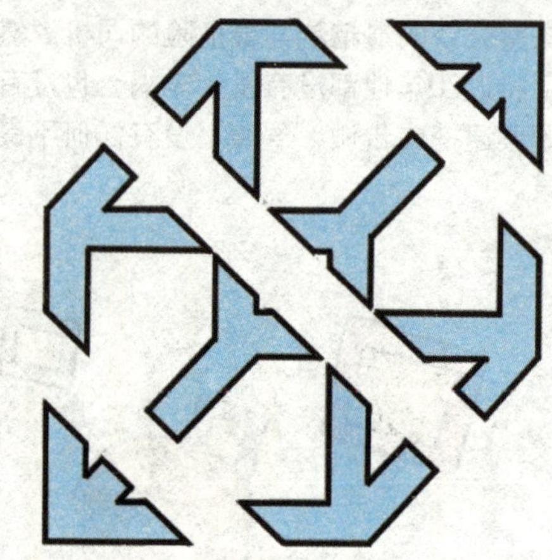

65 找出最长的竖线

游戏难度 ✿✿✿✿✿
最佳完成时间 1分钟

在这些流动的竖线中，你能找出最长的一条吗?

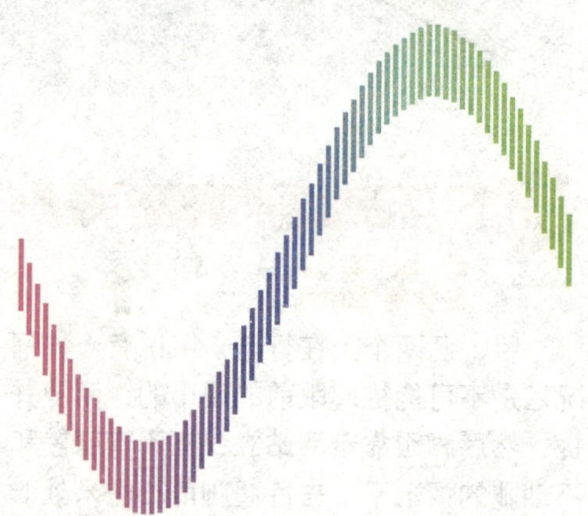

一笔分成

游 戏 难 度 ✿✿✿✿✿
最佳完成时间 2分钟

这个简单的图形，完全可以只用一条直线就将其分成两个三角形。

◆那么，你还犹豫什么，赶紧分吧！

真花和假花

游 戏 难 度 ✿✿✿✿✿
最佳完成时间 1分钟

山脚下春意盎然，蝴蝶和蜜蜂在花丛间飞舞着。在客厅里养蜂人的妹妹拿着两朵一模一样的花让哥哥猜哪一朵是真花，哪一朵是假花。但只能远远地看，不能用手去摸，更不能闻它。

◆如果是你，你该怎么办？

68 耐心程度

游 戏 难 度 ✿✿✿✿✿
最佳完成时间 1分钟

什么样的灯光能陪伴你入睡？有的人喜欢漆黑一片，有的人喜欢点一盏小灯。那么，在你准备睡觉时，你会选择一盏什么样的灯放在床边呢？

◆A.英国乡村风格
B.动漫卡通造型
C.欧洲宫廷华丽雕像

走进森林

游 戏 难 度 ✿✿✿✿✿
最佳完成时间 1分钟

有一片热带雨林是圆形的，它的直径有1000千米，有一名探险家带着必需品径直走进了这片森林。

◆他最多能走多远？

消失的手指

游 戏 难 度 ✿✿✿✿✿
最佳完成时间 1分钟

有一个有趣的实验：用右手捂住左眼，然后用右眼向前看，再举起左手食指从左边面颊经过向前伸去，直到能够刚刚看到鼻梁上的手指尖为止。此刻把目光对准手指，会有一个奇怪的发现，手指突然失踪了。

◆请问，你知道这是什么原因吗？

71 窗帘的选择

游戏难度 ✲✲✲✲✲
最佳完成时间 1分钟

假如你将住进新房，打算选择一个窗帘，来到商店你会选择什么样的窗帘呢？

◆A.有大面积图案的
B.有零碎小图案的
C.有几何线条的
D.单一素色的

72 神秘旅馆

游戏难度 ✲✲✲✲✲
最佳完成时间 4分钟

一家旅馆来了三对客人。他们分别是：两个男人，两个女人，一对夫妇。这三对客人开了三个房间，门口分别挂了标有“男男”、“女女”、“男女”的牌子，以防相互进错房间。但奇怪的是，不知道是谁悄悄把这三块牌子调换了位置，使牌子和房间内的人不相符。这时候，有人说，只需要敲其中一间的门，听到里面的一声回答，便可以立即搞清楚三个房间的人员情况。

◆你认为这有可能吗？如果有，应敲挂有什么牌子的那个房间？

73 火柴棒等式

游戏难度 ✲✲✲✲✲
最佳完成时间 3分钟

请由此算式中去除一根火柴棒，使其成为等式。

74 哪一层是水

游戏难度 ✲✲✲✲✲
最佳完成时间 3分钟

玻璃杯里事先装有两种互不混合的无色的液体(界面分明)，两种液体密度不相同，没有装满玻璃杯。已经知道其中的一种液体是水，但不知道它是在上一层还是在下一层。

◆请你想个最简单的方法来鉴定一下。

75 沉重的石雕

游戏难度 ✲✲✲✲✲
最佳完成时间 1分钟

有座黄牛石雕，牛头在小明的左边。现在小明迫切希望牛头能在自己的右边，但又无法移动沉重的石雕。

◆你说小明应该怎么办？

第三章

逻辑与判断

——在思维的海洋中畅游

思维魔方提醒：不要指望一眼就能看出答案，有些问题有点复杂。

有些东西本质可能很简单，但外在表现却是特别繁琐和曲折的，需要花费大量时间和精力去解开每一个结。掌握精确的逻辑推理和判断能力，这是个人必备的基本的素质，但需要常加磨练才能把握其精髓，才能在智慧的海洋里运用自如，游刃有余。

1 缺少的时针

游戏难度 ★★★☆☆
最佳完成时间 3分钟

表盘中缺少的时针应指向哪儿?

2 欢聚圣诞节

游戏难度 ★★★☆☆
最佳完成时间 3分钟

泰森一家人在一起欢聚圣诞节。他们是：一位祖母，一位祖父，两位母亲，两位父亲，一位岳父，一位岳母，一位儿媳，四个孩子，三个孙子，一个哥哥，两个姐姐，两个儿子，两个女儿。

◆问他们最少是几个人?

3 驯犬

游戏难度 ★☆☆☆☆
最佳完成时间 1分钟

住在伦敦的名流A夫人，特地从美国买回来一只长毛牧羊犬的幼犬，为了使这只狗变成世界第一的名犬，她便送它到以训练动物闻名的德国哈根别克大学。一年后，长毛牧羊犬学成后返回夫人身边，没想到它连坐、举手等基本动作都没有学会。而根据训练师信中所写，这只狗能够做出主人所下达的命令和动作。

◆A夫人为此百思不得其解，请问这是怎么回事?

4 一夜忽变

游戏难度 ★★☆☆☆
最佳完成时间 1分钟

如果从早上醒来，发现自己在每个方向上都大了一倍，高了一倍，胖了一倍，厚了一倍，那么体重是以前的几倍?

◆A.10　B.9　C.6　D.8

5 大象

游戏难度 ★☆☆☆☆
最佳完成时间 1分钟

大象长着长长的鼻子和长长的门牙，它的门牙是用来：

◆A.嚼食　B.探路　C.防袭击

6 理发

游戏难度 ★☆☆☆☆
最佳完成时间 1分钟

在一个小镇上，只有两个理发师，他们各开有一家理发店。一天，有个外地人路过此地，想理个发，但他又不知道这两个理发师谁的技术好一些。于是他便走进第一家理发店，发现这个理发师的头发七长八短。于是他又走进第二家理发店，发现这个理发师的头发整整齐齐。

◆这个外地人最终选择了哪位理发师?

7 高跟鞋和西装

游戏难度 ✿✿✿✿✿
最佳完成时间 2分钟

根据以下陈述，哪句话是正确的：有一段时间，满街的女人都穿着一种高跟的皮鞋，但这种鞋不美是男人们的共识，不久这种皮鞋越来越少见。如今，在男士的衣柜里，双排扣西装已落满了灰尘。这种西装气派、庄重，但有拒人千里之外的感觉。以此可见，以下结论哪个最正确？

◆A.女人都爱赶潮流；
B.市场上已没有高跟皮鞋和双排扣西装；
C.穿高跟皮鞋没有女人味，穿双排扣西装男人味又太浓；
D.男人和女人流行哪种服饰，很大程度上取决于异性是否认同。

8 巧分钥匙

游戏难度 ✿✿✿✿✿
最佳完成时间 3分钟

有家工厂的技术科有3个资料橱，每个橱柜各有两把钥匙，科里3个工程师随时都需要打开这3个橱柜。

◆请问，在不增加钥匙的情况下，怎样才能使每人随时都可以打开这3个橱柜中的任何一个？

9 4位古希腊少女

游戏难度 ✿✿✿✿✿
最佳完成时间 4分钟

阿尔法、贝塔、伽玛和欧米伽4位古希腊少女正在接受训练，以便将来能成为预言家。实际上，她们之中只有一个后来当了预言家，并在特尔斐城谋得一个职位。其余3个人，一个当了职业舞蹈家，一个当了宫廷侍女，另一个当了竖琴演奏家。一天，她们4个人在练习讲预言。

阿尔法预言：“贝塔无论如何也成不了职业舞蹈家。”

贝塔预言：“伽玛终将成为特尔斐城的预言家。”

伽玛预言：“欧米伽不会成为竖琴演奏家。”而欧米伽预言她自己将嫁给一个叫阿特克赛克斯的男人。可是，事实上她们4个人当中，只有一个人的预言是正确的，而正是这个人后来当上了特尔斐城的预言家。她们4个人各自当了什么？

◆欧米伽和阿特克赛克斯结婚了吗？

10 四个贼

游戏难度 ✿✿✿✿✿
最佳完成时间 3分钟

有四个贼，每人各偷了一种东西，现正在接受警方盘问。

甲说：“每人只偷了一条项链。”

乙说：“我只偷了一颗钻石。”

丙说：“我没偷项链。”

丁说：“有些人没偷项链。”

经过警察的进一步调查取证，发现甲与丁有矛盾，并且在这次审问中只有一人说了真话。下列判断中，没有错误的是：

◆A.乙偷了一颗钻石。
B.所有的人都没有偷项链。
C.有些人没有偷项链。
D.所有的人都偷了项链。

11 足球赛

游戏难度 ✿✿✿✿✿

最佳完成时间 4分钟

公元2500年，国际足联为了鼓励足球比赛中球员进更多的球，试行了新的竞赛规则，即赢一场球得10分，平局各得5分，不论输赢踢进一球即得1分。在一次实行循环制的国际足球邀请赛中，几场比赛过后各队的得分如下：日本队3分，意大利队7分，巴西队21分。

◆请问每场比赛的比分是多少？

12 费脑筋的电脑

游戏难度 ✿✿✿✿✿

最佳完成时间 4分钟

有一个工作室里有两台这样的电脑，A电脑密码为A，它下午出问题，上午则正常；B电脑密码为B，它上午出问题，下午则正常，其中有一台某一个时间段可以用另一台电脑的密码进入。主人找来了一个维修师，这个维修师打开了屏保是一个自然景观的电脑，在输入A密码时，打开了，可是那台动物屏保的电脑在输入A密码时也打开了。维修师又看了看两台电脑的时间：自然景观屏保的电脑是上午，动物屏保的电脑是下午。

◆你知道这两台电脑哪台的密码是A，哪一台是B吗？现在是上午还是下午？

13 眼睛的颜色

游戏难度 ✿✿✿✿✿

最佳完成时间 5分钟

有一个很古老的村子，这个村子的人分两种：红眼睛和蓝眼睛。这两种人并没有什么不同，小孩在没生出来之前，没人知道他是什么颜色的眼睛。这个村子中间有一个广场，是村民们聚集的地方，现在这个村子只有三个人，分住三处。在这个村子，有一个规定，就是如果一个人能知道自己眼睛的颜色并且在晚上自杀的话，他就会升入天堂，这三个人不能够用语言告诉对方眼睛的颜色，也不能用任何方式提示对方的眼睛是什么颜色，而且也不能用镜子、水等一切有反光的物质来看到自己眼睛的颜色。

当然，他们不是瞎子，他们能看到对方的眼睛，但就是不能告诉他！他们只能思考，于是他们每天就一大早来到广场，面对面的傻坐着，想自己眼睛的颜色。一天天过去了，一点进展也没有。

直到有一天，来了一个外地人，他到广场上说了一句话，改变了他们的命运。他说，你们之中至少有一个人的眼睛是红色的。说完，他就走了。这三个人听了之后，又面对面地坐到晚上才回去睡觉，第二天，他们又来到广场，又坐了一天。当天晚上，就有两个人成功地自杀了！第三天，当最后一个人来到广场，看到那两个人没来，知道他们成功地自杀了，于是他也回去，当天晚上，也成功地自杀了！

◆根据以上，请说出三个人的眼睛的颜色，并能够说出推理过程！

14 多少只松鼠

游戏难度 ★★★★★
最佳完成时间 5分钟

一棵大松树上住着松鼠一家10口，有雄有雌，雄鼠说假话，雌鼠说真话。一天，一只麻雀与它们攀谈起来："你们家有几只雄鼠？"

第1只松鼠说："有1只雄鼠。"

第2只松鼠说："有2只雄鼠。"

……

第10只松鼠说："有10只雄鼠。"

◆究竟有多少只雄鼠呢？

15 吃苹果比赛

游戏难度 ★★☆☆☆
最佳完成时间 2分钟

有一个老师对他的两个学生说："这里有五个苹果，你们每人每次只能拿两个，吃完了才可以再拿，你们谁吃的最多将会得到一份奖品。"老师的话刚说完，甲就拿了两个苹果大吃起来，这时乙并没有开始吃，如果两个人吃苹果的速度是一样的。

◆那么，你觉得乙有机会赢得这次比赛吗？

16 花朵的数量

游戏难度 ★☆☆☆☆
最佳完成时间 1分钟

丽莎夫人非常喜欢花朵，她在花园里种了30朵鲜花，它们是郁金香和兰花，无论你摘下任何2朵花，都至少会有1朵是郁金香。

◆那么，你能判断出她种了多少朵兰花吗？

17 擦地板的问题

游戏难度 ★☆☆☆☆
最佳完成时间 1分钟

甲和乙是一家餐厅的服务员，他们每天早上在还没有开业之前都要用抹布擦洗餐厅的地面。因为甲的速度比较快，每天早上，甲擦的地板面积是乙的2倍，所以甲总是受到老板的赞赏。

有一天，甲和乙擦的面积是一样多的，但是两个人的速度都没有变化，而且甲也没有休息。

◆你知道原因是什么吗？

18 载货的汽车

游 戏 难 度 ★☆☆☆☆
最佳完成时间 1分钟

有一辆货车装载了一批货物，出发的时候，称重正好7吨。走了3个小时后，在一座桥前，司机停了下来。因为他发现桥头上有一个警告牌：“绝对禁止7吨和7吨以上的汽车通过！”他想了想，还是开车过去了。

◆你知道这是为什么吗?

19 残酷的战争

游 戏 难 度 ★★★★☆
最佳完成时间 4分钟

战争往往是很残酷的。在一次战斗中，有64个人被敌人逮到了，敌人决定按一种方法来杀戮他们，最后剩下的一个人可以活命。这种方法是：让所有的人都编上号码，然后围成一个圆圈。先从一号杀起，每隔一个人杀一个人，直到剩下最后一个人。约瑟夫是一个聪明的人，他站到一个位置上，最后正好就剩下了他。

◆那么，你知道，他是几号吗?

20 自己携带炸弹

游 戏 难 度 ★☆☆☆☆
最佳完成时间 1分钟

有一个公司的职员因为工作的需要每周要坐很多次飞机，但是他最害怕在飞机上出现什么事故，特别是害怕有其他旅客携带炸弹的问题。所以他每次登机时，都要在自己的包裹里放上一枚没有火药的炸弹外壳。他认为，在一个飞机上出现一枚炸弹的概率已经很小了，同时出现两枚炸弹的概率小的可以忽略不计了。

◆他坐了那么久的飞机，一直是很安全的。这和他的理论有关吗?

21 找到藏宝箱

游 戏 难 度 ★★★☆☆
最佳完成时间 3分钟

阿不拉不仅是个专业小偷，更是一名胆大妄为的冒险分子。有一次，他到德国旅行，途中意外拾获一张藏宝图。于是，在藏宝图的指引下，他来到了海德堡，并且如愿闯入一个古老而神秘的地窖中。地窖内有两个奇怪的大箱子，以及一张布满灰尘的字条。

字条上面清楚地写道：我生前所掠夺的宝物都放在其中某个箱子里，但我希望将这些宝贝传给真正有智慧的人——换句话说，阁下若开对箱子，自可满载而归，万一开错了，就得跟我一样，永远长眠于地底之下了。

阿不拉紧接着发现，两个箱子上也分别贴有字条。

甲箱：“乙箱的字条属实，而且所有金银财宝都在甲箱内。”

乙箱：“甲箱的字条是骗人的，而且所有金银财宝都在甲箱内。”

◆阿不拉愣在原地，百思不得其解。然而，问题真有那么严重吗?真有想像中那么困难吗?你可否帮阿不拉决定打开哪个箱子呢?

22 说服酋长

游戏难度 ✿✿✿✿✿
最佳完成时间 2分钟

一个部落里有本地居民和外来居民两种。本地居民分为诚实人和骗子，诚实人只讲真话，骗子只讲假话。外来居民有时讲真话，有时讲假话。而且从外表上无法区分这三种人。

如果你作为一个外地人来到这里，爱上了酋长的女儿，想娶她为妻。但是，酋长不希望把女儿嫁给一个外地人，于是他就对女儿说："你千万不要嫁给外地人，他们总是让人捉摸不透，不可信赖。和一个外来人结婚，你不知道他哪天说的是真话，哪天说的是假话。诚实人和骗子就不同了。对于诚实人，你完全可以相信他的话；对于骗子，你则只要否定他的话就可以了。"现在假设你不是外来人，你有希望娶到酋长的女儿，但是因为酋长并不认识你，也没有人为你证明你是本地居民，所以你必须说服酋长相信你不是外来人，你能做到吗？

◆如果不能，为什么？如果能，怎么做？

23 拿破仑的推断

游戏难度 ✿✿✿✿✿
最佳完成时间 3分钟

滑铁卢之战后，拿破仑被流放到圣赫勒那岛，身边只有一个叫桑梯尼的仆人。

一次，岛上长官部派人通知拿破仑说："你的仆人桑梯尼因有盗窃的嫌疑，已经被逮捕了。"拿破仑立即前往长官部，失主向他叙述了事情的经过："桑梯尼来找我的时候，我正在处理岛民文柬的金币，就叫秘书让他去左边房间等一等。之后，我把金币放在这桌子里的抽屉里，锁上之后就上厕所。但是我却把抽屉上的钥匙遗忘在了桌子上。两三分钟后，我回来发现抽屉里的金币少了10枚。在这段时间里，只有他一个人在房间里，桌子上又有我忘带的抽屉钥匙，不是他偷的还有谁呢？因此，我就命令秘书把他抓了起来。"

"但是，你应该知道，左边的门是上了锁的，桑梯尼无论如何也进不来。"拿破仑说道。

"他一定是先走到走廊，再从正中的那扇门进来的。"失主又说。

"你不是说你只离开两三分钟吗？桑梯尼在隔壁根本不可能看到你把金币放在抽屉里，也不会加道你把抽屉钥匙忘在桌子上，你离开的时间又那么短，他怎么可能偷走金币呢？"拿破仑反驳他。

"他准是透过毛玻璃看到了一切。"失主牵强地回答。

多说无用，拿破仑要亲自查个究竟。他向房间左边的门走去，将脸贴到靠近毛玻璃左边房间仔细地看去，只能大概地看见一些靠近门的东西，稍远一点就看不清了。他又走到左右两扇门前，摸摸门上的毛玻璃，发现两块玻璃的质量完全一样，一面光滑，一面不光滑，不同的是，左边房门上毛玻璃不光滑的面在失主房间这一边，而右边房门上毛玻璃的光滑面在失主房间这一边，右边房间是秘书室。拿破仑转过身来，指着门上的毛玻璃对失主说道："你过来看一看，从这块毛玻璃上桑梯尼不可能看到你所做的一切，应该受到怀疑的是你的秘书。"失主叫来秘书质问，金币果然是他偷的。

◆你知道拿破仑推断的根据是什么吗？

24 逻辑

游戏难度 ✿✿✿✿✿
最佳完成时间 2分钟

甲说："所有的人都是有逻辑的。"现在假设甲说的这句话是不正确的，那么，你认为以下几句话中，正确的应该是哪一句？

◆A.有的人有逻辑。
B.有逻辑的都是人。
C.有的人没有逻辑。
D.全部的人都没有逻辑。

25 钢桥坠毁

游戏难度 ✿✿✿✿✿
最佳完成时间 2分钟

有一个城市在一个很重要的交通位置建造了一座十分坚固的钢桥，钢桥建成的那年冬天，天气很冷，气温竟然下降到了零下20度，而且气温还在不断下降。就在气温下降的那段时间里，人们发现钢桥坠毁了！如此坚固的钢桥，怎么会坠毁呢？当然，钢桥的坠毁并不是因为有人搞破坏，也不是因为爆炸等人为因素。

◆那么，钢桥究竟为什么会突然坠毁呢？

26 马的痛叫

游戏难度 ✿✿✿✿✿
最佳完成时间 2分钟

草原上牧马的人习惯给马匹身上盖上有序号的火印，以示区别。在盖火印的时候，马感到特别的疼痛，它们都要叫10分钟，等10分钟后疼痛减轻，它们就不叫了。

◆如果有一个牧马人有10匹马，给它们盖火印的时候，假若马的叫声没有重叠，他最少要听见多长时间的叫喊声？

27 贵妇的抱怨

游戏难度 ✿✿✿✿✿
最佳完成时间 2分钟

曾经，贵妇们喜欢穿丝绸衣服，喜欢佩戴美丽的琥珀首饰。但是贵妇们常常抱怨，只要一穿上丝绸衣服，琥珀就变得暗淡无光了，表面好像蒙上了一层灰尘，完全显不出琥珀应有的美丽。

◆请问，这到底是为什么呢？

28 迷路

游戏难度
最佳完成时间 3分钟

一天晚上，3个探险家为了抄近路，决定从宽4000千米的山谷中穿过，走了很久，但每次都莫名其妙的回到出发点附近。

◆怎么回事？

29 人鬼渡河

游戏难度
最佳完成时间 3分钟

在一条河的一岸有三个人和三只鬼，还有一条空船，现在要用这条船把这三个人和三只鬼都安全送到对岸去。要求如下：

①至少要有一个人或一只鬼在船上，船才能行驶；

②船每次最多只能载两个对象，比如两个人，或两只鬼，或一人一鬼；

③无论是在岸上或船上，鬼都不能比人多，否则人就会被鬼吃掉。

◆那么，要怎样做才能安全地把人和鬼都送到河对岸去呢？

30 三个乞丐

游戏难度
最佳完成时间 4分钟

一个好心人在街上走，遇到一个乞丐，这个好心人就把口袋里所有钱的一半加上1元钱给了乞丐；然后继续向前走，走着走着，又遇到一个乞丐，他就把口袋里的所有钱的一半加上2元钱给了他；然后他又遇到了第三名乞丐，同样，他把口袋里所有钱的一半加上3元钱给了他。这样一来，他的口袋里就只剩下1元钱了。

◆问：开始时他的口袋里有多少钱？

31 走私

游戏难度
最佳完成时间 1分钟

霍某是个猖狂的走私犯，每年从加勒比海沿岸偷运大量钻石，因为其从未落网，所以人们都叫他“老狐狸”。

根据海关侦查，6个月前他曾在海关露面，开一辆新出厂的黑色高级蓝鸟敞篷车，海关人员彻底搜查了汽车，发现他的3只行李箱都有伪装的夹层，3个夹层都分别藏有一个瓶子，一个装着砾岩层标本，另一个装着少量牡蛎壳，第三个装的则是玻璃屑。

大家都不明白他为什么挖空心思藏这些东西。他每月两次定期开着高级轿车大摇大摆地经过海关，海关人员都因抓不到证据而放他过去。

海关总长只得找名探洛西帮助分析，洛西看着砾岩层、牡蛎壳、玻璃屑这三种东西，忽然笑道：“这只老狐狸，终于让我抓到证据了。”

◆你知道洛西为什么这么说吗？老狐狸走私的东西究竟是什么呢？

32 猜车牌

游 戏 难 度 ★★★☆☆
最佳完成时间 3分钟

罗伯特、欧文、叶赛宁都新买了汽车，汽车的牌子是奔驰、本田、皇冠。他们一起来到朋友汤姆家里，让汤姆猜猜他们三人各买的是什么牌子的车。汤姆猜道："罗伯特买的是奔驰车，叶赛宁买的肯定不是皇冠车，欧文自然不会是奔驰车。"很可惜，汤姆的这种猜法，只猜对了一个。据此可以推知(　　)

◆A.罗伯特买的是本田车，欧文买的是奔驰车，叶赛宁买的是皇冠车

B.罗伯特买的是奔驰车，欧文买的是皇冠车，叶赛宁买的是本田车

C.罗伯特买的是奔驰车，欧文买的是本田车，叶赛宁买的是皇冠车

D.罗伯特买的是皇冠车，欧文买的是奔驰车，叶赛宁买的是本田车

33 为什么不会下沉

游 戏 难 度 ★☆☆☆☆
最佳完成时间 1分钟

当滑水运动员在水面上乘风破浪快速滑行时，为什么他们站在滑板上不会沉下去呢?

34 橡胶藏在什么地方

游 戏 难 度 ★☆☆☆☆
最佳完成时间 1分钟

在一家提炼橡胶的工厂，经常发生工人偷运橡胶倒卖的事件。工厂的负责人为了防止橡胶被偷运，特意雇用了保安人员，对下班出厂的车辆、工人进行严格检查。

这一天，保安部接到举报，说今天有人要偷运橡胶出厂。保安人员立即行动起来，对来往行人、车辆都十分认真地进行检查。这时，一辆满载胶桶的货车准备驶出工厂大门，保安人员检查时，发现车上装的只是一些空胶桶，并没有发现橡胶装在里面，就准予货车驶出工厂。过了一会儿，举报人又打来电话，说："刚才出去的那辆车已把橡胶偷运出厂了。"说完就挂掉了电话。保安人员十分不解，他们对货车进行了全面检查，橡胶被藏在什么地方呢?

◆亲爱的读者，你能想得到吗?

35 如何分钱

游 戏 难 度 ★★★☆☆
最佳完成时间 3分钟

3个人出去野餐，甲带了5个馒头，乙带了4个馒头，丙没有带馒头，三人分别吃了一样多的馒头。最后丙拿出了9块钱，由甲、乙两个人分。

◆你知道他们各应得到多少钱么?

36 剑桥大学的难题

游戏难度 ★★★★★
最佳完成时间 5分钟

英国剑桥大学数学讲师卡洛尔曾出了下面这道题目来测验他的学生的逻辑思维能力。题目是这样的：

①标有日期的信都是用粉色纸写的。
②丽萨写的信都是以"亲爱的"开头的。
③除了约翰外没有人用黑墨水写信。
④皮特没有收藏他可以看到的信。
⑤只有一页信纸的信中，都标明了日期。
⑥未作标记的信都是用黑墨水写的。
⑦用粉色纸写的信都收藏起来了。
⑧一页以上的信纸的信中，没有一封是做标记的。
⑨约翰没有写过以"亲爱的"开头的信。

◆根据以上信息，判断皮特是否可以看到丽萨写的信。

37 副经理姓什么

游戏难度 ★★★★☆
最佳完成时间 4分钟

一家公司有3名职员：老张、老陈和老孙。公司的经理、副经理和秘书恰好和这3名职员的姓氏一样。现在已知：

①职员老陈是天津人；
②职员老张已经工作了20年；
③副经理家住在北京和天津之间；
④领导老孙常和秘书下棋；
⑤其中一名职员和副经理是邻居，他也是一个老职工，工龄正好是副经理的3倍；
⑥与副经理同姓的职员家住北京。

◆根据上面的资料，你能知道副经理姓什么吗？

38 时钟的问题

游戏难度 ★★☆☆☆
最佳完成时间 2分钟

时钟12点整的时候，钟表的时针和分针重合在一起。但想必你一定已经注意到了，两枚指针不只在12点整的时候才重合，在12小时之内两者要重合好几次。

◆你能说出在什么时候两枚指针会互相重合吗？

39 用蜡烛算时间

游戏难度 ★★★☆☆
最佳完成时间 3分钟

有两只相同长度的蜡烛，第一根可以燃烧4个小时，第二根可以燃烧3个小时。这天晚上停电后，主人同时把这两根蜡烛点燃，然后继续工作。当它们剩下的长度相等时，来电了。

◆那么，你能算出停电的时间吗？

40 计算距离

游戏难度 ✿✿✿✿✿
最佳完成时间 1分钟

平坦的公路上，一根高度为10米的电线杆和另一根高度为15米的电线杆之间有相当的距离，如果从每根电线杆的顶点拉一根绳子到另一根电线杆的底部，其交点之高为6米。

◆请问，两根电线杆之间的距离是多少？

41 篮球赛

游戏难度 ✿✿✿✿✿
最佳完成时间 1分钟

在某次篮球比赛中，A组的甲队与乙队正在进行一场关键性比赛。对甲队来说，需要赢乙队6分，才能在小组出线。现在离终场只有6秒钟了，但甲队只赢了2分。要想在6秒钟内再赢乙队4分，显然是不可能的了。

◆这时，如果你是教练，你肯定不会甘心认输，如果允许你有一次叫停机会，你将给场上的队员出个什么主意，才有可能赢乙队6分？

42 孩子的数量

游戏难度 ✿✿✿✿✿
最佳完成时间 3分钟

甲说："我有一个弟弟和一个姐姐，我们家有几个孩子？我是姐姐又是妹妹，我们家有几个男孩，几个女孩？"

乙说："我有两个姐姐和一个弟弟，我是哥哥又是弟弟，我们家有几个男孩？几个女孩？"

丙说："我比甲少一个姐姐，多一个哥哥，我是姐姐又是妹妹，我们家有几个男孩？几个女孩？"

◆你知道这三家各有几个孩子？几个男孩？几个女孩？

43 漂亮的青年

游戏难度 ✿✿✿✿✿
最佳完成时间 5分钟

阿伦、布赖恩和科林这三个青年中，只有一人是漂亮的。

阿伦如实地说：(1)如果我不漂亮，我不能通过物理考试。(2)如果我漂亮，我能通过化学考试。

布赖恩如实地说：(3)如果我不漂亮，我不能通过化学考试。(4)如果我漂亮，我能通过物理考试。

科林如实地说：(5)如果我不漂亮，我不能通过物理考试。(6)如果我漂亮，我能通过物理考试。

同时，(7)那漂亮的青年是唯一能通过某一门课程考试的人。

(8)那漂亮的青年也是唯一不能通过另一门课程考试的人。

◆这三人中谁是那漂亮的青年？

44 逗小狗

游戏难度 ✿⚙⚙⚙⚙
最佳完成时间 1分钟

小明带着小狗走路去外婆家，他手中拿了一个小木棍。他把小木棍扔出去，小狗就跑过去把它捡回来。

◆他往哪个方向扔小木棍，小狗跑的距离将会是最远的？

45 三人聚会

游戏难度 ✿✿✿⚙⚙
最佳完成时间 3分钟

三人聚会，各自说了一句话：

张三：李四说谎；

李四：王五说谎；

王五：张三和李四都说谎。

◆问：谁说谎，谁没说谎？

46 谁是主犯

游戏难度 ✿✿⚙⚙⚙
最佳完成时间 2分钟

四名犯罪嫌疑人同时落网，但是他们只承认参与了犯罪行为，却都不承认自己是主犯。在警察审问的时候，四个人的回答如下所示：

甲说：丙是主犯，每次都是他负责；

乙说：我不是主犯；

丙说：我也不是主犯；

丁说：甲说得对。

警方通过调查，终于查出了谁是主犯，而且他们之中只有1个人说了真话，其余3个人都说了假话。

◆请问：谁才是主犯呢？

47 宿舍遭窃

游戏难度 ✿✿✿⚙⚙
最佳完成时间 3分钟

四个人在一个宿舍住，他们近来特别忙碌，于是规定最后回宿舍的人要插上门。但是昨天晚上门没有插，有窃贼进入室内，偷了甲的手机。

四个人决定查出是谁最后进的宿舍，他们都如实地讲述了下面的话：

甲说：“我进宿舍的时候，丙正在宿舍里洗脚。”

乙说：“我回来的时候，丁已经睡了，于是我听了一会儿歌曲，然后也睡了。”

丙说：“我进门的时候，乙正在听歌。”

丁说：“我什么也不记得了。”

◆你能判断出谁最后一个进的门吗？

48 谁做的石碑

游戏难度 ✿✿✿⚙⚙
最佳完成时间 3分钟

张村有四个石匠，这四个石匠总是要把自己做成的石器上面刻上字，但是甲乙一向刻真话，而丙丁一向刻假话。

村口有一个大石碑，在石碑的下面刻着“此碑非乙所做”。

◆那么，这个石碑是谁刻的？

49 是否改变选择

游戏难度 ✿✿✿⚙⚙
最佳完成时间 3分钟

某娱乐节目邀请你去参加一个抽奖活动。有三个信封，让你挑选其中一个。并且告诉你其中一个信封里装着10000元，而另两个信封里面装的都是100元钱。当你选中一个之后，主持人把另两个信封打开一个，不是10000元。

◆现在，主持人给你一个选择的机会，你要不要换一个信封？难题交给你了，你是换还是不换呢？

50 特工安迪

游戏难度 ✿✿⚙⚙⚙
最佳完成时间 2分钟

小特工安迪要破坏敌人的电力系统，当他历尽艰辛进入电力控制室，却发现那里的电脑的开关是一排按钮，上面写着：“A在B的左边；B是C右边的第三个；C在D的右边；D紧靠着E；E和A中间隔一个按钮。”旁边有另外一个警告，告诉他只有按A、B、C、D、E、F的顺序才能开启电脑，如果按错一位的话，控制室将会关闭，并把他关在里面。

◆你能帮他找到每个按钮的位置吗？

51 性别游戏

游戏难度 ✲✲✲✲✲
最佳完成时间 3分钟

有一群人在玩一个游戏，这里有5个屏风，每个屏风后面躲着一个人，分别标号为A、B、C、D、E。屏风后面的人可以互相看见。游戏者站在前面，躲在屏风后面的每个人递出一张纸条。外部的人根据这些纸条上的话判断每个屏风后面的人的性别。按照约定，女生写的纸条上的话是假话，男生纸条上的话是真话。

这一轮递出的纸条上的话是这样的：

A的纸条写着：“C认为：我们5个人中，只有一个是女生。”

B的纸条写着：“E认为：我们5个人中，只有两个是女生。”

C的纸条写着：“D认为：我们5个人都是男生。”

D的纸条写着：“A和B是女生。”

E的纸条写着：“C是女生，另外A承认过自己是女生。”

◆据此，你能判断他们的性别吗？

52 花朵的颜色

游戏难度 ✲✲✲✲✲
最佳完成时间 5分钟

情人节那天，一个宿舍的五位女生分别收到了五束玫瑰花，有黄色、粉色、白色、红色的，每样10朵，共40朵。五位姑娘得到花的情况是：

A得到的花中，黄色的花要比其余三种颜色的花加起来还要多；

B得到的花中，粉色花要比其余任何一种颜色的花都少；

C得到的花中，黄花和白花之和与粉色花和红色花的总数相等；

D得到的花中，白色花是红色花的两倍；

E得到的花中，红色花和粉色花一样多。

◆那么，你可以算出，每个姑娘得到的花束中，四种颜色的玫瑰花各有几朵？

53 上山下山的人

游戏难度 ✲✲✲✲✲
最佳完成时间 2分钟

赫拉克里特说过：“上坡路和下坡路是同一条路。”通常来讲，上山和下山的路只有一条。如果有一个人在第一天上山去游玩，他沿着这条路，很随意地看风景，有时走的快一些，有时又走的慢一些，有时歇脚，有时喝水和吃干粮。到了晚上他到达山顶，然后在山顶露营。

第二天早上他开始下山，仍然和上山的时候一样，有时走得快有时走得慢，有时也歇脚，到将近傍晚的时候他到达山脚。

◆现在让你证明，途中有一个地方，游客在上山和下山经过这一地点的时间是相同的。

54 结核病死亡率

游戏难度 ★☆☆☆☆
最佳完成时间 1分钟

美国有一个州，环境优美，空气清新，居民的文化素质很高，所有卫生条件特别好，但是，这里的肺结核病的死亡率特别高，在世界上都可以排到前列。

◆你知道这是为什么吗？

55 银河旅馆

游戏难度 ★★★☆☆
最佳完成时间 3分钟

银河旅馆是一家拥有无数房间的旅馆，这些房间号从1开始，无限制地排下去。一天，银河旅馆全部客满。这时候，又来了一位UFO驾驶员，他刚从银河系外飞来。

尽管已经没有空房间了，可是老板仍然给驾驶员找到了一个房间。他只是把原来住在各个房间里的房客都移到高一号的房间。于是左边第1号房间就空出来给该驾驶员住了。

在一个周末，无穷多的推销员来到银河旅馆要求住宿。你可能会替老板捏一把汗了，也许你会说："我们可以接待有限数量的新客人，可是再给无穷多旅客找到新房间就困难了呢？"

◆可是，银河旅馆的老板很快就把难题解决了。那么你知道他是怎样解决的？

56 兄弟姐妹

游戏难度 ★☆☆☆☆
最佳完成时间 1分钟

玛丽姬(女)的弟弟点了一下兄弟姐妹的人数，发现自己的兄弟比姐妹多1人。

◆那么，玛丽姬的兄弟比她的姐妹多几人？

57 说唱的先后

游戏难度 ★★☆☆☆
最佳完成时间 2分钟

RAP歌手喜欢在一个地下酒吧里比赛即兴说唱，他们的时间是一分半钟，一般情况下，最后决赛的两个歌手，先说唱的那个会占尽先机，赢的机会很大。

所以在最后决赛的时候，由扔硬币决定先后，两个人先后投掷硬币，谁扔出的是正面，就由他先开始，如果两个人扔的都是反面，那么就继续扔下去。。

◆假定扔硬币出现正反面的概率相等，请问先扔硬币和后扔硬币是哪一个更有利？

58 混乱的雨伞

游戏难度 ★☆☆☆☆
最佳完成时间 1分钟

在下雨天，三个人同时进入一家饭店，他们把自己的雨伞交给了服务员，服务员把它们放在了一起。如果三把雨伞都是同样的颜色，在离开的时候，三个人都是随手拿了一把。

◆那么，他们每个人都拿对自己雨伞的概率是多少？

59 鲸鱼的居住地

游戏难度 ✿✿✿⚙⚙
最佳完成时间 3分钟

在太平洋里住着5条鲸鱼。一天，它们在海面冲浪后聚到一起聊天。这5条鲸鱼分别居住在不同的深度(800米、900米、1000米、1100米、1200米)。关于居住深度比自己浅的鱼的叙述都是真的，关于比自己深的鱼的叙述就是假的，而且，只有一条鲸鱼说了真话。它们的对话如下：

甲："乙住在900米或1100米的地方。"

乙："丙住在800米或1000米的地方。"

丙："丁住在1100米或1200米的地方。"

丁："戊是在1100米或1200米的地方。"

戊："甲住在800米或1000米的地方。"

◆那么，究竟每条鲸鱼分别住在哪个深度？

60 坏侍女

游戏难度 ✿✿✿⚙⚙
最佳完成时间 3分钟

一个皇帝有20个皇妃，每位皇妃身边都有一个坏侍女。虽然每一个皇妃都知道其他皇妃的身边有一个侍女是坏人，但由于她们之间关系不融洽，因此她们都不知道自己的侍女是否是坏人。

皇上知道此事后，把20个皇妃召集在一起，告诉她们，在跟随她们的侍女中至少有一个坏人。并要求她们如果知道了自己的侍女是坏人就必须立刻杀了她。如果知道了又不杀的话，那皇妃的脑袋就保不住了。期限为20天。

为此，皇上办了一份早报，如果哪位侍女被杀了就会刊登在早报上，可19天都平静地过去了，在第20天早晨，仍然没有哪一位皇妃杀自己侍女的消息。

◆请问：接下去的情况将会怎么样呢？

61 英雄的问题

游戏难度 ❀❀❀⚙⚙
最佳完成时间 3分钟

从前，有个国家，有个英雄不小心犯了法，定罪之后，被关在一个特别设计的囚室里。这个囚室有两个门，都没有上锁。一个门是活门，如果他打开这个门走出去，不但自由了，外边还有美女等他哩；另外一个门是死门，如果他打开这个门走出去，他便完蛋了，因为，在门外等他的是一群饥饿的狮子。囚室里有两个守卫，一个十分诚实，从不说假话；另一个则是从不说实话。他们两个人，都知道哪一道门是活门，哪一道门是死门。

依据法律规定，这位英雄囚犯在执刑之前，可以问这两个卫士三个问题，而且最多只能问三个问题，是一共三个问题，不是问每人三个问题。

◆如果你是那位英雄囚犯，你需要几个问题？如何问才能获得自由？

62 年龄

游戏难度 ❀❀⚙⚙⚙
最佳完成时间 2分钟

有一个人，自从他出生以来，每年生日的时候都会有一个蛋糕上面插着等于他年龄数的蜡烛。

◆迄今为止，他已经吹灭了231支蜡烛，你知道他现在多少岁了吗？

63 戒烟

游戏难度 ❀❀❀⚙⚙
最佳完成时间 3分钟

告诉你一个保证能戒掉烟的办法：一包烟有20根，请你点燃第一根香烟，抽完后，1秒后点第二根香烟；抽完第二根后，过2秒再点燃第三根；抽完第三根后，等4秒后点第四根，之后等8秒，如此下去，每次等待的时间加倍就行。

◆只要你遵守规则，我保证，抽不完两包烟，你就能戒掉烟，想知道为什么吗？

64 埃菲尔铁塔

游戏难度 ❀❀❀⚙⚙
最佳完成时间 3分钟

享誉世界的埃菲尔铁塔是法国首都巴黎的代表性建筑。它高300米，总重量达7000多吨。但是在它建成之初，有三个谜团困扰了人们很久：

(1)这座铁塔只有在夜间才是与地面垂直的；

(2)上午铁塔向西偏斜100毫米，到了中午，铁塔向北偏斜70毫米；

(3)冬季，气温降到零下10℃时，塔身比炎热的夏季矮17厘米。

当有人问铁塔的设计者埃菲尔时，他合理地解释了这些问题。

◆你知道其中奥妙吗？

65 比影子

游戏难度 ★☆☆☆☆
最佳完成时间 1分钟

日落时分，一架即将飞离地面的飞机和一架离地面五十米平行飞行的飞机。

◆哪一架在地面上投下的影子比较大？

66 怎样卖电器

游戏难度 ★★☆☆☆
最佳完成时间 2分钟

在一些欧洲国家，星期天卖某些商品是违法的。像报纸、水果这种有时间性的、易变质的商品可以出售；然而像图书和电器等在短期内不会失去效用的商品，则不允许出售。

◆商店应该怎么做才能在星期天把这两种商品都合法地卖出去呢？

67 预测机

游戏难度 ★★☆☆☆
最佳完成时间 2分钟

人工智能专家发明了一个预测机，任何一个人都可以问它：一小时之中会不会发生某件事。如果预测机预知这件事会发生，就亮绿灯，表示“会”；如果亮红灯，就表示“不会”。这个机器一经推出便受到很多人的欢迎，特别是警察局的警员，因为这样可以减轻他们的工作任务，只有局长不高兴，因为他知道预测机根本就不可靠，用一句话就可以验证。

◆那么，你知道局长想到了一句什么话吗？

68 拥挤的地球

游戏难度 ★★★★★
最佳完成时间 5分钟

地球上人类可居住的地区（包括撒哈拉沙漠和南北极地区）大约是5340万平方英里。到1950年底，在这些土地上居住的人口是250980万。在1987年底，人口将膨胀到5019600600，至20世纪末，人口已超过60亿。

◆如果人口增长的这个相对速度不变，那么哪一年世界上每个人只有1平方码的土地（1平方英里等于3079600平方码）？

69 夜半敲门

游戏难度 ★★★☆☆
最佳完成时间 3分钟

一个人住在山顶的小屋里，半夜听见有敲门的声音，他打开门却没有人，于是去睡了。等了一会儿又有敲门声，他又去开门，发现还是没人，如是几次。第二天，有人在山脚下发现一具死尸，警察来把山顶的那个人带走了。

◆为什么？

70 一半画报

游戏难度 ✿✿✿⚙⚙
最佳完成时间 3分钟

约翰问莎莎："你那些画报还在吗？"

莎莎："没有了。我已经把一半画报和一张画报的一半还给了菲比。然后我又把剩下的一半画报和一张画报的一半送给了阿伦。我现在只剩下一张画报了。假如你能说出我原来有几张画报，那么这一张就送给你。"

约翰怎么也弄不懂半张画报还有什么用处。突然他明白了，其实一张画报也没有撕开过。

◆请问，你知道其中的奥秘吗？

71 铁块

游戏难度 ✿⚙⚙⚙⚙
最佳完成时间 1分钟

有一个大木桶，木桶里装了许多水，水上还浮着一个小木桶。小木桶里装有一块铁，现在将这块铁拿出来放在水里。

◆请问水面比刚才上升了还是下降了？

72 谁是电影主角

游戏难度 ✿✿✿⚙⚙
最佳完成时间 3分钟

怀特有两个妹妹，分别是贝尔和卡斯。怀特的妻子费伊·布莱克有两个弟弟迪安和埃兹拉。他们6人中有一位担任了一部电影的主角，其余5人中有一位是该片的导演。

怀特家	布莱克家
亚历克斯：舞蹈家	迪安：舞蹈家
贝尔：舞蹈家	埃兹拉：歌唱家
卡斯：歌唱家	费伊：歌唱家

(1)如果主角和导演是亲属，则导演是个歌唱家，不是亲属，则导演是位男士；

(2)如果主角和导演职业不同，则导演姓怀特；

(3)如果主角和导演性别相同，则导演是个舞蹈家，性别不同，则导演姓布莱克。

◆请问：谁是电影主角？

73 录音线索

游戏难度 ✿✿⚙⚙⚙
最佳完成时间 2分钟

约翰一向有口吃的毛病，但他工作十分勤奋。

这天，约翰的太太接到约翰从办公室打来的电话录音。她听完后非常焦急，立即报了警。

事后证实约翰是被人用刀杀死的，电话是死前打来的。

录音内容如下：

"……我我遇遇遇到了一一个仇仇……人，我我我知道他的的的电话号……码，就是是是8888444……4，啊！……(跌倒之声)"太太道："唉，真可惜电话号码仅说了两个字，还有6个呢，还有6个究竟是什么呢……"警方也觉得很遗憾，他们凭8和4这两个号码查了

好几天也无法找到疑犯的线索。

忽然，一个警察灵机一动，告诉大家他已经知道了凶手的电话号码，并且很快就找到了凶手。

◆请问，警察是根据录音找到了线索并推测出答案的吗？为什么？

74 糊涂的法律

游戏难度 ✿✿✿✿✿

最佳完成时间 3分钟

古时候，有一个国家的国王为了让更多的男人能有更多的妻子，就颁布了这样一条法律：一位母亲生了她的第一个男孩后，她就立即被禁止再生小孩。这样的话，有些家庭就会有几个女孩而只有一个男孩，但是任何一个家庭都不会有一个以上的男孩，所以，用不了多久女性人口就会大大超过男性人口了。

◆请问这条法律可以实现他的“愿望”吗？

75 鸡与蛋

游戏难度 ✿✿✿✿✿

最佳完成时间 1分钟

地球上是先有鸡，还是先有蛋？

76 卸运货物

游戏难度 ✿✿✿✿✿

最佳完成时间 1分钟

一艘载货物的船停在岸边，没有系缆绳就开始卸货物了。

◆请问，如果工人从船尾将货物向岸上抛去，会发生什么事情？

77 水果密码

游戏难度 ✿✿✿✿✿

最佳完成时间 1分钟

经过破译敌人密码，已经知道了“香蕉苹果大鸭梨”的意思是“星期三秘密进攻”，“苹果甘蔗水蜜桃”的意思是“执行秘密计划”，“广柑香蕉西红柿”的意思是“星期三的胜利属于我们”。

◆那么，“大鸭梨”的意思是什么？

78 奇怪的老鼠

游戏难度 ✲✲✲✲✲
最佳完成时间 2分钟

在南美洲，有这样一种奇怪的老鼠，它们外出觅食的时候总是后一只咬着前一只的尾巴，排成长长的队伍，而负责掌握前行方向的只有最前方的一只老鼠，其余的只管跟从，如果队伍被惊吓断开了，其中的老鼠会随便咬住一只老鼠的尾巴，跟在后面跑走。

法国著名生物学家法布尔曾对这种老鼠作过一个试验，他诱使领头的老鼠沿着一根围成圆形的电线爬，其他的老鼠就跟着领头的老鼠，沿着电线不停地爬。这样一来，老鼠的队伍就围绕电线形成了一个流动的圆，每个老鼠都是这个队伍的首，也是这个队伍的尾。如果没有受到打扰，它们将一直这样转下去。

老鼠围绕电线转了一段时间之后，法布尔教授抖动了一下电线，这个周而复始的运动队伍一下子从电线上掉了下来，摔下来的老鼠各个都显得很茫然，到处张望，不知往哪里跑。

◆这种老鼠为什么会一直沿着电线转？从电线上掉下来的老鼠为什么都不知道下一步往哪里跑了？

79 挖地道

游戏难度 ✲✲✲✲✲
最佳完成时间 2分钟

甲国和乙国相邻，甲国对乙国进行了野蛮地掠夺和屠杀，并且抓了乙国的一个爱国将士，将其关在边界附近。这个将士试图偷越边境逃回乙国，但是由于甲国戒备森严，未能成功。但将士并没有灰心，通过种种假设，他终于找到了一个能够帮助他逃回乙国的途径，也是唯一有望成功的途径，那就是挖地道。

但他又想：挖出的浮土会不断增加，一增加就会被甲国侦察机发现。所以，在挖地道之前要盖一所小房子，把浮土藏在里面。不过，小房子不能盖得太大，否则也会被发现，但浮土会不断增加，小房子定会装不下，而且，在挖地道时，一定要保持适当的空隙来供人呼吸，才能确保人不会被闷死。

究竟要怎么办呢？这位将士想了很久，终于想到了一个不会露出破绽的办法，顺利地逃回了乙国。

◆你知道他想的是什么办法吗？

第四章

注意与记忆

——唤醒沉睡的大脑

思维魔方提醒：重视经常忽视的东西，记忆经常忘记的东西。

从眼前一闪而过的东西有两样，一是流星，二是你觉得没必要注意的东西。人脑海中也有一闪而过的东西，有时候这个东西闪过去之后，你会失去很多重要信息，还得从头再来。这是记忆的惰性，一定不要偷懒，应认真、仔细、主动去迎接挑战。

1 珠宝何在

游戏难度 ★★★☆☆
最佳完成时间 3分钟

一家首饰店被盗了，警方得到可靠情报，罪犯还在市里，并且将于今天下午5点乘飞机逃走。于是，公安人员与机场人员严密地检查着每一位旅客的随身携带物。

这时，本次航班只剩下最后一个乘客了，奇怪的是，这个乘客除了随手带的笼子里有几条蛇和几只作为蛇的食物的青蛙以外，再没有其他东西。

"看来，是得到的情报有误。"刑警队长自言自语地说。实际上，罪犯就是最后一个乘客。

◆你能猜出他将珠宝藏到哪儿去了吗?

2 紧急时刻

游戏难度 ★☆☆☆☆
最佳完成时间 1分钟

有一个聋子看到一个男孩在一座危墙下玩耍，墙就快要倒下来了，过去抱开那个男孩已经来不及了。

◆他该怎么告诉那个男孩并让他跑开呢?

3 消失的钱

游戏难度 ★★★☆☆
最佳完成时间 3分钟

3个人住宿时，每人10元钱，将30元钱交给服务员后，再交到会计那里去。会计找回5元钱。服务员中间私吞了2元钱，只还给他们3元钱。

3人分3元钱，每人退回1元钱，合计每人付了9元钱，加在一起共27元钱。再加上服务员私吞的2元钱，一共29元钱。怎么也与付账的钱对不上。

◆是哪里出了问题呢?

4 公安局长

游戏难度 ★☆☆☆☆
最佳完成时间 1分钟

有个公安局长在公园与人下棋。这时，跑来一个孩子，着急地说："你爸爸和我爸爸吵起来了。"这时，旁人问这个公安局长："这是你的什么人?"公安局长回答说："是我儿子。"

◆吵架的两个人与公安局长是什么关系?

5 蚯蚓

游戏难度 ★☆☆☆☆
最佳完成时间 1分钟

某人钓鱼时用蚯蚓当鱼饵，他共抓了5条蚯蚓，分鱼饵时把2条蚯蚓切成2段。

◆当时，此人还有几条活蚯蚓?

6 铺瓷砖

游戏难度 ✿✿✿
最佳完成时间 3分钟

有四个水泥工人打算在一个墙面上铺满瓷砖。

A工人使用的是“正三角形”瓷砖，B工人使用的是“正方形”瓷砖，C工人使用的是“正五角形”瓷砖，D工人使用的是“正六角形”瓷砖，结果，其中一个工人旋即被工头骂得狗血淋头。

◆请问是哪个工人，为什么？

7 奇怪的选择

游戏难度 ✿
最佳完成时间 1分钟

有一个人想过河，便大声问渡船上的船夫：“你们中间哪位是会游泳的？”

话音刚落，马上就有许多船夫应声围上来，只有一个人没有走近。

那个人就问：“喂，你水性好吗？”

“对不起，我不会游泳。”

“好，我就坐你的船过河！”

◆请问：那个人为什么要坐这条船过河呢？

8 可怜的学生

游戏难度 ✿✿✿
最佳完成时间 3分钟

小强期末考试成绩特别糟糕，爸爸对他的表现很不满意，于是他对爸爸说：“你知道吗，我的时间太紧张了，以至于我没有学习的时间。你看，我每天要睡觉8个小时，这样一年的睡眠时间就是122天。我们寒假和暑假加起来又有60天。我们每星期休息2天，那么一年又要休息104天，我每天吃饭还要3个小时，那么一年就需要46天，我每天从学校到家走路共需要2个小时，这些又有30天。你看看，所有的这些加起来有362天了。”他停了一下说：“我一年只有4天的时间学习，哪能有什么成绩呢？”爸爸给他说蒙住了，很久没有反应过来。

◆你知道他的解释中错误的地方吗？

9 能平分吗

游戏难度 ✿
最佳完成时间 1分钟

有人说：可以用一根线吊住两边粗细不同的萝卜，从使萝卜两边保持平衡的线的地方切开：得到的两部分质量相等。

◆这种说法对吗？

10 狡猾的奸商

游 戏 难 度 ✲✲✲✲✲
最佳完成时间 5分钟

有一个贵夫人拿了一条珍珠项链去珠宝店修理，她对珠宝店老板说："我这个项链上珍珠的数量是：从上数到下是12颗，从上数到分叉的中间点，再往左、往右数也各是12颗。"

修理完毕，她来取货的时候，按照她的方法核对了一遍，珍珠数目是对的，于是她放心地拿回家了。

◆其实，珍珠店老板偷了她两颗珍珠，他是如何做到的呢？

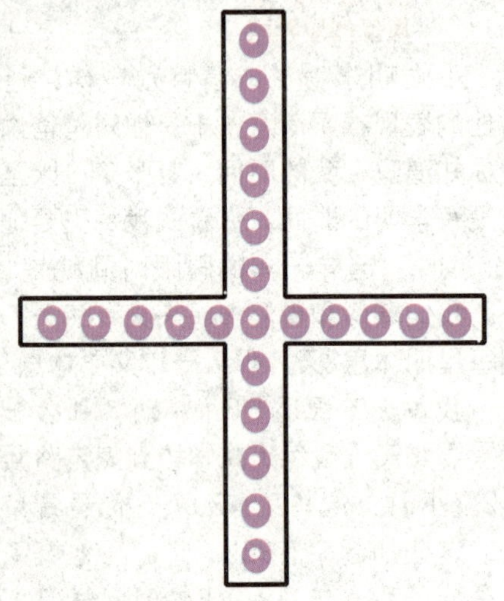

11 第六感官

游 戏 难 度 ✲✲✲✲✲
最佳完成时间 2分钟

小琴喜欢假装睡着，然后再逗她的姐姐。最近，她却发现她的姐姐每次都能猜中。每次她装睡时，她的姐姐便说："喂，你又在装睡了，看我的第六感官多发达，可料事如神呢！"

◆你知道小琴的姐姐是怎么样拥有了这个第六感官的吗？

12 小猫的数量

游 戏 难 度 ✲✲✲✲✲
最佳完成时间 2分钟

两只小猫前面有两只小猫，两只小猫后面有两只小猫，两只小猫中间有两只小猫。

◆请问共有几只小猫？

13 战胜冠军的秘密

游 戏 难 度 ✲✲✲✲✲
最佳完成时间 1分钟

有三个从小一起长大的朋友，一个是开出租车的，一个是全国象棋冠军，一个是全国乒乓球冠军。这天，三个人一起在一家俱乐部痛快地玩了一上午。在吃午饭的时候，开出租车的对身旁的人说："今天，我是最大的胜利者，我打了乒乓球，也下了象棋，我是既战胜了全国乒乓球冠军，也战胜了全国象棋冠军。"身旁的人都不相信："他们一定是让着你的。"但两个冠军诚实地说："没有的，我们尽了全力。"

◆旁边的人都惊讶极了，你知道这是怎么回事吗？

14 最佳人选

游戏难度 ★☆☆☆☆
最佳完成时间 1分钟

一个国王打算聘请一位优秀的建筑师帮他主持修建一座宏伟的宫殿，国王召集了全国所有著名的建筑师，叫他们自报候选条件，并推荐第二候选人作为自己的助手。国王耐心地倾听每个建筑师的自我介绍。听完以后，国王考虑了片刻，然后决定了人选。

◆你认为国王会选择谁来担任这个重任？

15 极速飞车

游戏难度 ★☆☆☆☆
最佳完成时间 1分钟

有一辆轿车，在全程的最初30秒内以时速150千米行驶。

◆为了让全程的平均时速能保持在60千米，接下来的30秒行驶时，时速应该是多少呢？

16 发财梦

游戏难度 ★★★★☆
最佳完成时间 4分钟

有一个人整天梦想着发财，可是发财得有实际行动，于是他决定用5元钱发家，他的算盘是这样打的，花5元钱买回一件东西，然后以6元钱卖掉它。然后再花7元钱将卖掉的东西买回来，以8元钱卖掉它。这样他就可以积少成多。可是有位学经济的却摇头叹息，他认为如果照这样的做法，他不会赚到钱。

◆你说他们谁的想法对呢？请说明理由。

17 谁在挨饿

游戏难度 ★☆☆☆☆
最佳完成时间 1分钟

动物园里有两只熊，公熊每顿要吃15千克肉，母熊每顿要吃10千克肉，幼熊每顿吃5千克肉。

◆但每天饲养员只买回来10千克肉，那就意味着会有熊挨饿，对吗？

18 葱为什么卖亏了

游戏难度 ★☆☆☆☆
最佳完成时间 1分钟

一捆葱有5千克，卖1元钱500克。

有个买葱人说，我全都买了，不过我要分开称，葱白7角钱500克，葱叶3角钱500克，这样葱白加葱叶还是1元，对不对？卖葱的人一想，7角加3角正好等于1元，没错，就同意卖了。他把葱切开，葱白4千克，葱叶1千克，加起来5千克，4千克葱白是5.6元，1千克葱叶6角，共计6.2元。事后，卖葱人越想越不对，原来算好的，5千克葱明明能卖10元，怎么只卖了6.2元呢？

◆到底哪里算错了呢？

19 消失的100元

游戏难度 ✿✿✿✿✿
最佳完成时间 2分钟

过年的时候，有两个父亲都给自己的儿子一些钱，其中一个父亲给儿子200元，另一个父亲给了儿子100元。结果，两个儿子却说他们一共得了200元。

◆那么，那100元跑哪里去了？

20 该听谁的

游戏难度 ✿✿✿✿✿
最佳完成时间 2分钟

有一个人在婚姻的问题上下不了决心，不知道如何选择，他这么犹豫了很久，还是找不到答案，于是他想还是去听听两个朋友的意见吧。甲告诉他："我说的话，有60%是正确的。"乙告诉他："我说的话，只有20%是正确的。"

◆这个人想了想，选择了朋友乙给他意见。你知道这是为什么吗？

21 情报员的智慧

游戏难度 ✿✿✿✿✿
最佳完成时间 1分钟

由夏威夷飞往纽约的班机起飞后，机场接到恐吓电话。

"刚才起飞的那班客机，机上有位情报员是我们要消灭的对象，所以在飞机内安装了炸弹。当飞机起飞10分钟后，炸弹的开关就会自动开启，若飞机降到2000米以下的高度时，就会引发爆炸。到时候……哈哈！"

机长听完控制塔转来的消息后，不知所措。目前飞机是在离地面10000米的上空飞行，若要紧急降落也不能降到2000米以下的高度，可是燃料用尽后……

然而，那名情报员突然想到一个安全的降落方法。于是与机长商讨改了航线，继续往前飞。最后，飞机安全着陆，又在尾翼部分找到那枚炸弹。果然它在2000米处就爆炸了。

◆那名机智的情报员是如何挽救这场浩劫？

22 什么时候相遇

游戏难度 ✿✿✿✿✿
最佳完成时间 1分钟

在一个赛马场里，A马1分钟可以跑2圈，B马1分钟可以跑3圈，C马1分钟可以跑4圈。

◆请问：如果这3匹马同时从起跑线上出发，几分钟后，它们又相遇在起跑线上？

23 书虫啃书

游戏难度 ✿✿✿✿✿
最佳完成时间 1分钟

书架上放着4本书，分为1～4册。每本书的厚度都是3厘米，封面和封底的厚度也都是1毫米 。有一只书虫钻进了书中。它从第一册的封面开始啃书，一直啃到第四册的封底。

◆你能计算出书虫啃了多少厚度的书吗？

24 掉在井里的喜鹊

游戏难度 ✿✿✿✿✿
最佳完成时间 1分钟

有一只喜鹊掉到一口枯井里。

◆它能自己飞出来吗？

25 吝啬鬼的把戏

游戏难度 ✿✿✿✿✿
最佳完成时间 2分钟

有一个吝啬鬼去饭店吃面条，他花1元钱点了一份清汤面，面上来了，他又要求换一碗2元钱的西红柿鸡蛋面。服务员对他说：“你还没付钱呢！”吝啬鬼说：“我刚才不是付过了吗？”服务员说：“刚才你付的是1元钱，而你吃的这碗面是2元钱的，还差1元呢！”吝啬鬼说：“不错，我刚才付了1元钱，现在又把值1元钱的面还给了你，不是刚好吗？”服务员说：“那碗面本来就是店里的呀！”他说“对呀！我不是还给你了吗？”

◆这么简单的账怎么就弄糊涂了呢？吝啬鬼真的不需要付钱了吗？

26 点头的次数

游戏难度 ✿✿✿✿✿
最佳完成时间 3分钟

在日本的一家公司，一共有10名女员工和10名男员工，还有一名领导。公司规定，每天上午上班时，每位员工必须向其他员工和领导点头敬礼一次。

◆那么，这个公司每天上午所有人共计要点头多少次呢？

27 吃麦苗的小羊

游戏难度 ✿✿✿✿✿
最佳完成时间 1分钟

小明把他的小羊拴在一棵树上，拴羊的绳子有10米长，现在羊离旁边的麦田有18米远。然后小明跑开和小朋友们玩去了，等他回来的时候，发现小羊吃了很多的麦苗，但是绳子并没有断。

◆你知道这是怎么回事吗？

28 手表准吗

游戏难度 ✿✿✿✿✿
最佳完成时间 2分钟

有人买了一只手表，用它和家中的闹钟测试准确度，手表每小时要快2分钟。他想，不一定是自己买的表走不准，因为也可能是闹钟走不准。于是，他拿着闹钟去对电台播出的标准时间，结果发现家里的闹钟每小时比标准时间慢了2分钟。这一下他高兴了，说：“我的表每小时比闹钟快2分钟，而闹钟比标准时间每小时慢2分钟，可见我买的表准得很。”

◆你说他买的这只表到底准不准？

29 最好的方法

游戏难度 ✿✿✿✿✿
最佳完成时间 1分钟

小华和小明是好朋友，两家相距有50米远，两家附近没有其他的邻居。这天，电视里上演《变形金刚》，小华很想让小明过来和自己一起看。

但是两家都没有装电话，现在小华的手头上有2个贴邮票的信封，一只蓝色的圆珠笔，一个红色的气球，一个很大的纸飞机，一个小刀，要是在不去小明家邀请他的情况下。

◆小华如何尽快通知到小明，让他过来呢？

30 小青蛙跳井

游戏难度 ✿✿✿✿✿
最佳完成时间 1分钟

有一天，一只小青蛙突然想离开井底到外面去闯荡，井的深度是3.5米。青蛙每次能跳1.8米高。

◆请问，你知道它几次可以跳出这口井吗？

31 吹气球

游戏难度 ✿✿✿✿✿
最佳完成时间 1分钟

将一个彩色气球放进一个窄口瓶里，然后对着气球吹气，结果怎么吹气球也吹不大。

◆为什么？

32 最先到达的地方

游戏难度 ✿✿✿✿✿
最佳完成时间 1分钟

哥伦布冒险航海绕地球时，最先到达的地方是现在的哪里？

◆A.不知道
B.美国东北部
C.中美洲群岛
D.巴西
E.非洲好望角

33 失事的飞机

游戏难度 ✿✿✿✿✿
最佳完成时间 1分钟

很不幸有一架飞机失事了，但飞机正好坠落在德国和法国的交界处。

◆应该把幸存者埋葬在哪个国家呢？

34 钓鱼的条数

游戏难度 ✿✿✿✿✿
最佳完成时间 2分钟

有一个人特别喜欢钓鱼，但是他钓鱼的技术太差了，所以钓到的鱼总是很少，人们总是拿这件事情取笑他。一天他钓鱼归来，当路上的人们问他钓了多少条鱼时，他骄傲地回答到："有6条没头的，8条半截的，9条没尾的。"人们很是吃惊。

◆那么，你知道他钓了多少条鱼吗？

35 存放的地方

游戏难度 ✿✿✿✿✿
最佳完成时间 1分钟

有一个案件正在审理，证人说，当时他及时把一个很重要的表单夹在一本书215页和216页之间，才得以幸存，这种说法合情合理。

◆但是，对方律师很快就指出他做的是伪证，你知道原因是什么吗？

36 绳子的长度

游戏难度 ✿✿✿✿✿
最佳完成时间 1分钟

有一根绳子悬挂在船的一侧，绳子正好触及水面。这根绳子每20厘米就有一个绳结。在涨潮的时候，水位是以每10分钟10厘米的速度上涨的。

◆那么40分钟后，绳子上将有几个绳结在水下面？

37 睁眼闭眼的次数

游戏难度 ✿✿✿✿✿
最佳完成时间 1分钟

你能算出来，从你生下来到现在，是睁眼的次数多还是闭眼的次数多？

38 带手电的盲人

游戏难度 ✿✿✿✿✿
最佳完成时间 1分钟

有一个很自强的盲人，在一个公司里上班。在他上夜班的时候，回家要经过一段很黑的小巷。

◆他走到那里总是打着手电，你知道这是为什么吗？

39 讲外语

游戏难度 ✿✿✿✿✿
最佳完成时间 1分钟

在瑞士住着讲德语、法语、意大利语、罗马尼亚语的国民。有四个中国人到瑞士观光。A会说罗马尼亚语和德语，B会说德语和法语，C会说法语和意大利语，D则会说西班牙语和意大利语。在某地竖立着一块写有罗马尼亚文的招牌，A看了之后用德语告诉B。

◆B如何将招牌上的内容传达给C和D？

40 这样合理吗

游戏难度 ✿✿✿✿✿
最佳完成时间 2分钟

甲乙两人分别掏出同样多的钱凑到一起买点心吃，最后乙比甲多吃了两个10元的点心。甲对乙说："点心每个10元，你比我多吃了两个，所以回头你还给我20元就可以了。"

◆甲这么说看似合理，但事实上果真如此吗？

41 火车的位置

游戏难度 ✿✿✿✿✿
最佳完成时间 1分钟

一列满载的火车，从纽约开到洛杉矶需要7个小时。

◆那么，在列车乘客只有一半的情况下，行驶3个小时，这列火车应该在什么地方？

42 互看脸部

游戏难度 ✿✿✿✿✿
最佳完成时间 1分钟

有这样两个女人，其中一个面向南站立，另外一个面向北站立。不允许回头，不允许走动，也不允许用镜子照。

◆请问她们怎么能看到对方的脸？

43 谁在敲门

游戏难度 ✿✿✿✿✿
最佳完成时间 1分钟

地球上存活下来的唯一一个男人，坐在桌旁准备写遗书，突然听见外面传来敲门声。人类以外的动物早就死光了，也不可能是石子被风吹起打在门上的声音。

◆当然，外星人也没有人侵地球，那么，到底是谁在敲门呢？

44 是否平安

游 戏 难 度
最佳完成时间 1分钟

一次，日本某地发生了8级的地震。地震造成了严重的灾害，灾情十分严重，收音机里也不断播报着搜救情况。木户先生也从收音机里听到了“我的儿子平安吗？”的寻人启事。然而，当木户先生被问及是否见到自己儿子的时候，木户先生回答说：“还没有呢。”

◆不过看起来他对他儿子的安危一点儿都不担心，这是怎么回事呢？

45 水手

游 戏 难 度
最佳完成时间 1分钟

一个小伙子一进餐厅，服务生小丽就对他产生了兴趣。在小伙子结账的时候，小丽总算找到了机会接近他。

让小丽更兴奋的是，她发现小伙子在账单的背面画了一个三角形。在三角形的底下，他还写了一个算式：19×2=38，这当然与账单无关。

小丽冲着小伙子嫣然一笑道：“我看你是个水手。”

◆那么小丽怎么会知道他是水手呢？

46 取药片

游 戏 难 度
最佳完成时间 1分钟

小强感冒了，从药店买了一瓶感冒药，药瓶是用软木塞子密封的。现在，小强想在不拔出瓶塞，也不在上面穿孔的情况下，从完好的瓶子里取出药片。

◆请问，他该怎么做？

47 硬币魔术

游 戏 难 度
最佳完成时间 5分钟

这里有一个关于硬币的魔术，但它实际上是数学中奇偶概念的一个例子。

让某个人在桌子上掷一把硬币。你快速看一下结果，然后转过身去。让这个人随机将一对硬币翻个面，随便他想翻几对。然后要求这个人遮住一枚硬币。

◆当你转回身来，就可以立刻说出被遮住的硬币是正面还是反面。

48 猜水果

游 戏 难 度
最佳完成时间 1分钟

假定这里现在有5元一千克的苹果一堆，3元一千克的葡萄一堆，还有4元一千克的橘子一堆，合在一起。

◆请问现在一共有几堆？

49 美国人的饭量

游戏难度 ★☆☆☆☆
最佳完成时间 1分钟

美国人通常在哪一个月吃得最少?

50 你是第几名

游戏难度 ★☆☆☆☆
最佳完成时间 1分钟

你正在参加赛跑，几经辛苦，终于超过第二位的健儿，你现在是第几位?

◆如果你跑啊跑，超过最后一名，那你现在是第几?

51 第五个女儿

游戏难度 ★☆☆☆☆
最佳完成时间 1分钟

Mary的爸爸有五个女儿：nana、nene、nini、nono。

◆那他第五个女儿叫什么?

52 小狗赛跑

游戏难度 ★☆☆☆☆
最佳完成时间 1分钟

两只狗赛跑。甲狗跑得快，乙狗跑得慢，跑到终点时。

◆哪只狗流汗多?

53 谁先发现

游戏难度 ★★☆☆☆
最佳完成时间 2分钟

中午，三只小猴约好在树上荡秋千。正当它们玩得高兴的时候，只听“嘭”的一声枪响，把它们都吓得“吱吱”乱叫，好一会儿才回过神来。大猴菲菲说：“我最先发现有人开枪，因为我最先看到枪口喷出的火花。”小猴费拉说：“我最先发现有人开枪，因为我最先听到枪声。”另一只猴子多多说：“我最先发现有人开枪，因为子弹是擦着我的耳朵飞过去。”

◆那么，到底是谁最先发现有人开枪呢?你来评评理吧。

54 镜子房间

游戏难度 ★☆☆☆☆
最佳完成时间 1分钟

有一间小房里的四周全部布满镜子，所有的墙面、地面甚至门，没有不是镜子的地方，你走进去，关紧门。

◆将会看到什么现象?

55 汉堡顿球场

游戏难度 ★★☆☆☆
最佳完成时间 2分钟

英国伦敦泰晤士河畔旧王宫的汉堡顿球场是世界上著名的迷宫之一(如图所示)，你如何从入口走到球场中心?

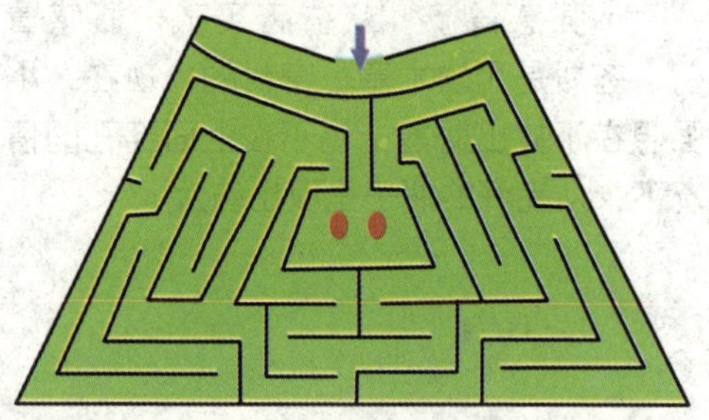

56 一场战争

游 戏 难 度 ✿✿✿✿✿
最佳完成时间 2分钟

从前，在印度，一个女王拥有两匹马，她用这两匹马去攻打邻国的国王。经过激烈的战斗，国王的人马都被杀光了。

◆战争结束后，胜利者和失败者全部并排躺在同一个地方，请你解释这是为什么。

57 一笔画图

游 戏 难 度 ✿✿✿✿✿
最佳完成时间 4分钟

考古人员在希腊进行发掘工作，使一批奇异的古代遗迹重见天日。他们发现很多纪念碑的碑文上反复出现下面这个由圆和三角形组成的符号。这个图可以一笔画出，任何线条都不重复画过两次以上。不是采取那种更为一般的、允许同一线条可以随意重复画过的画法，只是要求用尽可能少的转折一笔画出这个图形，它无疑会成为很好的一道趣题。

◆你知道怎么画吗?

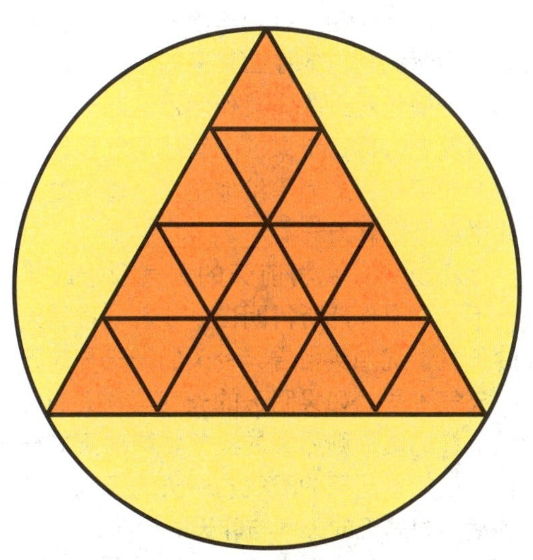

58 螃蟹赛跑

游 戏 难 度 ✿✿✿✿✿
最佳完成时间 1分钟

一个体长10厘米的黑螃蟹和一个体长20厘米的红螃蟹赛跑。

◆谁会赢?

59 鸡蛋不破

游 戏 难 度 ✿✿✿✿✿
最佳完成时间 1分钟

你拿一个生鸡蛋，让它自由下落。

◆在地上没有任何铺垫的情况下，你能够使鸡蛋下落1米而不破吗?

60 谁先着地

游 戏 难 度 ✿✿✿✿✿
最佳完成时间 1分钟

假设一个高个子和一个矮个子站在同一条直线上，然后同时倒下。

◆你猜这两个人谁的身体先着地呢?

61 录取概率

游戏难度 ★★☆☆☆
最佳完成时间 2分钟

某知名学府要在某地录取1个学生，但该地报名的学生有100个。这样每个学生的录取可能性是1%。但有一个学生却认为每个学生的录取可能性都是1/2。他是这样分析的：

除“我”之外的99个学生中，肯定有98个学生要被淘汰，这样，“我”就与剩下的第99个学生竞争。因此，我的录取可能性就是1/2了。其中，“我”适用于每个学生。因此，这100个学生的被录取概率就由1/100变成1/2了。

◆请问，真的会是这样吗？

62 孤烟直

游戏难度 ★☆☆☆☆
最佳完成时间 1分钟

大宇是一名水手，他说，他曾经看见过一艘正以时速10千米的速度前进的轮船，冒出直直的烟来。

◆请问，大宇说的这种现象真的存在吗？

63 抓老鼠

游戏难度 ★☆☆☆☆
最佳完成时间 1分钟

如果37只猫在37分钟里能抓37只老鼠。那么在74分钟里抓74只老鼠需要几只猫呢？

64 天气预报

游戏难度 ★★★☆☆
最佳完成时间 3分钟

甲在深山探险，但是他并不擅长观察天象。一天，他的手机和仪器突然失灵了，无法接收和查看到里面的天气预报信息。幸运的是，他在山里遇到了猎人乙，乙十分擅长观天象，他便问乙这几天的天气情况怎么样。结果乙没有把天气预报的情况如实相告，而是给他出了一道难题，让甲自己推算天气。

乙说：“我将前天的天气预报改了一下，如果你能听得明白，我可以将后天的天气情况如实相告。今天的天气与昨天的天气不同。如果明天的天气与昨天的天气一样的话，则后天的天气将和前天的一样。但如果明天的天气与今天的天气一样的话，则后天的天气与昨天的相同。”

◆乙的天气预报果然很准，因为今天和前天都下了雨。那么昨天的天气如何呢？

第五章

排除与假设

——熟谙思海战术

思维魔方提醒：一定不要在亲自排除了正确答案的选项中苦苦思索。

排除法很有风险，弄不好就把正确的给排除了，所以一定要确保自己排除的是错误的答案。需要在运筹帷幄间迅速做出决定，这很考验一个人的常识、基本素质、理解力和决策力。多做这样的练习，会增强逻辑思维的速度和精准度。

1 三位美女

游戏难度 ✿✿❀❀❀
最佳完成时间 2分钟

有3位大美女，其实是“天使”、“魔鬼”和“常人”三姐妹。天使总是说真话，魔鬼总是说假话，常人有时说真话，有时说假话。

黑发美女说：“我不是天使。”

茶发美女说：“我不是常人。”

金发美女说：“我不是魔鬼。”

◆到底谁是谁呢？

2 一起谋杀案

游戏难度 ✿✿❀❀❀
最佳完成时间 3分钟

希吉、里克、伊凡和康奇四名犯罪嫌疑人因一起谋杀案而被警方审讯。他们的口供如下：

希吉：“是里克干的。”

里克：“是康奇干的。”

伊凡：“我没有杀人。”

康奇：“里克在撒谎。”

◆这四个人中，只有一个人说了真话。那么到底谁是凶手？

3 大嘴鲈鱼

游戏难度 ✿✿✿❀❀
最佳完成时间 3分钟

大嘴鲈鱼只在有鲦鱼出现的且长有浮藻的水域里生活。漠亚河中没有大嘴鲈鱼。从上述断定能得出以下哪项结论？

Ⅰ.鲦鱼只在长有浮藻的河中才能发现。

Ⅱ.漠亚河中既没有浮藻，又没有鲦鱼。

Ⅲ.如果在漠亚河中发现了鲦鱼，则其中肯定不会有浮藻。

◆A.只有Ⅰ　B.只有Ⅱ　C.只有Ⅲ

D.只有Ⅰ和Ⅱ　E.Ⅰ、Ⅱ、Ⅲ都不是

4 小男孩和小女孩

游戏难度 ✿❀❀❀❀
最佳完成时间 1分钟

过年的时候，穿上新衣的一个小女孩和一个小男孩相遇了。穿红衣服的孩子说：“我是个男孩。”另一个穿蓝衣服的孩子说：“我是个女孩。”

他们的父母都笑了，因为他们知道这两个孩子至少有一个在撒谎。

◆那么，你能判断出穿红衣服的到底是男孩还是女孩呢？

5 箱子在哪里

游戏难度 ✿✿❀❀❀
最佳完成时间 2分钟

阿弟要和妈妈出远门。走之前，妈妈从家门口数了30步，挖个坑把木箱埋了下去。阿弟从家门口数了10步，把自己的小木箱也埋到了地下。第二天妈妈带着阿弟走了。过了4年，他们又回到了家，房子还在。妈妈数了30步，挖出了大木箱。阿弟数了10步，挖呀挖呀，怎么也挖不到小木箱，他着急了！他换了个地方挖下去，一下子就挖出了小木箱。

◆你猜为什么？

6 仓库被盗

游戏难度 ✿✿✿⚙⚙
最佳完成时间 3分钟

甲、乙、丙、丁四人是仓库的保管员。一天仓库被盗，经过侦查，最后发现这四个保管员都有作案的嫌疑。又经过核实，发现是四人中的两个人作的案。在盗窃案发生那段时间，找到可靠的线索有：

(1)甲、乙中有且只有一人去过仓库；

(2)乙和丁不会同时去仓库；

(3)丙若去仓库，丁必一同去；

(4)丁若没去仓库，则甲也没去。

◆那么，你可以判断是哪两个人作的案吗？

7 职业

游戏难度 ✿✿⚙⚙⚙
最佳完成时间 2分钟

一次聚会上麦迪遇到了汤姆、卡尔和乔治三个人，他想知道他们三人分别是干什么的，但三人只提供了以下信息：三人中一位是律师，一位是推销员，一位是医生，乔治比医生年龄大，汤姆和推销员不同岁，推销员比卡尔年龄小。

◆根据上述信息麦迪可以推出什么结论？

8 谁在说谎

游戏难度 ✿✿✿⚙⚙
最佳完成时间 3分钟

传说古代有一个“说谎国”和一个“老实国”。有一天，两个说谎国的人混在老实国人中间，想偷偷进入老实国。他们俩和一个老实国的人进城的时候，哨兵喝问他们3人：“你们是哪个国家的人？”甲回答说：“我是老实国人。”乙的声音很轻，哨兵没有听清楚，于是指着乙问丙：“他是哪一国人，你又是哪一国人？”丙回答道：“他说他是老实国人，我也是老实国人。”哨兵得到消息说3个人中间只有一个是老实国的人，可不知道是谁。

◆他面对这样的回答，应该作如何分析？

9 哈代的算式

游戏难度 ✿✿✿✿✿
最佳完成时间 5分钟

火柴算式吸引过很多的数学家，英国数学家哈代就曾经用火柴摆过下面两道错误算式，他要求每个算式中只移动一根火柴，使等式成立。注：除了传统的运算解法，你还可以发挥你的想象力，改变思维方式，创造出新的解法。

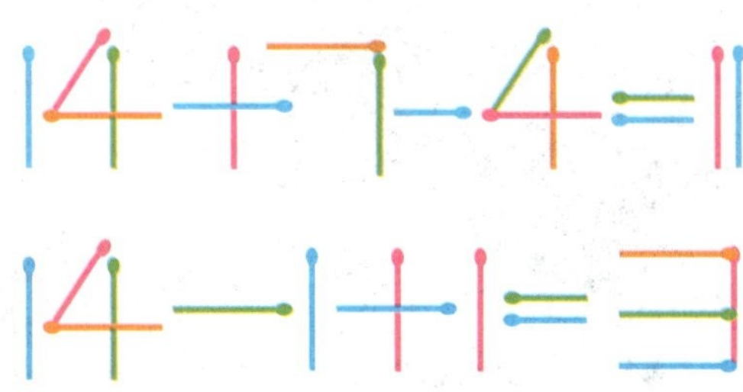

10 偷答案的学生

游戏难度 ✿✿✿✿✿
最佳完成时间 5分钟

一天，在罗伯特教授的一次数学测验课上，发现试题的答案被人偷走了。有机会窃取这份答案的，只有约翰、杰克和斯纳尔这三名学生。

(1)那天教室里总共上了五节数学课。

(2)约翰只上了其中的两节课。

(3)杰克只上了其中的三节课。

(4)斯纳尔只上了其中的四节课。

(5)罗伯特教授只讲授了其中三节课。

(6)这三名学生都只上了两节罗伯特教授讲授的课。

(7)这三名被怀疑的学生出现在这五节课的每节课上的组合各不相同。

(8)在罗伯特教授讲授的一节课上，这三名学生中有两名来上了，另一名没有来上。事实证明来上这节课的那两名学生没有偷取答案。

◆问：这三名学生中谁偷了答案？

11 语言的差别

游戏难度 ✿✿✿✿✿
最佳完成时间 3分钟

三个星球上的人聚在了一起，分别是地球人、火星人、海王星人。他们由于语言不同，可能说的是正话，也可能说的是反话。海王星人说的都是反话，火星人说的都是正话，地球人说的有些是正话，有些是反话。现在甲说："我不是火星人。"乙说："我不是地球人。"丙说："我不是海王星人。"

◆请问，你能猜出这三个人的身份吗？

12 猜帽子的颜色

游戏难度 ✿✿✿✿✿
最佳完成时间 4分钟

有一种游戏是这样的，中间一人眼睛被蒙住，四周坐着6个人，坐在中央的人挡住了视线，所有周围的人不能看到对面的人。开始的时候，6个人全闭上眼睛，由另外的一个人往这7个人的头上各放一顶帽子。帽子共有4顶蓝色的，3顶红色的。戴好后，大家睁开眼睛，最先猜出自己头上带什么颜色帽子的人获胜。

游戏开始后，一周的6个人都在沉思，这时，中间蒙着眼睛的人说："我带的帽子的颜色是蓝色的。"

◆你知道他是怎么猜出来的？

13 年度大会

游戏难度 ✿✿✿✿✿
最佳完成时间 3分钟

一个公司正在召开年度总结大会，参加会议的一共有20人，在这20人中，有14人是男士，12人是短发，11个人很瘦，7个人是高个子。

◆你能算出有多少个人同时具备这些条件，即他们是又高又瘦的短发男士？

14 冤家夫妻

游戏难度 ✿✿✿✿✿
最佳完成时间 2分钟

俗话说：不是冤家不聚头。有这么一对夫妻，他们都已经35岁了。自从结婚的那天起，他们每天都要吵架一次，这个数字从来没有改变过。但是，上个月他们只吵架28次，而上上个月他们只吵架15次。

◆这可能吗？

15 谁可以今天点鸡，明天点鱼

游戏难度 ✿✿✿✿✿
最佳完成时间 3分钟

甲、乙、丙三个人经常一起晚上去餐厅吃饭，他们每个人要的菜不是鱼就是鸡。后来他们发现：

(1)如果甲要的是鱼的话，那么乙要的就是鸡。

(2)甲和丙喜欢要的是鱼，但是两个人不会都要鱼。

(3)乙和丙两个人不会都要鸡。

◆那么，你能看出，谁可以今天点鸡，明天点鱼呢？

16 他撒谎了吗

游戏难度 ✿✿✿✿✿
最佳完成时间 1分钟

奥德修斯是希腊人，有一次在受到诬蔑的时候，他生气地说：“所有希腊人都是撒谎者。”

◆亲爱的读者，你说他撒谎了吗？

17 哪道菜里有毒

游戏难度 ★★★★☆
最佳完成时间 4分钟

古罗马暴君尼禄想毒杀同父异母的弟弟布里达，他让菜单调配师在宴席上的一道菜里下了毒。当时的菜单是：①鹅蛋汤；②牛舌丸子；③冷冻饼干；④海蛎浸橄榄油；⑤香菇；⑥无花果与葡萄。不知情的布里达连吃两份冷冻饼干，后吃海蛎浸橄榄油、香菇，直到把最后一道的甜品吃完，然后才觉得不适，倒在地上。后来，尼禄问菜单调配师究竟用了什么毒药，调配师说：“我是用番木鳖碱。”

“但是番木鳖碱有苦味的，为什么布里达没有觉察到呢？”尼禄疑惑地问。

“虽然一般调味料是无法除去苦味的，但是我花了特别心思，设计好了当天的菜单。”

◆请问：你能推断出调配师把毒药放在哪道菜里了吗？

18 各自的职业

游戏难度 ★★★☆☆
最佳完成时间 3分钟

甲乙丙丁4个人都是教师，不过乙和丁是女的。这一天上完课以后，他们一起坐在办公室的一张桌子旁聊天。已经知道：(1)甲和物理老师坐在正对面；(2)乙坐在化学老师的右面；(3)坐在丙右边的是一个男教师；(4)丁坐在丙的正对面；(5)语文老师坐在数学老师的左边。

◆你能判断他们4个人分别是什么教师吗？

19 小说家

游戏难度 ★☆☆☆☆
最佳完成时间 1分钟

一位大小说家在其晚期的作品中没有像其早期那样严格遵守小说结构的成规。由于最近新发现的一部他的小说的结构像他早期的作品一样严格地遵守了那些成规。因此，该作品一定创作于他的早期，请问上面论述所依据的假设是：

◆A.小说家在其创作晚期比早期更不愿意打破某种成规。

B.随着创作的发展，小说家日益意识不到其小说结构的成规。

C.在其职业生涯晚期，该小说家是当时唯一一位有意打破小说结构成规的作家。

D.小说家在其创作生涯的晚期没有写过任何模仿其早期作品风格的小说。

20 卖给谁

游戏难度 ★★★★☆
最佳完成时间 4分钟

商贩有急事，准备关门。恰好这时来了两位买米者，一位只买10千克，另一位只买6

千克，商贩的米袋里只剩下12.5千克米，不够卖给两人，只能卖给其中一位，而且他想以最快速度做完这次交易。假设商贩没有称量工具，只有一个标有刻度的舀米的斗，斗能装0.5千克米，并且他从口袋中舀出0.5千克米共需要10秒。

◆你认为他会先把米卖给谁？

21 津贴

游戏难度 ✲✲✲✲✲
最佳完成时间 5分钟

小张每次出差，老板都会给他一些出差补贴，但他发钱的方法都很古怪，他按出差到达目的地的日期数字发钱，例如小张在本月10日到达目的地，他就发10美元。

小张有一个储蓄钱的习惯，他把每个月的出差津贴都一分不少地储蓄起来。7月，小张一共出了5次差，每周一次。第一次到达目的地恰好是周末，他领到4美元；以后的4次，一次是星期三，两次是星期四，还有一次是星期五，但这4次的先后次序却记不清了。

◆聪明的你，能猜出小张在这个月积攒了多少美元的出差津贴吗？

22 验毒酒

游戏难度 ✲✲✲✲✲
最佳完成时间 5分钟

一个皇帝有1000瓶香槟，打算在他的六十大寿时打开来喝。不幸的是，其中一瓶香槟被人下了药，凡是沾到者不到一天的时间必定死亡(只要沾到一滴也会死)。由于皇帝的大寿就在明天(假设离宴会开始时间只有24小时)，而他要尽快把有毒的酒找出来。所以，皇帝就吩咐侍卫用监牢里的死刑犯来检验酒。

◆如果监牢里的死刑犯足够，那么请问最少需要多少个死刑犯来检验毒酒呢？

23 外星来客

游戏难度 ✲✲✲
最佳完成时间 3分钟

有一天，在广阔的西伯利亚地面上降落了一艘子弹头式的宇宙飞船，随后从里面下来五个穿着奇异服装的稀客，其中两个人是火星人，其余的是水星人。

面对新闻媒体的热烈采访，五人的发言如下。其中的四个人说了真话，有一人撒谎。菲尔德说：“奥尼尔和卡思两人之中只有一个是火星人。”奥尼尔说：“卡思和杰森之中有一个是水星人。”卡思说：“帕萨斯和杰森之中有一个人是水星人。杰森和菲尔德来自不同星球。”杰森说：“比尔和韦伯之间至少有一个人是火星人。”韦伯说：“菲尔德和奥尼尔之中有一个人是火星人。”

◆请问：他们之中哪几个人是火星人，哪几个是水星人？

24 如何换轮胎

游戏难度 ★★★☆☆
最佳完成时间 3分钟

在第二次世界大战时，一个上尉要把一车物资运到前线去，行程大约要5万千米。他用做运输的是军用三轮车，因为道路的缘故，预计每个轮胎的寿命只有2万千米，上尉有一辆新车和5个备用轮胎。

◆那么，上尉如何利用这8个轮胎把物资运到前线呢？

25 取袜子

游戏难度 ★★★☆☆
最佳完成时间 3分钟

抽屉里有黑白尼龙袜子各7只，假如你在黑暗中取袜子，至少要拿出几只，才能保证取到一双颜色相同的袜子？

26 谁是贫困生

游戏难度 ★★★☆☆
最佳完成时间 3分钟

Jane、Kate、Lily是同一所大学的学生，她们中有两位非常聪慧，有两位非常有气质，有两位是才女，有两位家境富裕，每个人至多只有三个令人注目的特点：

——对于Jane来说，如果她非常聪慧，那么她家境富裕。

——对于Kate和Lily来说，如果她们非常有气质，那么她们也是才女。

——对于Jane和Lily来说，如果她们是家境富裕的，那么她们也是才女。

◆学校需要找出一名贫困生给予助学金。你知道她们三人中谁是贫困生吗？

27 公寓的住客

游戏难度 ✿✿✿✿✿
最佳完成时间 5分钟

刚刚落成的公寓大楼共有三层，每层仅一套公寓。最先搬进来的沃伦夫妇住进了顶层的一套房子。莫顿夫妇和刘易斯夫妇则根据抽签的结果，分别住进了下面两层。莫顿夫妇感到非常满意，他们没有什么怨言。事实上，整幢楼里唯一有意见的是珀西，他希望住在他楼上的那对夫妇不要过早地洗澡，因为这影响他睡眠。除此之外，这三家房客之间的关系一直很融洽。罗杰每天早上下楼路过吉姆的门前时，总要进去一会儿，然后两个人一起去上班。到了11点时，凯瑟琳总要上楼去和刘易斯夫人一起喝茶。丢三落四的诺玛觉得住这种公寓非常方便，因为每当她忘了从商店买回什么东西的话，她总可以下楼向多丽丝家去借。

◆这三对夫妇分别叫什么名字？姓什么？住哪一层？

28 究竟哪一天考试

游戏难度 ✿✿✿✿✿
最佳完成时间 5分钟

物理老师宣布说："全班即将进行一次考试，具体时间是在一星期的五天内(星期一至星期五)的某一天进行。"但他又告诉班上同学："你们无法知道是哪一天，只有到了考试那天的早上八点钟才通知你们下午一点钟考试。"许多同学都不知道具体时间到底是在哪一天。

◆聪明的你，能猜出这场考试在哪一天举行吗？

29 奇怪的赛跑

游戏难度 ✿✿✿✿✿
最佳完成时间 1分钟

一名长跑运动员和一只乌龟赛跑，运动员的速度是乌龟的12倍，这场比赛的结果是显而易见的，乌龟一定会输。

现在把乌龟的起跑线放在运动员前面12千米处。有人认为，运动员永远也追不上乌龟，理由是：当运动员跑了12千米时，乌龟也跑了1千米，在运动员的前面。当运动员又跑了1千米的时候，乌龟又跑了1/12千米，还是在运动员前面。就这样一直跑下去的话，虽然每次距离都在拉近，但是运动员却永远都追不上乌龟。

◆你是怎么认为的呢？

30 盲人分袜

游戏难度 ✿✿✿✿✿
最佳完成时间 2分钟

有两位盲人，他们都各自买了两双黑袜和两双白袜，八双袜子的布质、大小完全相同，而每双袜子都有一张商标纸连着。两位盲人不小心将八双袜子混在一起。

◆他们每人怎样才能取回黑袜和白袜各两双呢？

31 巧贴标签

游戏难度 ✿✿

最佳完成时间 2分钟

有三筐水果，第一筐装的全是苹果，第二筐装的全是橘子，第三筐是橘子与苹果混在一起。筐上的标签都被贴错了(比如，如果标签写的是橘子，那么可以肯定筐里不会只有橘子。可能还有苹果)，你的任务是拿出其中一筐，从里面只拿一个水果，就为三筐水果贴上正确的标签。

◆你能做到吗？

32 猴子的谎言

游戏难度 ✿✿✿✿✿

最佳完成时间 5分钟

有三只猴子(大猴子、中猴子和小猴子)在果园里摘桃，它们都摘到了桃，但是都没有超过3个。回来的路上，三只猴子说了下面3句话。如果这句话说的是比自己摘桃多的一方，那么这句话就是假的，否则就是真的。

大猴子：“中猴子摘到了2个桃。”

中猴子：“小猴子摘到的不是2个桃。”

小猴子：“大猴子摘到的不是1个桃。”

◆请问：它们各自摘了多少个桃？

33 三人进水果

游戏难度 ✿✿✿

最佳完成时间 3分钟

甲乙丙三个人各在街上开了家水果店，三个人的关系非常好，所以经常一块去进货，这次他们去进香蕉的时候，同一地方买的价格都是相同的，最后他们花了相同的钱，但是甲买了110千克，

乙买了100千克，丙买了90千克。

◆你知道这是为什么吗？

34 大赛的冠军

游戏难度 ✿✿✿✿✿

最佳完成时间 5分钟

某电视台举办“逻辑能力大赛”，到了决赛阶段，有三名参赛者的分数并列第一。冠军只能有一个，主持人决定加赛一题来打破这个均势。

主持人对三位选手说：“你们三位闭上眼睛，然后，我在你们每个人头上戴1顶帽子。帽子的颜色可能是红帽子也可能是蓝帽子。在我叫你们把眼睛睁开以前，都不许把眼睛睁开。”于是主持人在他们的头上各戴了一顶红帽子，然后说：“现在请你们把眼睛都睁开吧，假如你看到你们三人中有人戴的是红帽子就举手。”3个人睁开眼睛后几乎同时举起了手。主持人接着说：“现在谁第一个推断出自己所戴帽子的颜色，谁就是冠军！”过了一分钟左右，其中一位参赛者喊道：“我知道我戴的帽子的颜色，它是红色的！”

主持人说：“恭喜你，答对了！你就是这次大赛的冠军！”

◆请问：你知道他是怎样推论出来自己所戴帽子的颜色吗？

35 谁是罪犯

游戏难度 ✿✿✿✿✿
最佳完成时间 3分钟

美国一家珠宝店发生盗窃案，警察抓到三名嫌疑犯。对三名嫌疑犯来说，下列事实成立，问谁是罪犯?

◆(1)A、B、C三人中至少一人有罪；
(2)A有罪时，B、C与之同案；
(3)C有罪时，A、B与之同案；
(4)B有罪时，没有同案者；
(5)A、C中至少一人无罪。

36 猫狗百米赛跑

游戏难度 ✿✿✿✿✿
最佳完成时间 1分钟

猫和狗举行百米赛跑，乌龟当裁判。当狗到达终点的时候，猫才跑了90米。为了照顾猫的心情，乌龟决定第二次赛跑时，把狗的起跑线往后延长10米。

◆那么，这次猫和狗可以同时到达终点吗?

37 国际刑警

游戏难度 ✿✿✿✿✿
最佳完成时间 5分钟

为了及早成立跨国刑警组织以对付日益猖獗的毒品走私犯，联合国秘书长建议南北美洲各派出三支部队完成这一使命。

北美有A、B、C、D、E五国，南美有V、W、X、Y、Z五国都积极响应了秘书长的倡议。

可是对于南美、北美各派出哪三支部队，双方意见一时难以达到一致。情况如下：

北美不同意W、Y参加这支部队，而南美则以不同意A和D国派部队参加来回击。

北美坚持认为如果V和W国派出部队，Z国则不应参加。

南美的回答是，除非同意W国参加，否则他们就不同意C和D国参加。此外，如果Z国不能参加，南美则不同意E国参加。如果Z国派出部队，B国则拒绝加入。而X国宣布如果C国派出部队，X国就撤出自己的部队。

A国代表最终提出一个两方面都满意的办法，这一办法最终成为北南刑警会议的决定。

◆请问，这支缉毒部队最好应由哪几个国家组成?

38 土耳其商人

游戏难度 ✿✿✿✿✿
最佳完成时间 3分钟

有一个土耳其商人，想找一个助手协助他经商。但是，他要的这个助手必须十分聪明才行。消息传出三天后，有A、B两个人前来联系。

这个商人为了试一试A、B两个人中哪一个聪明一些，就把他们带进一间伸手不见五指的房子里。商人打开电灯说："这张桌子上有5顶帽子，2顶是红色的，3顶是黑色的。现在，我把灯关掉，并把帽子摆的位置搞乱，然后，我们三人每人摸一顶帽子戴在头上。当我把灯开亮时，请你们尽快地说出自己头上戴的帽子是什么颜色的。"

说完之后，商人就把电灯关掉了，然后，3个人都摸了一顶帽子戴在头上。同时，商人把余下的两顶帽子藏了起来。待这一切做完之后，商人把电灯重新开亮。这时候，那两个人看到商人头上戴的是一顶红色的帽子。

◆过了一会儿，A喊道："我戴的是黑帽子。"A是如何推理的？

39 倒霉法则

游戏难度 ✿✿✿✿✿
最佳完成时间 5分钟

假设你洗了五双袜子，发现掉了两只。这时会出现的情况可能是掉了的两只袜子正好是一双，也可能不是一双，那么你只剩下三双袜子了。

◆那么后一种可能性是否会远远高于前一种可能性呢？它们之间有多大的差别？

40 店里是卖什么的

游戏难度 ✿✿✿✿✿
最佳完成时间 4分钟

一条街道上有1、2、3、4、5、6六家店，每边各有3家。

其中1号店在中间，且和其他的店的位置有着这样的关系：

(1)1号店的旁边是书店；

(2)书店的对面是花店；

(3)花店的隔壁是面包店；

(4)4号店的对面是6号店；

(5)6号店的隔壁是酒吧；

(6)6号店与文具店在一条道路相同的一边。

◆那么，想一想1号店是什么店呢？

41 多多移水杯

游戏难度 ✿✿✿✿✿
最佳完成时间 3分钟

多多家来了5位客人，妈妈要他帮忙倒水给客人。一位客人看着桌子上的10个水杯，其中左面的5个盛满了水，右面的5个是空杯子。他问多多："你能在只移动两个杯子的情况下，使盛水的杯子和空杯子间隔着排起来吗？"多多看着杯子。很快就做到了。

◆你知道，多多是怎么移动水杯的吗？

42 如何活命

游 戏 难 度 ✿✿✿⚙⚙
最佳完成时间 3分钟

一位探险者去非洲探险，被当地的食人族抓了起来。食人部落有个传统，就是崇尚聪明的人。于是他们准备了三张纸条，两张上面写着“死”，一张上面写着“生”。然后他们偷偷地将三张纸条扣在三个碗下面，并在碗上分别写了一句话作为提示。第一个碗上写着：“选择此碗必死”，第二个碗上写着“选择第一个碗可以活命”，第三个碗上写着：“选这个碗也会死”。并且告诉探险者，这三句提示中，只有一句话是真的。

◆你是这个探险者，你会选择哪个碗呢？

43 古希腊的传说

游 戏 难 度 ✿✿✿⚙⚙
最佳完成时间 3分钟

这是一个流传在古希腊的传说。有一个美丽的公主在河边洗澡，当她洗完后发现放在岸边的衣服被人偷了。关于这件事，受害者、旁观者、目击者和救助者各有说法。她们的说法如果是关于被害者的就是假的，如果是关于其他人的就是真的。请你根据她们的说法判定她们各自的身份。

◆玛丽说：“瑞利不是旁观者。”
瑞利说：“劳尔不是目击者。”
露西说：“玛丽不是救助者。”
劳尔说：“瑞利不是目击者。”

44 泰国斗鱼

游 戏 难 度 ✿✿✿✿✿
最佳完成时间 5分钟

泰国人喜欢斗鱼。他们有两种斗鱼，一种又大又白，叫做“国王”，另外一种又黑又小，叫做“魔鬼”。两种鱼互相敌对，只要一见面就会斗个你死我活。一条“国王”大鱼可以对付几条“魔鬼”小鱼，不过小鱼很阴险，会联合作战。它们的实力如下：一条大鱼和三条小鱼实力相当，分不出高低；而四条小鱼对付一条大鱼，只需要3分钟就可以把大鱼杀死，而五条一起发动致命一击的时间按比例缩短。

◆那么，四条“国王”大鱼对付十三条“魔鬼”小鱼，谁会最终取胜？获胜一方需要多长时间？

45 微软公司的智力题

游 戏 难 度 ✿✿✿⚙⚙
最佳完成时间 5分钟

这是一道来自微软公司的智力题，据说此题曾被用来考核应聘微软公司的高级人才。

有两间房，一间房里有三盏灯，另一间房里有控制这三盏灯的开关(这两间房是分隔开的，毫无联系)。现在要你分别进这两间房一次，然后判断出这三盏灯分别是由哪个开关控制的。

◆你能想出办法吗？（注意：每间房只能进一次。）

46 谁杀害了医生

游戏难度 ✿✿✿✿✿

最佳完成时间 4分钟

一个精神病医生在寓所被杀，他的4个病人受到警方传讯。

警方根据目击者的证词得知，在医生死亡那天，这4个病人都单独去过一次医生的寓所。

在传讯前，这4个病人共同商定，每人向警方作的供词都是谎言。每个病人所作的两条供词分别是：

埃弗里：

(1)我们4个人都没有杀害精神病医生。

(2)我离开精神病医生寓所的时候，他还活着。

布莱克：

(3)我是第二个去精神病医生寓所的。

(4)我到达他寓所的时，他已经死了。

克朗：

(5)我是第三个去精神病医生寓所的。

(6)我离开他寓所的时候，他还活着。

戴维斯：

(7)凶手不是在我去精神病医生寓所之后去的。

(8)我到达精神病医生寓所的时候，他已经死了。

◆这四个病人中谁杀害了精神病医生？

47 青蛙也浪漫

游戏难度 ✿✿✿✿✿

最佳完成时间 4分钟

池塘中有十块等距离圆环状排列的露出水面的石头，左侧相邻的两块石头上蹲着青蛙王子和青蛙公主，王子当然很希望自己能和公主蹲在同一块石头上，享受青蛙式的浪漫。不过王子一次能蹦过两块石头，落在第三块石头上；公主一次只能蹦过一块石头，落在第二块石头上。因为受到魔法的限制，它们只能同时起跳，并且只能始终按一个方向蹦跳，而青蛙公主的蹦跳方向是逆时针的。

◆那么，为了尽快和青蛙公主跳到同一块石头上，王子应该选择什么方向蹦跳，顺时针还是逆时针？

48 玩具世界

游戏难度 ✿✿✿✿✿

最佳完成时间 1分钟

多多最喜欢买玩具，她的家都成了一个玩具世界。在她的玩具中：扔掉两个之后都是狗；扔掉两个之后都是熊猫；扔掉两个之后都是洋娃娃。

◆请问：多多都有一些什么玩具？

49 骑士的话

游戏难度 ★★☆☆☆
最佳完成时间 2分钟

某岛上的人分为两种：骑士和无赖。骑士只说真话，无赖只说假话。而骑士又分为贵族骑士和贫穷骑士。有一位姑娘只爱贫穷的骑士。有一个骑士，只说了一句话，就使这位姑娘相信他是一位贫穷的骑士。

◆这位骑士说了一句什么话？

50 律师的难题

游戏难度 ★★☆☆☆
最佳完成时间 2分钟

古希腊一位寡妇要把她丈夫遗留下来的3500元同她即将生产的孩子一起分配。如果生的是儿子，那么按照古希腊的法律，母亲应分得儿子份额的一半，如果生的是女儿，母亲就应分得女儿份额的两倍。可是如果生的是一对双胞胎或是一男一女呢？遗产又该怎么分呢？这个问题把聪明的律师给难倒了。

◆聪明的你知道遗产该怎么分吗？

51 小刘的逻辑问题

游戏难度 ★★☆☆☆
最佳完成时间 2分钟

小刘看上了同系的一个女生。但是他总是找不到机会和她有更深的接触，这天小刘想请她吃饭。但是如果贸然开口的话，就会被她拒绝，所以他想出了一个计策。

他对那个女生说："我有两个问题要问你，你只能回答是或者不，不能用其他的语句。还有就是，你必须郑重回答，两个答案必须在逻辑上完全合理，不能自相矛盾。"那位女生想了一下，觉得挺好玩的，所以就答应了。

◆你知道小刘该怎么问，才能达到请女生吃饭的目的吗？

52 休闲城镇

游戏难度 ★★★★☆
最佳完成时间 4分钟

著名的休闲城镇里有一家餐厅、一家百货商场和一家蛋糕店。丁丁到达休闲城镇的那一天，蛋糕店正好开门营业。这个休闲城镇一星期中没有一天餐厅、百货商场和蛋糕店全都开门营业。百货商场每星期开门营业4天，餐厅每星期开门营业5天，星期日和星期三这三家都关门休息。在连续的三天中：第一天，百货商场关门休息；第二天，蛋糕店关门休息；第三天，餐厅关门休息。在连续的三天中：第一天，蛋糕店关门休息；第二天，餐厅关门休息；第三天，百货商场关门休息。

◆请问：丁丁到达休闲城镇是一星期七天中的哪一天？

53 火中逃生

游戏难度
最佳完成时间 5分钟

美国有一种火灾救生器，其实就是在滑轮两边用绳索吊着两个大篮子。把一个篮子放下去的时候，另一个篮子就会升上来，如果在其中的一个篮子里放一件东西作为平衡物，则另一个较重的物体就可以放在另外的篮子里往下送。假如一只篮子空着，另一只篮子里放的东西不超过30千克，则下降时可保证安全。假如两只篮子里都放着重物，则它们的重量之差也不得超过30千克。

一天夜里，威尼的家里突然发生火灾。除了重90千克的威尼和重210千克的妻子之外，他还有一个重30千克的孩子，和一只重60千克的宠物狗。

现在知道每只篮子都大得足以装进3个人和一只狗，但别的东西都不能放在篮子里。而且狗和孩子如果没有威尼或他的妻子的帮助，自己不会爬进或爬出篮子。

◆你能想出好办法尽快使这3个人和1只狗安全地从火中逃生吗？

54 贴纸条猜数

游戏难度
最佳完成时间 5分钟

一天，教授在3个学生脑门上各贴了一张纸条并告诉他们，每个人的纸条上都写了一个正整数，且某两个数的和等于第三个(每个人可以看见另两个数，但看不见自己的)！教授问第一个学生：你能猜出自己的数吗？学生回答：不能；问第二个，回答不能；第三个也回答不能；再问一遍，第一个回答不能；第二个回答不能；第三个回答：“我猜出来了，是144！教授很满意地笑了。

◆请问你能猜出另外两个人的数吗？请说明理由！

第六章

分析与综合

——细节与大局的辩证观

思维魔方提醒：也许需要很多步骤，不要怕麻烦。

许多失败的例子就是因为对事物的分析不够，不深入、不全面、不具体，这是解决问题的致命伤，一定要克服。先把问题细化归类，再综合处理。你会发现，山穷水尽疑无路时，在纷繁复杂的羊肠小道中，突然柳暗花明，一条光明大道映入眼帘。

1 不合格的乒乓球

游戏难度 ✿✿✿✿✿
最佳完成时间 5分钟

有12个乒乓球，已知其中有一个质量不合格，但不知它的重量比合格的乒乓球是轻还是重。现在要求用一台天平分三次把这个坏乒乓球称出来。

◆应该怎样称取？

2 衣着规定

游戏难度 ✿✿✿✿✿
最佳完成时间 5分钟

学校的男生宿舍楼前贴了一张关于"衣着规定"的布告：

(a)16岁以上的男生才能穿燕尾服。

(b)15岁以下的男生不准戴大礼帽。

(c)星期六下午观看棒球比赛的男生必须戴大礼帽，或穿燕尾服，或两者俱全。

(d)带伴的，或16岁以上的男生，或两条都具备者，不准穿毛衣。

(e)男生们一定不可以不穿毛衣看球赛。

◆星期六下午观看棒球赛的男生的穿戴情况如何？

3 物质与灵魂

游戏难度 ✿✿
最佳完成时间 1分钟

所有的物质实体都可以再分，而任何可以再分的东西都是不完美的。因而，灵魂并非物质实体。以下哪项是使上文结论成立的假设？

◆A.所有可以再分的东西都是物质实体

B.没有任何不完美的东西是不可再分的(所有完美的东西是不可再分的)

C.灵魂是可分的

D.灵魂是完美的

4 赛马

游戏难度 ✿✿✿✿
最佳完成时间 4分钟

有甲、乙、丙、丁四匹马赛跑，它们共进行了4次比赛。结果是甲快乙3次，乙又快丙3次，丙又快丁3次。很多人会以为，丁跑得最慢，但事实上，丁却快甲3次。

◆这看似矛盾的结果可能发生吗？

5 背后的圆牌

游 戏 难 度
最佳完成时间 3分钟

A、B、C、D、E五人，每个人的背后都系着一块白色或黑色的圆牌。每个人都能看到系在别人背后的牌，但唯独看不见自己背上的那一块圆牌。如果某个人系的圆牌是白色的，他所讲的话就是真实的；如果系的圆牌是黑色的，他所讲的话就是假的。他们讲的话如下：A说："我看见三块白牌和一块黑牌。"B说："我看见四块黑牌。"C说："我看见一块白牌和三块黑牌。"E说："我看见四块白牌。"

◆根据以上的情况，推断D的背后系的是什么牌。

几种搭配

游 戏 难 度
最佳完成时间 1分钟

小明有两件衬衫，一件是灰色的，一件是白色的。他有两套西服，一套是黑色的，一套是蓝色的。

◆想一想，要使他的西服和衬衫颜色有不同的搭配，能有多少种搭配方法？

7 神枪手

游 戏 难 度
最佳完成时间 1分钟

有一个士兵，刚学会开枪。现在他用眼罩把眼睛蒙上，手中握一支枪。排长把他的帽子挂起来后，让这个士兵向前走了50米，然后反身开枪，要求子弹必须击中那顶帽子。

◆你知道那个士兵怎样做才能一定击中那顶帽子吗？

8 电视机的价格

游 戏 难 度
最佳完成时间 3分钟

麦克因工作繁忙，决定临时请尼克来协助他工作。规定以一年为期限，一年的报酬为600美元与一台电视机。可是尼克做了7个月后，因急事必须离开麦克，并要求麦克付给他应得的钱和电视机。由于电视机不能拆散付给他，结果尼克得到了150美元和一台电视机。

◆现在请你想一想：这台电视机值多少钱？

9 谁点了牛排

游戏难度 ✿✿✿✿✿
最佳完成时间 5分钟

4个好朋友前往一家西餐厅用餐，他们选了个圆桌，依A、B、C、D的顺序坐下，并在看过菜单之后，彼此连续点了主菜、汤及饮料。

在主菜方面，李先生点了一份鸡排，连先生点了一份羊排，而坐在B的人则点了一份猪排，另一位先生点了牛排。点汤方面，萧先生及王先生都点了玉米浓汤，李先生点了洋葱汤，另一人则点了罗宋汤。至于饮料方面，萧先生点了热红茶，李先生和连先生点了冰咖啡，而另一个人则点了果汁。当大伙儿点完之后才发现：邻座的人都点了不一样的东西。

◆如果李先生是坐在A的位置，试问，坐在哪里的哪位先生点了牛排？

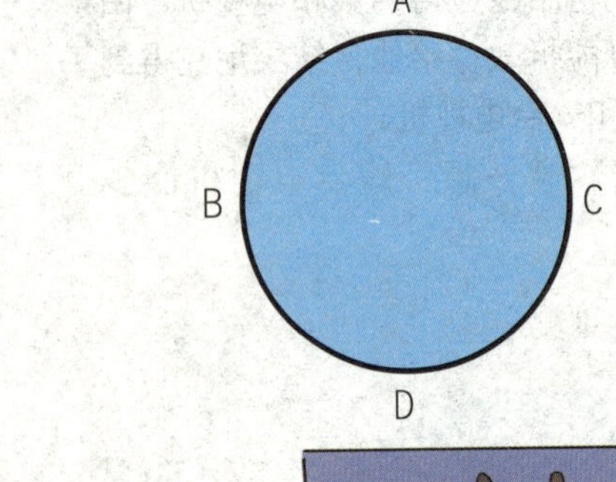

10 买餐具

游戏难度 ✿✿✿✿
最佳完成时间 4分钟

甲来到餐具店，一看价钱，发现自己所带的钱正好可以购买21把叉子和21把匙，或者买28把小刀。但他需要买成套的餐具，如果买的叉子、匙、小刀数量不一样，就无法成套，所以他必须买同样多的叉、匙、小刀，并且正好将身上的钱用完。

◆你能帮他想个办法吗？

11 统筹方法

游戏难度 ✿✿
最佳完成时间 2分钟

有一次，小明的妈妈安排小明给客人烧水沏茶。洗水壶并冲水要用2分钟，烧开水要用12分钟，洗茶壶要用2分钟，洗茶杯要用3分钟，拿茶叶要用2分钟。小明估算了一下，要完成这些工作需用21分钟。

◆为了让客人早点喝上茶，按最合理的安排，要用多少分钟就能沏茶？

12 复杂的关系

游戏难度 ✿✿✿✿✿
最佳完成时间 5分钟

约翰、詹姆斯、南希、露西和帕米拉陈述了以下各种情况：

约翰："南希是我的妻子；詹姆斯是我的儿子；帕米拉是我的姑姑。"

詹姆斯："露西是我的姐妹；帕米拉是我的母亲；帕米拉是约翰的姐妹。"

南希："我没有兄弟姐妹；约翰是我的儿子；约翰有一个儿子。"

露西："我没有儿女；南希是我的姐妹；约翰是我的兄弟。"

帕米拉："约翰是我的侄子；露西是我的侄女；南希是我的女儿。"

假定：

(1)凡有一个以上兄弟姐妹的人，以及有一个以上儿女的人总是讲实话的。

(2)凡有一个以上兄弟姐妹或有一个以上儿女的人，所说情况是真、假交替的。

(3)凡没有兄弟姐妹，也没有儿女的人，都不讲真话。

◆请从以上情况中，找出哪几种是真实的，以及这5个人彼此之间的关系。

13 怎么过河

游戏难度 ✿
最佳完成时间 1分钟

有个人要乘船把一只狼、一只羊和一篮青菜带到河的对岸。

然而，他所搭的船只能容纳一个人、一只狼，或一个人、一只羊，或一个人、一篮青菜。

假若没有人看守狼和羊，羊马上就会被狼吃掉。倘使没有人看守青菜和羊，青菜旋即会被羊吃光。

◆请问怎样才能把这3样带过河去呢？

14 有几个人戴了白帽子

游戏难度 ✿✿✿✿✿
最佳完成时间 5分钟

老师在和同学们玩一个游戏。他把屋里的灯关了，给每一个人都分一顶帽子戴上，并告诉大家这些帽子有的是黑色的，有的是白色的，白帽子至少有一顶。所有人不能交谈，不能取下自己的帽子看颜色。如果谁判断出自己的帽子的颜色是白色的话，就拍一下掌。

游戏开始了，灯亮了一下，所有人看了一圈，没有人拍掌。然后灯熄灭了。过几秒钟，灯又亮了一会儿，还是没有人拍掌，然后灯熄灭了。这样，直到第四次熄了灯之后，才听见一阵拍掌声。

◆那么，有多少人戴着白帽子呢？

15 过生日

游戏难度 ✿
最佳完成时间 1分钟

一对孪生姐妹，妹妹今日刚过第4个生日，姐姐在昨天才过第一个生日，这是怎么一回事呢？

16 爱因斯坦的难题

游 戏 难 度 ✿✿✿✿✿
最佳完成时间 5分钟

在一条街上，并排有5座房子，每个房子都喷了不同的颜色。而且，每个房子里面住着不同国籍的人。他们喝不同的饮料，抽不同品牌的香烟，养不同的宠物。

那么，根据下面的条件，你能判断出谁养鱼吗？

◆(1)英国人住红色房子；
(2)瑞典人养狗；
(3)丹麦人喝茶；
(4)绿色房子在白色房子左面；
(5)绿色房子主人喝咖啡；
(6)抽PallMall香烟的人养鸟；
(7)黄色房子主人抽Dunhill香烟；
(8)住在中间房子的人喝牛奶；
(9)挪威人住第一间房；
(10)抽Blends香烟的人在养猫的人隔壁；
(11)养马的人住抽Dunhill香烟的人隔壁；
(12)抽BlueMaster的人喝啤酒；
(13)德国人抽Prince香烟；
(14)挪威人住蓝色房子隔壁；
(15)抽Blends香烟的人有一个喝矿泉水的邻居。

17 送赎金的地址

游 戏 难 度 ✿✿✿✿✿
最佳完成时间 2分钟

某位董事长的儿子被绑架了，绑架犯向他勒索10万美元赎金。他在电话里说："你准备1000张旧的百元纸币，用普通报纸包好，明天上午邮到查尔顿市白星街2号，西尔·卡塞收。如果你要调查地址或者报警的话，就当心孩子的性命！"

董事长不想让孩子受到伤害，只得委托私家侦探调查这件事。私家侦探乔装成百科辞典的推销员，到凶犯提到的地址去调查，发现城市是真的，而地址和人名全是假的。难道绑架犯不想拿到赎金吗？绝对不可能。侦探灵机一动，一下想通了绑架犯的真实面目。

◆你知道绑架犯是谁吗？

18 分果汁

游戏难度
最佳完成时间 2分钟

有7杯满杯的果汁、7杯半杯的果汁和7个空杯，平均分给3个人。

◆该怎么分？

19 点错小数点

游戏难度
最佳完成时间 3分钟

小梁是街上超市的收银员，有一天在结算的时候，他发现实际应收现金比账目上的少了21.6元，他工作一向认真负责，再加上是用收款机收的款，所以不会在计算上出现错误。经过核实，他确定一个价格上的小数点往前点错了一位。

◆那么，请问，那笔点错小数点的货物实际的价格应是多少？

20 多少人在分银子

游戏难度
最佳完成时间 3分钟

有一天阿里巴巴住店，晚上听见隔壁屋中有人在分银两。那些人说，如果每人分4两银子，那么就多出来4两；如果每人分8两银子，那么就少8两银子。阿里巴巴听完这些话，很快就算出来隔壁有多少人在分多少银子。

◆那么，你知道有多少人在分多少银子吗？

21 木棍的长度

游戏难度
最佳完成时间 1分钟

一根木棍插入水中，浸湿的部分是1.8米，再掉过头把另一端插入水中，这时，这根木棍还有比一半多1.2米处是干的。

◆则这根木棍长多少米？

22 得分

游戏难度
最佳完成时间 5分钟

一场精彩的篮球赛刚刚结束，球迷们便议论纷纷：

(1)选手们体力真棒，比赛中双方都没有换过人。

(2)双方技术都很高，得分最多的一名队员独得30分。有三名队员得分不满20分，并且他们所得的分数各不相同。

(3)客队的个人技术相当接近，得分最多的和最少的只差3分。

(4)全场比赛中只有三名队员得分相同，都是22分，而且他们不在一个队。

(5)主队个人得分是一组等差数列。

◆请根据以上信息来推算这场球赛的具体结果。

23 富翁的烦恼

游 戏 难 度 ✿✿✿✿✿
最佳完成时间 1分钟

某富翁的左右邻居都养狗，一到晚上，这两条狗就叫个不停。无法忍受这种折磨的富翁，便出搬家费100万元，希望左右邻居搬走。

◆**的确，两个邻居是连狗一起搬家了，但是一到夜晚，富翁还是能听到完全相同的狗叫声，这是为什么？**

24 贪吃蛇

游 戏 难 度 ✿✿✿✿✿
最佳完成时间 2分钟

公主住在王宫的高楼上，这座楼十分高，楼的后面有一个大花园，花园里开满了鲜花，有各种昆虫和小鸟，简直就是鸟语花香的人间乐园。这天国王派人来送她一颗漂亮的宝石，公主高兴极了，把宝石放在窗台上，她想让更多的人看到宝石的光芒，而且她认为，她住的楼那么高，周围又有侍卫保护，肯定不会有人来偷的。

一天，公主去陪国王下棋，回来后发现窗台上的宝石不见了，十分着急，赶紧派人调查。经过反复调查，公主住的高楼根本没有外人进去过，而能进这座楼的宫女和侍卫，都是诚实可靠的，宝石的确一下子神秘失踪了。

有一天，宫廷的老园丁在花园里打死了一条蛇。老园丁用刀割开了蛇的肚子，惊奇地发现了公主掉的那颗宝石。老园丁把宝石送给国王，国王怀疑地问：“蛇能爬上那么高的楼吗？”老园丁说：“不能。但是宝石的确是蛇吃掉的。”接着，老园丁将事情的经过分析给国王听，国王听后连连点头，并下令赏赐老园丁。

◆**请问，你知道蛇是怎么吃到宝石的吗？**

25 国王的麦子

游 戏 难 度 ✿✿✿✿✿
最佳完成时间 2分钟

国王打算赏赐宰相，对宰相说：

“我是天下最富有的人，我相信，不管你要什么，我都会满足你。”

宰相想了一下说：

“陛下，谢谢您的美意，为了不辜负您的美意，我就要一点东西吧。我想请您在棋盘的第一个方格里赐给我一粒麦子，在第二个方格赐给我两粒麦子，以后每个新方格里的麦子都是前一方格的一倍，一直到第六十四个棋格。”

国王一听，认为只有64个棋格，应该好办，于是爽快地答应了。

但是过了好几天，国王还是没有把麦子赐给宰相。

原来，宰相提出的这个要求听起来简单，做起来却很难，国王根本没有这么多麦子数给他。

◆**请问，你能精确地计算出宰相究竟要的是多少粒麦子吗？**

26 百羊问题

游戏难度 ✿✿✿✿✿
最佳完成时间 1分钟

甲赶了一群羊在草地上往前走，乙牵了一只肥羊紧跟在甲的后面。

乙问甲：你这群羊有一百只吗？”

甲说：“如果再有这么一群，再加半群，又加四分之一群，再把你的一只凑进来，才满100只。”

◆请问甲原来赶的羊一共有多少只？

27 地毯的长度

游戏难度 ✿✿✿✿✿
最佳完成时间 2分钟

王经理家刚买了套别墅，正在考虑他的楼梯需要多长的地毯。因为现在楼梯尚未安装，所以他现在还不知道阶梯的数量、高度和宽度。

◆请问，在这样的情况下，怎么才能把所需地毯的长度计算出来呢？

28 日出西边

游戏难度 ✿✿✿✿✿
最佳完成时间 3分钟

一天，一个老富翁对自己的儿孙们说：“我还没看见过一次从西边出来的太阳，真是太遗憾了。如果你们当中谁有本事让我亲眼看一次太阳从西边出来，我就将所有的财产留给他。不过不能用镜子或电视反映太阳的图像。”乍听起来，这位富翁的愿望似乎是不能实现的，但实际上他实现了愿望。他的小孙子想了一个好办法使他看到了从西边出来的太阳。

◆请问，你知道他的小孙子是怎么做的吗？

29 窗户谜题

游戏难度 ✿✿✿✿✿
最佳完成时间 3分钟

◆这是卡洛尔发现的一道著名谜题：

窗户透过的光线比想象的多得多。要怎样去改变它才能使得依旧保持正方形但只给出一半的光线？不能用布或其他的东西去覆盖，而它的高度和宽度也必须保持原来的一米。

30 车内有多少人

游戏难度 ✿✿✿✿✿
最佳完成时间 2分钟

有一辆车，出发时只有8名乘客，到第一站时，上来了6个人；第二站时，上来了5个人，下了3个人；到第三站时，上了4个人，下了2个人；到第四站时，上了7个人，下了4个人。

◆请问，这时车里共有多少人？

31 高尔基装蛋糕

游戏难度 ✿✿✿☼☼
最佳完成时间 3分钟

高尔基从小就是一个十分聪明的孩子。在童年时，他曾在一家食品店干过活。有一次，一个刁钻古怪的顾客送来了一张奇怪的订货单，上面写着："订做9个蛋糕，但要装在4个盒子里，而且每个盒子里至少要装3块蛋糕。"

老板和大伙计伤透了脑筋，碰坏了好几块蛋糕，也没有办法照订单上的要求装好盒子，眼看取货时间就要到了，可他们依然一筹莫展。

在一旁干杂活的高尔基拿起那张订货单，认真读了一遍，笑着对老板和大伙儿说："这有什么难的？让我来装吧！"说完，他挑选了4个盒子装起来，刚把蛋糕装好，订货的顾客已经来到柜台前。这个顾客以挑剔的眼光仔细检查一遍，什么问题也没有，就提着蛋糕走了。老板和大伙计终于松了一口气，并且开始对聪明的高尔基刮目相看了。

◆你知道高尔基是怎样分装这9块蛋糕的吗？

32 洗碗工作分配

游戏难度 ✿✿✿✿✿
最佳完成时间 5分钟

六个露营者——爱丽丝、贝蒂、卡门、多拉、吉娜和哈里在他们的六天露营生活中轮流洗碗，这样每个人洗一天碗就够了。洗碗的顺序按以下条件排列：

(1)贝蒂在第二天或者在第六天洗碗；

(2)如果爱丽丝在第一天洗碗，那么卡门就在第四天洗碗；若爱丽丝不在第一天洗碗，哈里也不在第五天洗碗；

(3)如果吉娜不在第三天洗碗，那么爱丽丝在第三天洗碗；

(4)如果爱丽丝在第四天洗碗，那么多拉在第五天洗碗；

(5)如果贝蒂在第二天洗碗，那么吉娜在第五天洗碗；

(6)如果哈里在第六天洗碗，那么多拉在第四天洗碗。

◆问题①下列哪一个洗碗顺序符合从第一天到第六天的洗碗条件？(　)

A.多拉、贝蒂、爱丽丝、吉娜、卡门、哈里

B.贝蒂、爱丽丝、哈里、卡门、吉娜、多拉

C.哈里、吉娜、贝蒂、卡门、多拉、爱丽丝

D.卡门、贝蒂、爱丽丝、多拉、吉娜、哈里

E.爱丽丝、贝蒂、多拉、卡门、吉娜、哈里

◆问题②如果多拉在第六天洗碗，那么卡门在哪一天洗碗？(　)

A.第一天　B.第二天　C.第三天　D.第四天

E.第五天

◆问题③如果爱丽丝在第一天洗碗，那么

下列哪个人在第二天洗碗？（　）

A.贝蒂　B.卡门　C.多拉　D.吉娜　E.哈里

◆问题④如果贝蒂在第二天洗碗，那么哈里可能在哪一天洗碗？（　）

A.第一天

B.第四天

C.第一天或第四天

D.第四天或第六天

E.第一天或第四天或第六天

33 辨认凶手

游戏难度 ✿✿✿✿

最佳完成时间 4分钟

有4个嫌疑人排成一行，警察让一位目击者从站着的这四人中辨认出1个凶手。目击者寻找的男人，长得不高，不白，不瘦，也不漂亮，在这一排人之中：

(1)4个男人每人身旁都至少站着一个高个子；

(2)恰有3个男人每人身旁至少站着一个皮肤白皙的人；

(3)恰有两个男人每人身旁至少站着一个骨瘦如柴的人；

(4)恰有一个男人身旁至少站着一个长相漂亮的人；

在这四个男人中：

(5)第一个皮肤白皙，第二个骨瘦如柴，第三个身高过人，第四个长相漂亮；

(6)没有两个男人具有一个以上的共同特征(即高个儿、白皙、消瘦、漂亮)；

(7)只有一个男人具有两个以上的寻找特征(即不高、不白、不瘦、不漂亮)。此人便是目击者指认的罪犯。

◆请问，目击者指认的凶手是哪一个人？

34 猜数字

游戏难度 ✿✿✿✿✿

最佳完成时间 5分钟

老师从1到80之间(大于1小于80)选了两个自然数，将二者之积告诉同学P(product)，二者之和告诉同学S(sum)，问两位同学能否推出这两个自然数？

S说：我知道你不知道这两个数。

P说：那么我知道了。

S说：那么我也知道了啦！

其他同学：我们也知道啦！

◆问：老师选出的两个自然数是什么？

35 电话线路

游戏难度 ✿✿✿✿✿

最佳完成时间 5分钟

直到去年，尤克利地区才消除了对电话的抵制情绪。虽然现在已着手在安装电话，但是由于计划不周，进展比较缓慢。直到今天，该地区的6个小镇之间的电话线路还很不完备。A镇同其他5个小镇之间都有电话线路；而B镇、C镇却只与其他4个小镇有电话线路；D、E、F三个镇则只同其他3个小镇有电话线路。如果有完备的电话交换系统，上述现象是不难克服的。因为，如果在A镇装个电话交换系统，A、B、C、D、E、F六个小镇都可以互相通话。但是，电话交换系统要等半年之后才能建成。在此之前，两个小镇之间必须装上直通线路才能互相通话。现在，我们还知道D镇可以打电话到F镇。

◆请问：E镇可以打电话给哪3个小镇呢？

36 红裙子、花裙子

游戏难度 ✿✿⚙⚙⚙
最佳完成时间 2分钟

某次舞会有87个姑娘参加。参加舞会的每个姑娘可能穿花裙子，也可能穿红裙子。此外，还知道下面两个事实：

(1)87个姑娘中有人是穿花裙子的；

(2)任何两个姑娘中，至少有一个姑娘是穿红裙子的。

◆从上可知：有几个姑娘穿花裙子，几个姑娘穿红裙子？

37 有病的狗

游戏难度 ✿✿✿⚙⚙
最佳完成时间 3分钟

有50户人家，每家一条狗。有一天警察通知，50条狗当中有病狗，行为和正常狗不一样。每人只能通过观察别人家的狗进行对比来判断自己家的狗是否生病，而不能看自己的狗。如果判断出自己家的狗病了以后，就必须当天一枪打死自己家的狗。这样，第一天没有枪声，第二天没有枪声，第三天开始一阵枪响。

◆问：一共死了几条狗？

38 三人决斗

游戏难度 ✿✿✿✿✿
最佳完成时间 5分钟

三个小伙子同时爱上了一个姑娘，为了决定他们谁能娶这个姑娘，他们决定用手枪进行决斗。阿历克斯的命中率是30%，克里斯的命中率是50%，最出色的枪手是鲍博，他从不失误，命中率是100%。由于这个显而易见的事实，为公平起见，他们决定按这样的顺序：阿历克斯先开枪，克里斯第二，鲍博最后。然后这样循环，直到他们只剩下一个人。

◆那么这三个人中谁活下来的机会最大呢？他们都应该采取什么样的策略？

39 击鼠标比赛

游戏难度 ✿✿⚙⚙⚙
最佳完成时间 2分钟

击鼠标比赛现在开始！参赛者有拉尔夫、威利和保罗。拉尔夫10秒钟能击10下鼠标；威利20秒钟能击20下鼠标；保罗5秒钟能击5下鼠标。以上各人所用的时间是这样计算的：从第一击开始，到最后一击结束。

◆他们是否打平手？如果不是，谁最先击完40下鼠标？

40 如何称糖

游戏难度

最佳完成时间 2分钟

有一个两臂不一样长但却处于平衡状态的天平，给你2个500克的砝码。

◆如何称出1千克的糖？

41 复杂的判断

游戏难度

最佳完成时间 5分钟

所有参加足球比赛的运动员，都要进行兴奋剂检查；所有参加兴奋剂检查的人，同时获得了人身意外保险；有些参加足球比赛的运动员兼做商业广告；有些业余的歌手也做商业广告；所有业余的歌手都未获得人身意外保险。

◆问题一：如果上述断定都是真的，则除了以下哪项，其余的断定也必定是真的？

A.所有参加足球比赛的运动员都获得了人身意外保险。

B.没有一个业余歌手参加过兴奋剂检查。

C.有些参加足球比赛的运动员是业余歌手。

D.有些兼做商业广告的人没有进行兴奋剂检查。

按上述方法，先画关系图，对照条件进行比较选择。

◆问题二：以下哪个人的身份不可能符合上述题干所做出的断定？

A.一个参加了兴奋剂检查的人，但并非是业余歌手。

B.一个获得了人身意外保险的人，但没有参加过兴奋剂检验。

C.一个参加过兴奋剂检查的人，但并非是参加足球比赛的运动员。

D.一个参加了兴奋剂检查的人，但并非不是业余歌手。

42 真假命题

游戏难度

最佳完成时间 1分钟

◆这又是一个关于"否定"的问题！如果"想像力虽不够丰富，但却充满生命力"这个命题是假的话，那么真命题应该是下面的哪一句话？

想像力很丰富或缺乏生命力
想像力很丰富且缺乏生命力
想像力很丰富但缺乏生命力
想像力不够丰富且充满生命力

43 哪个冷得快

游戏难度 ★☆☆☆☆
最佳完成时间 1分钟

在同样的条件下，把两杯不同温度的牛奶放到同一个冰箱里，温度高的一杯与温度低的一杯哪个冷得快？

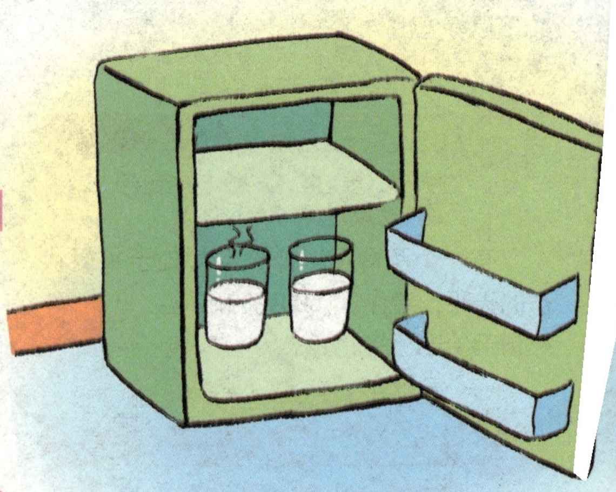

44 餐厅聚会

游戏难度 ★★★☆☆
最佳完成时间 3分钟

有7个年轻人，他们是好朋友，每周都要到同一个餐厅吃饭。但是他们去餐厅的次数不同。大力士每天必去，沙沙隔一天去一次，米米每隔两天去一次，瑞瑞每隔三天去一次，好好每隔四天去一次，科特每隔五天去一次，次数最少的是奇奇，每隔六天才去一次。昨天是2月29门，他们愉快地在餐厅碰面了，他们有说有笑，憧憬着下一次碰面时的情景。

◆他们下一次相聚餐厅会是在什么时候？

45 小花猫搬鱼

游戏难度 ★★★☆☆
最佳完成时间 3分钟

小花猫有4只盘子，其中一个盘子里有3条鱼，另外一只盘子里有1条鱼，还有两个盘子没有鱼。小花猫尽力克制住自己想吃的欲望，把鱼集中到一个盘子里一起吃，但是它每次只会从两只盘子里分别拿出一条鱼放到第三个盘子里。

◆请问：小花猫要搬运几次，才能把所有鱼都集中到一个盘子里面去？

46 谁击中了杀手

游戏难度 ★★★★★
最佳完成时间 5分钟

拿破仑身边有A、B、C、D、E、F、G、H八个保镖。一次，有个杀手谋杀拿破仑未遂，正在逃跑的时候，八个保镖都开枪了，杀手被其中一个人的子弹击中了，但不知道是谁击中的，下面是他们的谈话：

A：“可能是H击中的，或是F击中的。”

B：“如果这颗子弹正好击中杀手的头部，那么是我击中的。”

C：“我可以断定是G击中的。”

D：“即使这颗子弹正好击中杀手的头部，也不可能是B击中的。”

E：“A猜错了。”

F：“不是我击中的，也不是H击中的。”

G：“不是C击中的。”

H：“A没有猜错。”

◆事实上，八个保镖中有三个人猜对了。你知道谁击中了杀手吗？假如有五个人猜对，那么又是谁击中了杀手呢？

47 凶杀案

游戏难度 ✿✿✿⚙⚙
最佳完成时间 3分钟

某小区一位富翁被杀了，凶手在逃。经过艰苦的侦查之后，警察抓到了A、B两名疑凶，另有四名证人在录口供。

证人张先生说：“A是清白的。”

第二位证人李先生说：“B为人光明磊落，他不可能犯罪。”

第三位证人赵师傅说：“前面两位证人的证词中，至少有一个是真的。”

最后一位证人王太太说：“我可以肯定赵师傅的证词是假的。至于他有什么意图，我就不知道了”

最后警察经过调查，证实王太太说了实话。

◆请问：凶手究竟是谁？

48 分药片

游戏难度 ✿⚙⚙⚙⚙
最佳完成时间 1分钟

你一个人在一座孤岛上，救援人员十天后才能到达(今天是第0天)。你有A和B两种药片，每种10粒。每天你必须各吃一片才能活到第二天。但是你不小心把两种药片混在一起无法分辨了。

◆你会怎么办？

49 海盗分椰子

游戏难度 ✿✿✿✿✿
最佳完成时间 5分钟

话说某天一艘海盗船被天上砸下来的一块石头给击中了，5个倒霉的家伙只好逃难到一个孤岛，发现岛上孤零零的，幸好有棵椰子树，还有一只猴子！大家把椰子全部采摘下来放在一起，但是天已经很晚了，所以大家就决定先去睡觉。

晚上某个家伙悄悄地起床，悄悄地将椰子分成5份，结果发现多一个椰子，顺手就给了幸运的猴子，然后又悄悄地藏了一份，然后把剩下的椰子混在一起放回原处，最后还是悄悄地回去睡觉了。过了会儿，另一个家伙也悄悄地起床，悄悄地将剩下的椰子分成5份，结果发现多一个椰子，顺手就又给了幸运的猴子，然后又悄悄地藏了一份，把剩下的椰子混在一起放回原处，最后还是悄悄地回去睡觉了。

又过了一会儿……总之5个家伙都起床过，都做了一样的事情。

早上大家都起床，各自心怀鬼胎地分椰子了，这个猴子还真不是一般的幸运，因为这次把椰子分成5份后居然还是多一个椰子，只好又给它了。

◆问题来了，这堆椰子最少有多少个？

50 有多少苹果

游戏难度 ✿✿✿⚙⚙
最佳完成时间 3分钟

有一堆苹果，如果10个10个数，则剩下9个；9个9个数，则剩下8个；8个8个数，则剩下7个；7个7个数，则剩下6个；6个6个数，则剩下5个；5个5个数，则剩下4个；4个4个数，则剩下3个，3个3个数；则剩下2个；2个2个数，还剩下1个！

◆你知道这堆苹果至少有多少个吗？

51 狗狗们的话

游戏难度 ★★★☆☆
最佳完成时间 3分钟

德拉家和卡卡家共有4条狗，名字分别是多多、依依、咪咪、汪汪，主人喜欢把它们打扮得漂漂亮亮的。一天，它们说了如下的话，在这些话中，如果是关于自己家的话就是真实的，如果是关于别人家的话就是假的。穿棕衣服的狗狗：“穿黄衣服的是多多，穿白衣服的是依依。”穿黄衣服的狗狗：“穿白衣服的狗狗是咪咪，穿灰衣服的狗狗是汪汪。”穿白衣服的狗狗：“穿灰色衣服的狗狗是多多。”穿灰衣服的狗狗：“穿棕衣服的狗狗是多多，穿白衣服的狗狗是卡卡家的狗狗。”

◆请叫：这4条狗狗分别是谁家的？

52 被骗的钱

游戏难度 ★★☆☆☆
最佳完成时间 2分钟

小林拿了两张50元的纸币去小卖铺买东西。他一共买了15元的脸盆1个，10元的钢笔1支，买了3个5块钱的苹果。付账后，老板找回了65元。

◆请问，小林是赚了还是被骗了，被骗了多少钱呢？

53 智力测验

游戏难度 ★★★★☆
最佳完成时间 4分钟

这个智力测验已有五十年以上的历史，据说比尔·盖茨(微软公司创办人)也做过这份测验，而且只得到3分。希望大家也能试试看，再和朋友们对照一下成绩。

◆（1）英国有没有七月四日(美国独立纪念日)？

A.有 B.没有

◆（2）一个人一辈子有几个生日？

A.1 B.2 C.3～10个 D.10个以上 E.不一定

◆（3）大月有31天，小月有30天，那么一年中几个月有28天？

A.1 B.2 C.3 D.6 E.9 F.12

◆（4）棒球比赛每一局有几人出局？

A.2 B.3 C.6 D.8

◆（5）在美国加州，一个男人可否和他的寡妇的姐姐或妹妹合法结婚？

A.可以 B.不可以

◆（6）30除以1/2再加上10等于多少？

A.10 B.35 C.50 D.70 E.90

◆（7）桌上有3个苹果，拿起2个，还有几个？

A.1 B.2 C.3

◆（8）医生给你3个药丸，要你每30分钟吃1个，这些药丸多久后会被吃完？

A.20 B.40 C.60 D.90

◆（9）农夫有17只羊，除了9只以外都病死了，农夫还剩几只羊？

A.3 B.5 C.7 D.8 E.9 F.17

◆（10）摩西将每种动物选了几只带上方舟？

A.3 B.2 C.1 D.0

◆（11）一打每张叁元的邮票共有几张？

A.1 B.3 C.6 D.9 E.12

54 通往出口的路

游戏难度 ★★★☆☆
最佳完成时间 3分钟

一位探险家去寻宝，在一大片原始森林里迷了路。他在里面走了很久，一直没有找到出口，这可把他吓坏了。

这时，他来到一个三岔路口旁，发现每个路口都写了一句话，第一个路口上写着："这条路通向出口。"

第二个路口写着："这条路不通向出口。"

第三个路口上写着："另外两个路口上写的话，一句是真的，一句是假的。"

◆如果第三个路口上的话是正确的，那么，探险家要选择哪一条路才能走出去？

55 奇怪的血缘关系

游戏难度 ★☆☆☆☆
最佳完成时间 1分钟

王先生和他的妹妹王小姐一起在街上散步。这时，王先生看着对面的店铺对妹妹说："对了，小外甥在这家店工作，我要去看看他，还要顺便买一些东西。"

王小姐回答："我可没有外甥啊。"

说罢，王小姐就先走开了。

◆聪明的读者，你知道王小姐和那个神秘的外甥是什么关系吗？

56 谁是哥哥

游戏难度 ★★☆☆☆
最佳完成时间 2分钟

有兄弟二人，哥哥上午说实话，下午说谎话；而弟弟正好相反，上午说谎话，一到下午就说实话。有一个人问这兄弟二人："你们谁是哥哥？"较胖的说："我是哥哥。"较瘦的也说："我是哥哥。"那个人又问："现在几点了？"较胖的说："快到中午了。"较瘦的说："已经过中午了。"

◆请问：现在是上午还是下午？谁是哥哥？

57 放圆珠笔

游戏难度 ★☆☆☆☆
最佳完成时间 1分钟

如果让你把一根很普通的圆珠笔放在地上，但要让任何人都没有办法从上面跨过去。

◆你会怎么做呢？

58 狙击手的绰号

游戏难度 ★★★★☆
最佳完成时间 4分钟

刑事局干事历经千辛万苦，总算取得有关A、B、C、D、E五名狙击手的部分情报，再通过仔细分析，旋即找出了B狙击手的绰号。其资料如下：

(1)大牛的体型比E狙击手壮硕；

(2)D狙击手是白猴、黑狗的前辈；

(3)B狙击手总是和白猴一起犯案；

(4)小马哥和大牛是A狙击手的徒弟；

(5)白猴的枪法远比A狙击手、E狙击手神准；

(6)虎爷和小马哥都不曾动过E狙击手身边的女人。

◆请问，B狙击手的绰号是什么？

59 四人餐桥

游戏难度 ★★☆☆☆
最佳完成时间 2分钟

一家四口人要一起吃晚饭，他们的晚饭是小黄鱼和炸土豆丝，其中父亲要吃7条炸6分钟的鱼和炸2分钟的土豆丝；母亲要吃4条炸10分钟的鱼和炸4分钟的土豆丝；姐姐要吃3条炸12分钟的鱼和炸5分钟的土豆丝；弟弟要吃5条炸14分钟的鱼和炸4分钟的土豆丝。

◆**如果这家人只有一个炸锅，那么，做这顿饭至少需要多长时间？**

60 没有花钱的饭

游戏难度 ★★★☆☆
最佳完成时间 3分钟

老张被困在了欧洲一个小国的边境线上，他身上只剩下了1美元，他要在这里等自己的签证才能离开。这个小国家的货币是拉索，1拉索等于100拉分。这个小镇上有两个商店，一个商店里1美元等于90拉分，另一个商店里1拉索等于90美分。老张在这个小镇上又住了10天，最后他还剩一美元。

◆**这些天中他没有额外的收入，那么他是怎么活下来的呢？**

61 过山涧

游戏难度 ★★☆☆☆
最佳完成时间 2分钟

有一个山涧4米宽，下面是万丈深渊。山涧上没有桥，来往的人都是带着木板过桥。一次，一个人有3.9米长的木板，另一人有3.1米长的木板。两个人的木板都太短了，搭不了桥。

◆**他们应该用什么方法才能够过山涧呢？**

62 可乐和水

游戏难度 ★☆☆☆☆
最佳完成时间 1分钟

有一杯可乐，如果你喝了半杯后，用水加满；再喝去半杯后，又用水加满；然后把它全部喝光。

◆**那么你一共喝了几杯可乐、几杯水呢？**

63 流动餐席

游戏难度 ★★★☆☆
最佳完成时间 3分钟

有一群人去吃饭，其中有些人有事情要去办，所以他们先要了一瓶酒，大家平分，喝完后，有几个人离开了。

剩下的几个人又要了一瓶酒，再平分，喝完后，又有几个人走了。

剩下的人又要了一瓶酒，再平分，喝完后，又有人离去了，这时只剩下最后一个人去付账，他自语道：“我今天正好喝了一瓶酒。”

◆**你可以算出刚开始有多少人参加这场聚餐吗？**

64 工作时间

游戏难度 ★★★☆☆
最佳完成时间 3分钟

小李在一家广告公司工作。工作了一段时间之后，他发现了一个规律：如果某天休息，而前一天不休息，那么第二天就休息；如果前一天休息，那么第二天就要工作；如果某天要工作，而前两天休息，那么第二天也要工作；但如果前两天工作，那么第二天就可以休息。

◆那么问题是，如果没有星期假日，在这一年365天当中小李要工作多少天呢？

65 黑夜装信

游戏难度 ★☆☆☆☆
最佳完成时间 1分钟

亚马有四个好朋友，他们之间感情很好，经常通过写信联系。一天晚上，亚马正在给四个朋友写信，当信写好后正要装的时候突然停电了。亚马就摸黑把信装进去，以保证第二天能够准时寄出去。妈妈说：“你这样装不会装错吗？”亚马回答说：“我顶多有一个装错。

◆那么，你觉得亚马说的对吗？

66 狄利克雷的房间

游戏难度 ★★☆☆☆
最佳完成时间 2分钟

有一个关于“狄利克雷房间分配法”的故事。有一家旅店，共有12个房间，依次为1号、2号、3号……12号。一天，来了13位客人，要求各自单独住一间房间。

旅店老板思索一番，想出了一个解决办法：他先让两个客人暂时住进1号房间，然后把其余的客人按顺序依次分配到剩余房间里。于是1号房间住进了两个人；3号客人住在2号房间，4号客人住在3号房间，5号客人住在4号房间……12号客人住在11号房间。最后，再把最先安排的13号客人从1号房间转到空着的12号房间里。于是皆大欢喜，13位客人都满意地单独住进了12个房间里。

◆这样的安排显然不怎么对劲儿，可问题出在哪儿呢？

67 白马王子

游戏难度 ★★★★★
最佳完成时间 5分钟

小丽心目中的白马王子是高个子、小麦肤色、相貌英俊的人。她认识李、孙、钱、赵四位男士，其中有一位符合她要求的全部条件。

（1）四位男士中，只有三人是高个子，只有两人是小麦肤色，只有一人相貌英俊；

（2）每位男士都至少符合一个条件；

（3）李和孙肤色相同；

（4）孙和钱身高相同；

（5）钱和赵并非都是高个子。

◆谁能够符合小丽要求的全部条件，也就是说谁有可能成为小丽的男朋友呢？

68 存款单的困惑

游戏难度 ★★★☆☆
最佳完成时间 3分钟

小李正在给女朋友解释他的存款："你看，我最初在银行的存款是1万元。然而我取了6次款，这6次的取款额加起来是1万元。可是按照我的记录，在银行里我只有9900元可取。"

小李的女朋友接过了小李递过来的数据，上面写着：

取款额	余额
5000	5000
2500	2500
1000	1500
800	700
500	200
200	0
=10000元	=9900元

你看，小李继续说道，"我怎么好像欠了银行100块钱。"

小李的女友看完数据后笑了："我赞赏你的诚实，但是我怀疑你的智商，你根本不欠银行的钱。"

"那么是数据有错？"

"你的数据没错。"小李的女友对一脸困惑的小李摇了摇头。

◆小李茫然："那究竟是差哪了？"

69 沙漠探险

游戏难度 ★★★☆☆
最佳完成时间 3分钟

有一位探险家，用6天时间徒步横穿沙漠。如果一个人只能搬运一人4天所需的粮食和水。

◆那么这个探险家需要雇用几个搬运工？

70 分饭的问题

游戏难度 ★★☆☆☆
最佳完成时间 2分钟

有六个和尚在一个庙宇里，他们每天要轮流派一个人做饭，然后大家在一起吃饭。吃饭的时候，由做饭的和尚来分饭。后来大家感觉那个分饭的人有些偏心，到后来偏心的现象日益严重，只有在自己做饭或者好朋友做饭的时候才能吃顿饱饭。

他们决定改革这种方式，首先的方法是，让另外一个人监督分饭，刚开始的时候，效果挺好，但过一段时间后，发现监督的人出现受贿问题，分饭又开始不均起来。他们又决定轮流监督，但是问题依然存在，后来成立了一个三人监督小组，每天为分饭的问题忙得不可开交，耽搁了工作。

◆最后，有一个香客提出了一个很简单的方法，使得他们分饭平均了起来，你能想出这种方法吗？

71 四个女人过桥

游戏难度 ✿✿✿✿✿
最佳完成时间 3分钟

4个女人要过一座桥。她们都站在桥的某一边，要让她们在17分钟内全部通过这座桥。这时是晚上，她们只有一个手电筒。最多只能让两个人同时过桥。不管是谁过桥，不管是一个人还是两个人，必须要带着手电筒。手电筒必须要传来传去，不能扔过去。每个女人过桥的速度不同，两个人的速度必须以较慢的那个人的速度过桥。

第一个女人：过桥需要1分钟；

第二个女人：过桥需要2分钟；

第三个女人：过桥需要5分钟；

第四个女人：过桥需要10分钟。

比如，如果第一个女人与第4个女人首先过桥，等她们过去时，已经过去了10分钟。如果让第4个女人将手电筒送回去，那么等她到达桥的另一端时，总共用去了20分钟，行动也就失败了。

◆怎样让这4个女人在17分钟内过桥，还有别的什么方法？

72 秘密特工

游戏难度 ✿✿✿✿✿
最佳完成时间 5分钟

有一条船，载着12个特工去执行一项秘密任务。这12个特工人员都是精心挑选出来的，体重完全一致，互相间都不认识。为了保持船体的平衡，他们分成三组，第一组A、B、C、D坐在船头，第二组E、F、G、H坐在中间，第三组I、J、K、L坐在船尾。

一开船，这12个特工中的头发现情况有异：船体朝前倾斜。因此推测，这12个特工中，有一个是冒名顶替的敌方间谍，间谍的体重同选择的标准体重不一样。

他立即和总部联系，推测得到了总部刚截获的情报的证实。但问题在于，总部并不能确定这个混入特工队的间谍是谁。

特工头儿对此有丰富的经验。他只作了两次测试，不但找出了这个冒名顶替者，而且还确定了其体重比标准体重是重还是轻。

每次测试都是交换某些成员在船上所处的位置，这种交换可以在一对也可以在多对成员之间进行，但须仍然保持四人一组，然后观察船体的倾斜情况。

◆特工头儿是如何作出这两次测试的？

73 爬行的乌龟

游戏难度 ★★☆☆☆
最佳完成时间 2分钟

有一正方形的房间，每边长为3米。甲、乙、丙、丁四只乌龟按顺时针方向分别待在房间的A、B、C、D四个角上，从同一时刻起，四只乌龟一起开始爬动。甲乌龟的目标是始终朝乙乌龟的方向，乙乌龟的目标是始终朝丙乌龟的方向，丙乌龟的目标始终朝丁乌龟的方向，丁乌龟的目标是始终朝甲乌龟的方向。乌龟的速度是每秒1厘米。经证明，四只乌龟一定会在房间的正中央相聚。

◆请问，乌龟从开始爬动到相聚要爬行多长时间？

74 不能承受之轻

游戏难度 ★★★★☆
最佳完成时间 4分钟

地球上人口增长过快是我们不得不面对的问题，一些国家以控制生育的方法来解决。不过，也有反对者，他们不同意这种办法。他们认为，世界上的人口正在减少，很快地，每个人就会有更多的空间，比他们所需要的还要多。持这种观点的人这样认为：每个人生来就有父母双亲，这父母二人中每一个又有一父一母，这就有4个祖父母辈的人。每个祖父或祖母又有父母二人，所以就有8个曾祖父母。你每往上数一辈，数目就增加一倍。

如果回溯到20代，你就会有1048576个祖宗！把这个应用到今天每个活着的人身上，那么20代前的人口就会是现在人口的一百多万倍！

若真如此，地球也要大叹“生命不能承受之轻”了。

◆你想一想，这是怎么一回事？

75 残疾士兵

游戏难度 ★★☆☆☆
最佳完成时间 1分钟

英国的童话作家路易斯·卡洛尔以他的童话《爱丽丝漫游奇境记》一书而闻名。同时他还是一位数学家，他曾出了一道这样的题：

在一次激烈的战斗中，有100名士兵参战。其中70名失去了一只眼；75名失去了一只耳朵；80名失去了一只手；85名失去了一只脚。

◆问：同时失去了一只眼、一只耳、一只手、一只脚的士兵有多少人？

76 分地

游戏难度 ★★★☆☆
最佳完成时间 3分钟

有一天，一个地主对阿凡提说：“我有一块形状不规格的地(如下图)，如果你能将它分成大小相等、形状相同的两份，我就把地送给你。”聪明的阿凡提看了看地，只用木棍画了一道线，就完成了地主的要求。地主只好履行诺言，将地送给了阿凡提。

◆请问，你知道阿凡提是怎么分这块地的吗？

77 毕达哥拉斯的弟子

游戏难度 ✿✿✿✿✿
最佳完成时间 2分钟

古希腊名著《诗华集》记载了一道诗体数学题：“我尊敬的毕达哥拉斯哦。你——缪斯女神的家族！请你告诉我，你的弟子有多少？”

“我一半的弟子在探索着数的微妙；还有四分之一，在追求着自然界的哲理；七分之一的弟子，终日沉默寡言深入沉思；除此之外我还有三个弟子是女孩子，这就是我全部的弟子。”

◆你能推算出毕达哥拉斯一共多少弟子吗？

78 做到准确无误

游戏难度 ✿✿✿✿✿
最佳完成时间 3分钟

假如你和三个朋友一起玩扑克，轮到你发牌。按照惯例，按逆时针顺序发牌，第一张发给你的右手邻座，最后一张是你自己的。

当你正在发牌时，电话响了，你不得不去接电话。打完电话回来，你忘了牌发到谁了。

现在，不允许你数任何一堆已发的和未发的牌，也不许他们提醒你，但仍须把每个人应该发到的牌准确无误地发到他们的手里。

◆想一想，你如何做到这一点？

79 蜘蛛的启示

游戏难度 ✿✿✿✿✿
最佳完成时间 2分钟

传说在一年冬天的时候，拿破仑的法兰西帝国军队开始向荷兰重镇出发。荷兰的军队为了抵挡拿破仑的大军，就打开了所有的水闸，使法兰西帝国军队前进的道路被大水淹没。在不得已的情况下，法兰西帝国军队的元帅命令所有人后退。

正当大家非常焦虑的时候，元帅看见一只蜘蛛在吐丝，于是元帅果断地命令部队停止撤退，就在原地扎营。果然，两天过去后，洪水并没有席卷而来，法兰西帝国的军队在元帅的带领下攻破了荷兰的重镇。

◆你知道蜘蛛给这位元帅带来了什么启示吗？

80 相距有多远

游戏难度 ✿✿✿✿✿
最佳完成时间 2分钟

猫国和老鼠国开始打仗了。猫国的国王发射了一枚导弹，老鼠国的国王也发射了一枚导弹，这两枚导弹相距41600千米，处于同一路线上，他们彼此相向而行。其中，猫国的导弹以每小时36000千米的速度向老鼠国行驶，老鼠国的导弹以每小时24000千米的速度向猫国行驶，那么，他们在碰撞的前一分钟彼此相距有多远呢？

◆计算时，请不要用笔也不用任何其他的计算工具。

81 寄名画

游戏难度 ★☆☆☆☆
最佳完成时间 1分钟

有人要将一幅名画邮寄给远方的一位朋友，这幅名画卷起来长110厘米。但是邮局规定，只准寄长度不超过一米的物品。

◆你能想一个办法，将这幅名画完整地寄出去吗？

82 月亮的倒影

游戏难度 ★★☆☆☆
最佳完成时间 2分钟

日本的一个著名的水乡城镇，在一天夜里发生了一起命案。办案神速的警察在第二天就找到了有重大作案嫌疑的一名男子。警察问这名男子："昨天22:00左右你在什么地方？""在东西河上钓鱼。"男子回答道。"那条河跟它的名字一样，河水是由东向西流，那么你是在河的哪边钓鱼？"警察又问道。"在南岸。昨天晚上月亮很圆，河面上映照出洁白的月亮，很漂亮。"这名男子又答道。"昨晚确实是个月朗星稀的美丽之夜，但是我可以肯定你在说谎，你就是杀人的罪犯。"警察肯定地说道。

◆你知道警察是根据什么戳穿这名男子的谎言的吗？

83 兔子的谎言

游戏难度 ★★★★☆
最佳完成时间 4分钟

有4只兔子，年龄从1岁到4岁各不相同。它们中有两只说话了，无论谁说话，如果说的是关于比它大的兔子的话都是假话，说的关于比它小的兔子的话都是真话。兔子甲说："兔子乙3岁。"兔子丙说："兔子甲不是1岁。"

◆你知道这4只兔子分别是几岁吗？

84 小鸟吃虫子

游戏难度 ★★★★★
最佳完成时间 5分钟

在一个虫子不太多的日子里，黄鸟、白鸟、黑鸟、绿鸟4只鸟还是想方设法各自捉到了一条虫子。虫子的长度各不相同，分别是3厘米、4厘米、5厘米、6厘米。以下是4只鸟的话，其中捉到红色虫子的2只鸟说的是真话，捉到黑色虫子的2只鸟的话是假话。

黄鸟："我捉的虫子有4厘米或5厘米长。"

白鸟："黑鸟捉的虫子是3厘米的红虫。"

黑鸟："绿鸟捉的虫子是5厘米的黑虫。"

绿鸟："白鸟捉的虫子是4厘米的红虫。"

◆请问：每只鸟分别捉到了多长的、什么颜色的虫子？

85 三个房间

游戏难度 ★★☆☆☆
最佳完成时间 2分钟

兄弟三人，分别住在三个房间里，每个房间都有两把钥匙。

◆请问，如何安排这些钥匙，才能确保兄弟三人能随时进入每个房间？

86 冻裂的马路

游戏难度 ✿✿✿✿✿
最佳完成时间 1分钟

严寒的冬季过去后，马路上都会出现冻裂现象，即柏油路面破碎后出现的鼓包。

◆**请问，这种路面冻裂现象在什么时候最严重呢？是长期的严寒，还是严寒和开化期的反复变化？**

87 安全过河

游戏难度 ✿✿✿✿✿
最佳完成时间 3分钟

这是一道有趣的过河谜题。小狗一家准备过河，但是它们只有一条小船，小船每次只能乘坐2只狗，而且小狗全家只有狗爸爸、狗妈妈和狗爷爷会划船。已知小狗一家有如下成员：2个狗女儿，2个狗儿子，1个狗爸爸，1个狗妈妈，1个狗爷爷，1个有疯病的狗叔叔。其中，狗妈妈不在的时候，狗爸爸会打女儿；狗爸爸不在的时候，狗妈妈会打儿子。而狗叔叔只要狗爷爷不在的时候，它谁都会打。

◆**请问，小狗一家要怎样才能安全过河呢？**

88 各个击破

游戏难度 ✿✿✿✿✿
最佳完成时间 5分钟

张三、李四、王五、赵六、孙七五人，是红、黄、蓝、绿、紫五个公司的业务员。

一天上午，他们分别于10点20分、10点35分、10点50分、11点05分、11点20分，在自己的公司里给其他四个公司中的上述某个人打了电话，所打电话号码分别是2450、3581、6236、7904、8769。

◆**请根据以下已知条件判断何人在何时给哪家公司打了电话？所拨电话号码各是多少？每个人各是哪家公司的职员，其电话号码是多少？**

已知条件：

A.10点50分，一位小姐给黄公司打了电话。这位小姐的电话号码不是2450。

B.红公司的电话号码为7904，王五女士没有打这个电话号码，蓝公司半小时前

打了这个电话号码。

C.10点20分所打的那个电话的号码各数之和与张三小姐所打的那个电话号码的各数之和相等。

D.绿公司在11点以前打通了李四女士的电话，这个电话号码的第一个数字是偶数。

E.赵六先生打通的电话的号码是8769，但这个号码不是紫公司的电话号码。

F.孙七先生也打了电话。

89 照片有污渍

游戏难度 ★★☆☆☆
最佳完成时间 1分钟

一件珍贵的文物，在准备将它拍成黑白照片时，不小心洒上了红墨水。

◆请问，你能不能想到一个简单的方法，使拍出来的照片看不到红墨水呢？

90 世纪的问题

游戏难度 ★☆☆☆☆
最佳完成时间 1分钟

◆请问：2000年6月1日是多少世纪？

91 谁更近

游戏难度 ★☆☆☆☆
最佳完成时间 1分钟

有一个人从A地骑自行车到B地去，而另一个人开车从B地驶往A地。

◆在路上，他们相遇了，你知道这个时候谁离A地更近吗？

92 小猫与砝码

游戏难度 ★★☆☆☆
最佳完成时间 1分钟

一根绳子穿过没有摩擦力的滑轮，在滑轮的一端悬挂着一个10千克的砝码，绳子的另一端有只猫，与砝码正好保持平衡。

◆当小猫开始往上爬时，砝码将如何呢？是上升，还是下降，还是其他状态呢？

第七章

类比与计算

——感受数字王国的魅力

思维魔方提醒：这是数字游戏，不需要装备、敏捷和防御。

这个是基本功，你可以掌握一定的计算技巧，让计算变得简单快捷。也可以坚持地“蛮”算，演算纸可以以麻袋计。正所谓条条大路通罗马，只要到达终点站，都是虔诚的数字教徒。计算是一种高级乐趣，能让你在苦苦思索之余享受更深层次的精神盛宴，把计算当作你的乐趣吧。

1 聪明的勤务兵

游戏难度 ★★★☆☆
最佳完成时间 3分钟

有一个小勤务兵，在给上司端茶水的时候，听到了这么一个消息，就是将军要从36个表现突出的中尉中提升6个人为上尉，但是将军并没有很好的分辨优劣的方法，所以决定让36个人站成一个圆圈，然后从第一人报数，从一数到十，报十的人就是能升职的人。

◆这个小勤务兵正好有6个好朋友在名单之中，为了私心，他应该告诉他的好朋友站在什么位置才能顺利升为上尉呢？

2 国王的手术

游戏难度 ★★★★☆
最佳完成时间 4分钟

在一个岛国上，据说流行一种极其容易接触传染的疾病，一旦染上该病，1个月后将发病而死，但是该病可通过外科手术治愈。

岛上每个人都有已被传染的可能，国王也怀疑自己得了该病。于是，国王在岛上找到了医术最高明的3个医生，并要求这3个医生在当天轮流给自己动手术，然而已消毒过的手术手套只有2副，而医生可能也有病！

◆那么，你知道怎么做，国王最安全吗？

3 薪酬

游戏难度 ★★☆☆☆
最佳完成时间 2分钟

A和B两家公司的招聘广告上只有以下两点不同，其他的条件完全相同，从收入多少来考虑，选择哪一个公司有利？

［A公司］年薪　　100万元
每年提薪一次加20万元
［B公司］半年薪　　50万元
每半年提薪一次加5万元

4 青蛙爬井

游戏难度 ★☆☆☆☆
最佳完成时间 1分钟

一只青蛙掉进了一口18米的井中。每天白天它向上爬6米，晚上向下滑3米。

◆照这样来算，多少天它能爬出井口？

5 分马

游戏难度 ★★★☆☆
最佳完成时间 3分钟

有个老人临终时留下一份遗嘱，让把自己的全部财产按比例分给三个儿子。大儿子得全部财产的1/2，二儿子得全部财产的1/3，三儿子得全部财产的1/9。但当这三个儿子后来按遗嘱分遗产时，才注意到全部财产是17匹马，无论如何无法按遗嘱分。三个儿子各执一端，谁也不想少分一点，而把一匹马杀了分又有悖孝道。于是他们只好请一位邻居老人解决这场纠纷。那位老人不但顺利地解决了问题，而且使三个儿子都比原来要多分了一点，使三人皆大欢喜。

◆这位老人是如何按遗嘱分这17匹马的呢？

6 聪明的士兵

游戏难度 ★★★☆☆
最佳完成时间 3分钟

如图所示，这是一座从正上方俯视时呈正方形的城堡，堡主在每面都派了3个家兵日夜巡逻，自己在堡内每天都通过四面的窗口视察一下，看他们是否忠于职守。这差使如此辛苦，12个家兵叫苦不迭。他们想了一个办法，既节省了人力，又让堡主视察时看到的仍是每面3个人。

◆他们是怎样做的?

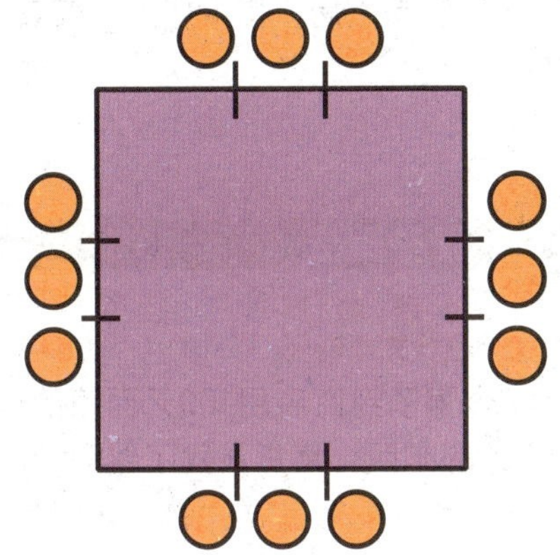

7 帕费姆夫人的香烟

游戏难度 ★★☆☆☆
最佳完成时间 2分钟

帕费姆夫人多年来烟瘾极大，她终于决心要把香烟彻底戒掉。“我抽完剩下的这27支香烟，”她自言自语道，“就再也不抽了。”帕费姆夫人的抽烟习惯是，每支香烟只抽2/3，不多也不少。她很快就发现，用某种透明胶纸可以把3个烟蒂接成一支新的香烟。

◆她手头有27支香烟，在彻底戒烟之前，她还能抽多少支呢?

8 找狐狸算账

游戏难度 ★★☆☆☆
最佳完成时间 2分钟

森林之王老虎知道狐狸狐假虎威的欺人伎俩之后，咆哮着要找狐狸算账。狐狸眼看无路可逃，便把胸脯一挺，对老虎说：“你不要轻举妄动哦！我可是有法力的。我能猜得出你心里想的任何数字。”老虎表示不信，狐狸便说：“你用5乘你心里想的那个数，再乘15，再除以3，再乘4，把得数告诉我。”老虎半信半疑地说：“得数是1000。”狐狸说：“你心里想的数是10，对吧？”老虎一听，大惊失色，吓得一溜烟跑了。

◆你知道狐狸是怎么猜出来的吗?

9 11枚硬币

游戏难度 ★★☆☆☆
最佳完成时间 2分钟

有11枚硬币全都正面朝上，排成一排，然后进行翻转，每次只能同时随机地翻转4枚硬币，经过若干次翻转。

◆这11枚硬币是否能全部正面朝下?

10 糊涂账精明算

游戏难度 ✿✿✿✿✿
最佳完成时间 5分钟

这是一道古老的智力趣题。

两名商人卖玉马，销售玉马的总数与每件玉马的价钱相同。交易结束后，两个人平分这笔收入，甲先取10两银子，乙接着取10两，依次按照这个顺序取，每次都取10两，取了几次后，又轮到甲，甲在取了10两后，剩余的不够10两银子了，于是甲给了乙一件陶器。

◆这样，乙也就和甲取得了同样的收入，请问这件陶器值几两银子？

11 半条鱼

游戏难度 ✿✿✿
最佳完成时间 3分钟

部落里的10个人捕回了一船鱼，10个人的功劳各有不同，他们想公平地分这些鱼，于是就找来了酋长，酋长把总数的一半加半条给了第一个人，接着，把剩下总数的一半加半条给了第二个人，以此类推，直到第10个人全部分完，没有人得到半条鱼。

◆请问船里最少有多少条鱼？

12 黑心送奶人

游戏难度 ✿✿✿
最佳完成时间 3分钟

一位送奶人每天早晨都要把128升的牛奶桶盛满纯牛奶，然后出发去四条不同的街道送奶，每条街道需要的牛奶升数相同。送完第一条街，他会用水将牛奶桶灌满。接着，他到第二条街去送牛奶，送完后，再用水把牛奶桶灌满。每送完一条街道就用水把牛奶桶灌满，直到所有“幸运”的客户都被服务到为止。如果所有的客户都供应完之后，桶中还剩下40又1/2升纯牛奶。

◆试问：每条街道分到了多少纯牛奶？

13 骗子骗钱

游戏难度 ✿✿
最佳完成时间 1分钟

一个骗子到商店用100元面值的钞票买了9元的东西，售货员找了他91元，这时，他又称自己有零钱，给了售货员9元而要回了自己原来的100元。

◆请问，他骗了商店多少钱？

14 判断体积

游戏难度 ✿✿✿⚙⚙
最佳完成时间 3分钟

一般啤酒瓶的下半部分都是圆柱形的，占瓶子高度的3/4；而上半部分是不规则的形状的占瓶子高度的1/4。如果这里有这样一个啤酒瓶，里面只有一半的啤酒。

◆如何只借助一根直尺，来判断瓶子里的酒占整个瓶子容积的百分之几？

15 小狗所跑的距离

游戏难度 ✿✿✿⚙⚙
最佳完成时间 3分钟

有姐弟两个人从相距400米的两地，同时沿直线相向而行。姐姐和弟弟的速度都是2米/秒，在他们起步的那一瞬间，他们的小狗从姐姐那里跑向弟弟，速度是3米/秒，当它遇到弟弟后，再转身跑向姐姐，就这样依次在两个人之间来回跑，直到姐弟相遇。

◆请问：在这个过程中，这只小狗共跑了多少米？

16 古波斯谜题

游戏难度 ✿✿⚙⚙⚙
最佳完成时间 2分钟

在古波斯有一个谜题：

一个女人去果园里摘苹果，果园有四道门，各有一位守门人看守。

女人要想顺利从果园摘出苹果，就必须在出门时分别给看守一些苹果。

出门时，女人将自己摘出苹果的一半给了第一道守门人；到第二道门的时候，女人给了这个守门员余下苹果的一半；到第三道门的时候，女人也给了第三个守门员余下苹果的一半，到第四道门，女人也给了第四个守门员余下苹果的一半。

这时，女人只剩下10个苹果。

◆问这个女人到底摘了多少个苹果？

17 残存的书

游戏难度 ✿✿⚙⚙⚙
最佳完成时间 2分钟

图书馆的许多书经常因为一些品行不端的学生的破坏，而出现缺页和被乱画的现象。

这次，新进的书中有一本关于世界名画的图片书，这本书共有200页。在经过几次借阅后，管理员发现第11页到第20页被人撕去了，现在书剩下190页。

又过了一段时间，这个管理员又发现，第44页到第63页又被人撕去了。

◆那么现在这本书剩下多少页了？

18 融化的冰

游戏难度 ✿✿⚙⚙⚙
最佳完成时间 2分钟

水结成冰的时候，体积会增加原来的1/11。

◆那么冰在融化成水的时候，体积减小为原来的几分之几？

19 发错的药品

游 戏 难 度 ★★★★★
最佳完成时间 5分钟

一家药店收到外地运来的某种药品10瓶。每瓶装药丸1000粒，每粒药丸的限定重量为100毫克。药剂师怀特先生刚把药瓶放上货架，制药厂的一封电报接踵而来。

怀特先生给药店经理布莱克小姐念了这份电报："特急！所发药品经检查后方能出售。由于失误，有一瓶药丸每粒超重10毫克。请立即将分量有误的那瓶药退回。"

怀特先生很气恼："倒霉极了，我只好从每瓶中取出1粒药丸来称一下。真是胡闹。"

怀特先生刚要动手，布莱克小姐拦住了他："怀特先生，请等一下，没有必要称10次，只需称一次就够了。"

◆这有可能吗？

20 找算错了的数

游 戏 难 度 ★★☆☆☆
最佳完成时间 2分钟

米琪小姐在一个商店里做收银员。有一天，她在晚上下班前查账的时候，发现现金比账面少153元。她知道实际收的钱是不会错的。只能是记账时有一个数字点错了小数点。

◆那么，她怎么才能在几百笔账中找到这个错数呢？

21 多少步

游 戏 难 度 ★★☆☆☆
最佳完成时间 2分钟

一男一女并排开始走路，起初，他们正好都用右脚同时起步。起步之后，男子跨步大，女子的3步才能跟上他的2步，若从两人右脚起步开始到两人左脚踏出时为止。

◆女子应走出多少步？

22 互不相撞

游 戏 难 度 ★★★☆☆
最佳完成时间 3分钟

一个正三角形的每个角上各有一只蚂蚁。每只蚂蚁开始朝另一只蚂蚁做直线运动，目标角是随机选择。

◆蚂蚁互不相撞的概率是多少？

23 飞机加油

游 戏 难 度 ★★★★★
最佳完成时间 5分钟

有一批飞机，每架飞机的油箱所能装的燃料正好够绕地球半周的航程。补充燃料的方式，除了地面加油外，还可实行空中加油，即在不影响正常飞行的情况下，一架飞机把自己油箱中的燃料补充给另一架飞机。

现假设燃料的唯一来源是岛上的油库，并假设无论是岛上加油还是空中加油，所费的时间忽略不计。

◆那么，为保证有一架飞机绕地球航行一周，至少需要动用多少架飞机？

24 按时回校

游戏难度 ✿✿✿⚙⚙
最佳完成时间 3分钟

三个学生出去玩，但按规定他们必须在晚上11点赶回学校宿舍。但他们玩过了头，当发现的时候，已经是晚上10点8分。此时他们离学校宿舍还有10千米的距离，且现在路上已经没有了公交车和出租车。如果跑着回去需要1小时30分，如果骑自行车回去要30分钟。他们只有一辆自行车，并且自行车只能带上一个人，所以必须有一个人要跑。

◆请问，他们能及时赶回去吗？

25 骑驴卖黄瓜

游戏难度 ✿✿✿✿⚙
最佳完成时间 4分钟

一个人骑着驴到远方卖黄瓜，目的地距他出发地点足足有1000千米。已知这个人总共要卖3000根黄瓜，但是驴一次只能驮1000根黄瓜，而且每走1千米它都会吃掉1根黄瓜。

◆请问：这个人一共可以卖出多少根黄瓜？

26 爱的程度

游戏难度 ✿⚙⚙⚙⚙
最佳完成时间 1分钟

在一所乡村学校中，一个刚刚毕业的男数学老师S很幸运地同时得到了两个女教师A、B的青睐。S满脑袋数字，在无法从两者之中选择的情况下，他只好对这两位女教师说：“希望你们用数字或者数学公式，来表示你们对我的爱的程度。”

A说：“与B比起来，我是一百倍地爱你。”

B说：“A对你的感情当然没有我对你的感情深。与A相比，我是一千倍地爱你。”

听了她们深情的话语，不知为什么数学老师S反而神情沮丧地说：

“这不就等于说，你们两个都是完全不爱我吗？”

◆这究竟是怎么回事？

27 送邮件

游戏难度 ★★☆☆☆
最佳完成时间 2分钟

一列装有邮件的火车将要到达车站，邮局派出一辆汽车去车站取。有一天火车提前到站了，所以车站就派人骑摩托车往邮局送。

摩托车手走了半个小时迎面遇到了邮局来取邮件的汽车，汽车司机接过邮件，一刻也不耽误地掉头回去。汽车回到邮局比平时早了20分钟。

◆问这天的火车比平时早到了多长时间？

28 小虫

游戏难度 ★★☆☆☆
最佳完成时间 2分钟

有一种小虫，每隔两秒钟分裂一次。分裂后的两只新的小虫经过两秒钟后又会分裂。如果最初某瓶中只有一只小虫，那么两秒后变两只，再过两秒后就变四只……两分钟后，正好满满一瓶小虫。若在这个瓶内放入两只这样的小虫。

◆问：经过多少时间后，正巧也是满满的一瓶？

29 缝隙有多大

游戏难度 ★★☆☆☆
最佳完成时间 2分钟

假定地球是一个极大的标准圆球，现在有一根长绳子，它比地球的赤道周长还要长10米。若用此绳子将地球等距离(在赤道上)围住，那么在地面与绳子之间还有一道小小的缝隙。

◆请问这个缝隙够不够一头猪(高70厘米)不用碰到绳子就能走过去(不许跨过去)？

30 共有多少只蜜蜂

游戏难度 ★★★☆☆
最佳完成时间 3分钟

一只蜜蜂外出采花粉，发现一处蜜源，它立刻回巢招来10个同伴，可还是弄不完。于是每只蜜蜂回去各找来10只蜜蜂，大家再采，还是剩下很多。于是蜜蜂们又回去叫同伴，每只蜜蜂又叫来10个同伴，但仍然采不完。蜜蜂们再回去，每只蜜蜂又叫来10个同伴。这一次，终于把这一片蜜源采完了。

◆知道采这块蜜源的蜜蜂一共有多少只吗？

31 叠纸游戏

游戏难度 ★★☆☆☆
最佳完成时间 2分钟

有一位疯狂的艺术家为了寻找灵感，把一张厚为0.1毫米的很大的纸对半撕开，重叠起来，然后再撕成两半叠起来。假设他如此重复这一过程25次，这叠纸会有多厚？

◆A.像山一样高 B.像一栋房子一样高 C.像一个人一样高 D.像一本书那么厚

32 猫追老鼠

游戏难度 ✿✿✿✿✿
最佳完成时间 2分钟

有一只猫发现离它10步远的前方有一只奔跑着的老鼠，便马上紧追。猫的步子大，它跑5步的路程，老鼠要跑9步。但是老鼠的动作快，猫跑2步的时间，老鼠能跑3步。

◆请问：按现在的速度，猫能追上老鼠吗？如果能追上，它要跑多少步？

33 丰产的苹果树

游戏难度 ✿✿✿✿✿
最佳完成时间 3分钟

把苹果摘回来以后，就该考虑怎么享用苹果了：肯定要吃一点，但一个人又吃不了那么多。于是，第一天我用一半的苹果换了葡萄酒喝，葡萄酒好喝又能放一段时间，可以够我喝上一阵子了，然后我还高兴地吃了4个苹果。第二天用剩下的一半去换其他的水果来尝尝，因为吃了其他的水果，所以我就只吃了3个苹果；第三天，吃了1个苹果后，觉得一个人吃没有意思，应该和朋友们一起分享，所以把剩下的苹果的一半分给了朋友们。这时，我还有5个苹果、其他一些水果和葡萄酒。

◆你知道今年我的苹果树一共结了多少个苹果吗？

34 刑警抓歹徒

游戏难度 ✿✿✿✿✿
最佳完成时间 2分钟

在一次抓捕行动中，一名刑警紧追一名歹徒，就在刑警将要把罪犯抓捕归案的时候，歹徒跑到了一个圆形的大湖旁边，跳上岸边唯一的一只小船拼命的向对岸划过去。刑警不甘心就这样让歹徒逃走，他骑上一辆自行车沿着湖边向对岸追去。现在知道刑警骑车的速度是歹徒划船速度的2.5倍。

◆在湖里的歹徒还有逃脱的可能性吗？

35 相遇问题

游戏难度 ✿✿✿✿✿
最佳完成时间 3分钟

某试验基地由于从事秘密的国防武器研究工作，离后勤基地比较远。后勤部每天都派出一辆军车往该基地运送后勤物资。后来由于工作的需要，该基地的一位军官要调到后勤部任职。他一早离开该基地前往后勤部报道，10天后到达后勤部。

◆他的速度与往该基地运送物资的军车的速度是一样的，并同时相对出发，你知道该军官一路上看到了几辆去试验基地的运送物资的军车吗？

36 买大头针

游戏难度 ✿✿✿✿✿
最佳完成时间 2分钟

小明带4枚硬币去商店买大头针，大头针的单价有1分、2分、3分……10分。

◆他可以买其中任意一根大头针都不用售货员找零钱，你知道小明带的是哪几枚硬币吗？

37 未知的生物

游戏难度 ✿✿

最佳完成时间 2分钟

瓶子里有两种未知生物，开始的时候有1只X、20只Y。每一分钟，X要吃掉一只Y。

同时，X和Y每分钟都要分裂成原来数目的2倍。

◆在第几分钟时，瓶子里的Y会被吃光？

38 公主选婿

游戏难度 ✿✿✿

最佳完成时间 3分钟

相传古时候有位外国公主曾出过这样一道招婿题：

一只篮子中有若干李子，取它的一半多1个给第一个人，再取其余一半多1个给第二个人，又取最后所余的一半又多3个给第三个人。

这时，篮内的李子就没有剩余了。

◆请问篮中原有多少个李子？

39 公共汽车

游戏难度 ✿✿✿

最佳完成时间 3分钟

一个人沿着街走，每2分钟迎面开来一辆公共汽车，每8分钟身后开来一辆公共汽车。

◆问该公共汽车几分钟一趟？

40 淘金者的时间

游戏难度 ✿✿

最佳完成时间 2分钟

一个淘金者在回家的途中迷失在沼泽地中，他的两只手表的时间都不准确了，他不知道确切的时间，只好漫无目的地走着。后来他发现，他的一只手表比另一只手表每小时慢了3分钟。当他走了很久，再看手表的时候，走得快的手表比走得慢的手表整整超前了3个小时。

◆试问，他从第一次看表到现在走了多少时间了？

41 女朋友的生日

游戏难度 ✿✿✿

最佳完成时间 3分钟

小冬在新认识的女朋友家里遇到了她的弟弟，小冬想知道女朋友的生日是哪一天，就偷偷问她的弟弟，谁知道她的弟弟说：“我姐姐的生日月份和日子都是个位数，把它们连着读成一个十位数的时候，这个十位数的3次方是个四位数，4次方是个六位数，并且这个四位数和六位数的各个数字正好是0到9这十个数字，而且没有重复。”

◆这下把小冬给难住了，你能帮他算出女朋友的生日是哪一天吗？

42 赴宴会

游戏难度 ★★★☆☆
最佳完成时间 3分钟

有三对新婚夫妇住在同一个院子里。这天他们都收到了请帖要到城区去赴宴会，但门外只停着一辆能容纳两人坐的小汽车，而且没有司机。

每个丈夫都嫉妒心强，随时都要保护他美丽的新娘，不让自己的新娘和别的男子在一起。

◆请问：这三对夫妇该如何赴宴会？最少要往返多少次？

43 临别赠品

游戏难度 ★★★☆☆
最佳完成时间 3分钟

在打猎的途中，三个本不相识的猎人相遇了，他们相约一起打猎。一天过去了，他们带着自己所打的猎物回家，在分别的路口互相赠送自己所打的猎物。

甲首先把自己所打的猎物送给乙和丙，所送的数目和两个人原来的猎物的数目相同；然后乙把自己现有的猎物送给甲和丙，所送数目分别等于这两个人在第一次甲送后所拥有的猎物的数目；然后丙把自己现有的猎物送给甲和乙，所送数目分别等于两个人在第二次乙送后所拥有的数目。这时，三个人都有了16只猎物。

◆那么，原来每个人分别有多少猎物呢？

44 公鸡、母鸡和小鸡

游戏难度 ★★★☆☆
最佳完成时间 3分钟

公鸡每只值5文钱，母鸡每只值3文钱，小鸡每3只值1文钱。现在用100文钱，买100只鸡。

◆问，这100只鸡中，公鸡、母鸡、小鸡各多少只？

45 动物的重量

游戏难度 ★★☆☆☆
最佳完成时间 2分钟

在动物大会上，有一只小兔子感觉很无聊，就对旁边的一只白羊说：“我给你出一个题考考你吧。”白羊同意了。小兔子说：“如果所有同样动物的体重都是一样的话，3只狼的重量加上1只老虎的重量与10只狐狸是一样重的，6只狐狸的重量加上1只狼的重量和1只老虎是一样重的，那么1只老虎与几只狐狸的重量是一样的呢？”白羊被这个议论虎王的问题吓坏了，根本不敢计算。

◆那么，你能算出来吗？

46 账房算醋缸

游戏难度 ★☆☆☆☆
最佳完成时间 1分钟

有一个人新来到一家杂货店做账房。这天，老板让他算一下店中所存醋缸的数量。只见，醋缸整整齐齐堆放在货仓的墙角处，一共有7层，最上层是4×8个，第二层是5×9个，以下每层，长和宽都比上一层多一缸。

◆账房先生微微一笑，马上就说出了答案，你知道他的答案是多少吗？

47 贪婪的巴河姆

游戏难度 ✿✿✿⚙⚙
最佳完成时间 3分钟

一个叫巴河姆的人，去购买土地。卖地人提出一个非常奇怪的地价：每天1000卢布。原来，卖地者提出的价格是：谁出1000卢布，那么他从日出到日落走过的路所围成的土地都归他所有。不过，如果在日落之前，买地人回不到原来的出发点，那他就只好白出1000卢布，一点土地也得不到。

巴河姆觉得这个条件对自己有利，于是他付了1000卢布，等第二天天刚亮，就起床出发。他走了足足有10千米，这才朝左转弯；接着又走了许久许久，才再向左拐弯；这样，又走了2千米。这时夜幕即将降临，而自己离清晨出发点却足足还有15千米的路程，于是只得马上改变方向，径直朝出发点拼命跑去……跑呀跑，最后巴河姆总算在日落之前赶回了 出发点。可是他还未站住，就两腿一软，倒在地上，呜呼哀哉了。

◆你能算出巴河姆这一天共走了多少路？他走过的路所围成的土地面积有多大？

48 安培和会走动的黑板

游戏难度 ✿✿⚙⚙⚙
最佳完成时间 2分钟

一天，安培误把一辆马车后面的黑色车厢当作黑板，就拿起粉笔跟着马车算题。

◆这个题的大意是说，当一个身高1.7米的人绕地球一周时，他的头顶要比他的脚底多跑多少路？

49 异想天开的问题

游戏难度 ✿✿✿✿⚙
最佳完成时间 4分钟

谁都不会否认，1986的1986次方是个硕大的天文数字，利用对数的性质可以精确地算出6550个庞大的数字。注意，不是6550，而是6550个数字。要是都写出来的话，就可以密密麻麻地写一张纸，这个数目足以使人吃惊吧！

现在异想天开地提出一个问题：如果把这6550个数字加起来，就得到一个和，假定是A。再将A的各位数字相加，又可得到一个和，假定它是B。继而再将B的数字全部相加，又得C。

◆你知道这个C是多少吗？显然，正面强攻是行不通的，希望你能智取。

50 蜗牛爬墙的新难题

游戏难度 ✿✿✿✿✿
最佳完成时间 3分钟

有一堵11尺高的墙头，墙的两面都很滑。一只蜗牛从墙脚开始向上爬，它每小时能爬5尺。可是这只蜗牛有个习惯，每爬完1个小时就要休息1个小时，而在休息过程中，由于墙面很滑，它又从墙上滑下3尺。

◆请问，蜗牛从墙脚爬到墙顶要几个小时？这是“蜗牛爬墙”问题的原来提法。现在这位数学家进行了这样的改编：按照同样的说法，蜗牛从墙顶朝墙的另一面向墙脚爬下去，需要多少时候才能够爬到墙脚？当然，这里不考虑蜗牛爬到墙顶后的休息时间。

51 比萨斜塔问题

游戏难度 ✿✿✿✿✿
最佳完成时间 3分钟

一个弹性小球从距离地面179英尺高的比萨斜塔上落下来。如果每次反弹起来的高度等于前一次的1/10。

◆试问：它在静止以前，总共弹跳了多少距离？（1英尺等于0.304米）

52 吃草问题

游戏难度 ✿✿✿✿✿
最佳完成时间 3分钟

牛顿曾编过这样一道数学题：牧场上有一片青草，每天都生长得一样快。这片青草供给10头牛吃，可以吃22天；供给16头牛吃，可以吃10天。

◆如果供给25头牛吃，可以吃几天？

53 爱因斯坦的握手问题

游戏难度 ✿✿✿✿✿
最佳完成时间 5分钟

爱因斯坦一边和与会者握手，一边在头脑里求证：那些握手次数是奇数的与会者的数量一定是偶数。事实证明了爱因斯坦的这个想法是正确的。

◆你一定也有多种方法可以证明这个定理，问题是，哪个证明称得上是比较简明和巧妙的呢？

54 河的宽度

游戏难度 ✿✿✿✿✿
最佳完成时间 3分钟

黑、白两只渡船在一条河的南北两岸同时相向渡河。假设河的宽度在各处不变，渡船的航线和两岸成直角，并且两只船的航速都保持不变，但一只船的航速要比另一只稍快。它们在河中的某处擦肩而过，此处离较近的南岸有720米。靠岸后两只船都分别停靠了10分钟然后返回。在返回的途中，两只船在离北岸400米处再次相遇。

◆这条河有多宽？

55 三堆苹果

游戏难度 ★★★☆☆
最佳完成时间 3分钟

有三堆苹果，第一堆是11只，第二堆是7只，第三堆是6只。请问，如何挪动每堆的苹果，最后使三堆中每一堆的数目都等于8只。

◆要求是：1.挪动三次；2.向某一堆添的数目要等于其原有的数目。

56 报童的竞争

游戏难度 ★★★☆☆
最佳完成时间 3分钟

五个聪明的报童一起卖报。汤姆·史密斯卖的报纸是总数的1/4再加上一份报纸。比利·琼斯卖的报纸是剩下的1/4再加上一张。勒德·史密斯卖掉的报纸是前两人卖剩下的报纸的1/4再加上一份。查利·琼斯卖掉的报纸是前三人卖剩下的报纸的1/4再加上一份。此时史密斯家的两个小孩子比琼斯家的两个孩子多卖出100份报纸。但是，他们中最小的孩子小吉米·琼斯把剩下的所有报纸都卖出去了。

◆琼斯家三个孩子卖的报纸比史密斯家两个孩子卖的多多少份？

57 斐波纳奇问题

游戏难度 ★★★☆☆
最佳完成时间 3分钟

假设有一对兔子，每个月都生一对兔子(一雌一雄)，新生的兔子两个月后，也每月生一对兔子。

◆那么，由一对兔子开始，满一年后有多少对兔子？

58 守财奴的遗嘱

游戏难度 ★★★☆☆
最佳完成时间 3分钟

一个守财奴生前积累了很多的金条，可他到临死的时候也舍不得分给儿子们。他写了一份难解的遗嘱，要是解开了这个遗嘱，就把金条分给他们，要是没有解开，金条就永远被藏在无人知晓的地方。他的遗嘱是这样写的：我所有的金条，分给长子1根又余数的1/7，分给次子2根又余数的1/7，分给第三个儿子3根又余数的1/7……以此类推，一直到不需要切割地分完。

◆聪明的读者，你能算出守财奴一共有多少根金条，多少个儿子吗？

59 尝试的次数

游戏难度 ★☆☆☆☆
最佳完成时间 1分钟

老张是一个管家。他的老板外出旅游去了。所以老张拿着所有房间的钥匙，并且每天都要进去打扫一遍。这所房子一共有10个房间，他把每个房间的钥匙上都写上了号码，这样便于确认。

◆但是这天他的孙子把所有的号码全撕去了，他无法确认房门的钥匙，要是在一个一个试的情况下，他最多需要试多少次才可以确认每个房门的钥匙呢？

60 史密斯夫妇

游戏难度 ✿✿✿✿✿
最佳完成时间 2分钟

史密斯先生和他的妻子准备在郊外买一幢小别墅。"如果把你的钱拿出3/4给我，"史密斯先生说："再加上我的钱，我们就可以买一栋价值5000美元的房子，而你剩下的钱还可以购买屋后的小树林和小溪。"

"不行，不行，"他妻子回答说："如果把你的钱拿出3/4给我，再加上我自己的钱，我们就可以卖下那栋房子，而你手头剩下的钱，正好可以买下小树林和流淌不止的小溪。"

◆请问，小树林和小溪值多少钱？

61 哪只钟更准确

游戏难度 ✿✿✿✿✿
最佳完成时间 1分钟

有两只钟，一只每天只走准一次，另一只一天只慢一次。

◆你要哪一只？

62 夫妻喝酒的时间

游戏难度 ✿✿✿✿✿
最佳完成时间 3分钟

有一对夫妻，两个人都喜欢喝酒；如果他们俩一起喝，平均每60天可以喝完一大桶葡萄酒，8个星期可以喝完一桶白兰地，如果让丈夫单独喝葡萄酒，那么他需要30个星期才能喝完；如果让妻子一个人喝白兰地，那么她至少需要40个星期才能喝完。他们喝酒时还有一个怪癖，有白兰地时丈夫只喝白兰地，有葡萄酒时妻子只喝葡萄酒。

◆现在他们家有半桶白兰地和半桶葡萄酒，那么，他们把酒完全喝光需要多长时间？

63 死者的出生年

游戏难度 ✿✿✿✿✿
最佳完成时间 2分钟

在一个名人的葬礼上，莫尔森问起死者的出生年。麦古告诉了他几个信息：

◆(1)死者没有活到100岁；

(2)当死者N岁时，那一年正好是N的平方，今年是1990年，那么，死者到底是哪一年出生的呢？

64 作家的生卒年

游戏难度 ✿✿✿✿✿
最佳完成时间 2分钟

19世纪有一位著名的作家出生在英国，同样他又死于19世纪，他诞生的年份和逝世的年份都是由4个相同的数字组成，但排列的位置不同，他诞生的那一年，4个数字之和是14；他逝世那一年的数字的十位数是个位数的4倍。

◆请问：该作家生于何年，死于何年？

65 何时是半盒子鸡蛋

游戏难度 ★☆☆☆☆
最佳完成时间 1分钟

往一只盒子里放鸡蛋，假定盒子里的鸡蛋数目每分钟增加一倍，一小时后，盒子满了。

◆请问：在什么时候是半盒子鸡蛋？

66 开放几个检票口

游戏难度 ★★★★☆
最佳完成时间 4分钟

在一间火车站的候车室里，旅客们正在等候检票。已知排队检票的旅客按照一定的速度在增加，检票的速度则保持不变。而且，如果车站开放一个检票口，那么需要半小时才能让等待检票的旅客全部检票进站，如果同时开放两个检票口，那么就只需要10分钟便可让等待检票的旅客全部检票进站。现在有一班增开的列车很快就要离开了，必须在5分钟内让全部旅客都检票进站。

◆请问：这个火车站至少需要同时开放几个检票口？

67 与几艘客轮相遇

游戏难度 ★★★☆☆
最佳完成时间 3分钟

每天上午，一家公司的客轮从香港出发开往费城，并在每天这一时间都有该公司的一艘客轮从费城开往香港。客轮走一个单程需要7天7夜。

◆今天上午从香港开出的客轮，将会遇到几艘从对面开来的同一个公司的客轮？

68 探险船队

游戏难度 ★★☆☆☆
最佳完成时间 2分钟

猴子造一艘大船，和大伙去探险。等到要起航的时候，有人问猴子船长，这个船上有多少动物？猴子船长回答说："这个船上，除了我之外，有2/5的站岗，有2/7的水手，有1/4的炊事员，还有27位学者。"

◆你知道这艘船上共有多少动物吗？

 69 分米

游 戏 难 度

最佳完成时间 4分钟

有两个合伙卖米的商人，要把剩下的10千克米平分。他们手中没有秤，只有一个能装10千克米的袋子，一个能装7千克米的桶和一个能装3千克米的脸盆。

◆请问：他们该怎么平分10千克米呢？

70 割草

游 戏 难 度

最佳完成时间 5分钟

这是由彼得罗夫出的一道著名的难题，因经托尔斯泰推广而广为人知。题目是这样的：一批人要把两片草地的草割掉。两片草地中，大的一片草地比小的一片草地大一倍。上午，这批人在大片草地上工作，午后分成两组，一半人继续在大片草地上割草，到傍晚收工时恰好割完；另一半人到小片草地上割草，到傍晚收工时剩一小块没割完。这一小块改日由一个人去割，恰好需要一天的工夫。

◆请问，这批割草的人共有多少个？

71 数学家的年龄

游 戏 难 度

最佳完成时间 2分钟

一位数学家的墓碑上刻着这样一段话：

“过路人，这是我一生的经历，有兴趣的可以算一算我的年龄。我的生命前1/7是快乐的童年，过完童年，我花了1/4的生命钻研学问。

在这之后，我结了婚。婚后5年，我有了一个儿子，感到非常幸福。可惜我的孩子在世上的光阴只有我的一半。

儿子死后，我在忧伤中度过了4年，也跟着结束了我的一生。”

◆根据墓碑上所刻的信息，你能计算出他的年龄吗？

72 燃香计时

游 戏 难 度

最佳完成时间 3分钟

有两根不相同的香，香烧完的时间一共是一个小时。

◆你能用什么方法来确定一段15分钟的时间？

73 省钱方法

游戏难度 ★★☆☆☆
最佳完成时间 2分钟

购票须知：门票每张5元，50人以上的团体票可享受八折优惠。可现在全班45人加上王老师总人数才46人，享受不了八折优惠。

◆那么，能不能想办法省钱呢？

74 尼古拉分油

游戏难度 ★★★★★
最佳完成时间 5分钟

16世纪的意大利数学家尼古拉·芳旦那曾提出一个分油趣题：有一个装满4千克油的油瓮，另外还有两个空瓶，一个可装2.5千克，一个可装1.5千克。现在要将油瓮里的油利用这两个空瓶倒来倒去，平分为两个2千克。

◆请问应该怎样做？

75 分干粮

游戏难度 ★★★☆☆
最佳完成时间 3分钟

9个人在野外迷路，早晨一看，所带的干粮只够吃5天了。第二天，他们又遇到了同样迷路的一批人。不巧的是，这批人所带的干粮刚好吃完了，也就是说，他们必须靠第一批人的干粮维持生命。两批人合计了一下，剩下的干粮只能吃3天。

◆根据以上条件，你能算出第二批人的人数吗？

76 趣味数学

游戏难度 ★★★★☆
最佳完成时间 4分钟

◆在下面的数字中间，加上加减乘除和括号，使等式成立。

1　2　3=1

1　2　3　4=1

1　2　3　4　5=1

1　2　3　4　5　6=1

1　2　3　4　5　6　7=1

1　2　3　4　5　6　7　8=1

第八章

侦探与推理

——思维火山大爆发

思维魔方提醒：在这里你才懂得什么叫做书到用时方恨少。

福尔摩斯是个思维缜密、断案如神的超级大侦探，他靠的是什么？其实也就是这些了，再加上作者柯南道尔的“艺术”虚构，福尔摩斯才可以神乎其技。说得诡辩一点，福尔摩斯是凡人，我们也是凡人，福尔摩斯可以成为超级大侦探，我们不能吗？难道我们不是跟他一样的凡人吗？好了，磨剑十年，现在出鞘！

1 指纹在哪里

游戏难度 ★☆☆☆☆
最佳完成时间 1分钟

托蒂向安东尼借了很多钱买了一栋豪华的别墅，可现在都快半年了，托蒂还没有还一分钱。安东尼实在是无法忍受就按响了门铃，到托蒂的新家要钱。两人在争吵过程中动手打了起来。高大的安东尼用两只手死死地掐住托蒂的脖子，托蒂在挣扎中左手摸到一个锤子朝安东尼的头砸去，安东尼随即倒地停止了呼吸。

杀死安东尼之后，托蒂马上把安东尼的尸体拖到后院掩埋起来，然后擦拭干净所有的血迹，再认真清理了沙发、地板和安东尼所有可能碰过的东西，不留下一个指纹。

正当他做完这一切的时候，门外响起了急促的敲门声——是安东尼的两位警察朋友。安东尼曾交代，如果他在下午还没有回到家的话，就让他的警察朋友来这里找他。尽管托蒂十分镇定，但警察还是不费吹灰之力就找到了安东尼的唯一一个指纹。

◆你知道这个指纹在哪里吗？

2 破绽

游戏难度 ★☆☆☆☆
最佳完成时间 1分钟

请看下面警官和嫌疑犯的一段对话。

警官："昨天晚上10点案发时你在哪里？"

嫌犯："昨天晚上我在家里。"

警官："可是，据你的一位朋友说，当时他去找你，按了半天门铃，并没有人出来开门。"

嫌犯："哦，当时我使用了高功率的电炉，房间的保险丝烧断了，停了一会电，门铃当然不响……"

警官："别再编下去了。你被捕了。"

◆请问这是为什么？

3 智取宝石

游戏难度 ★★☆☆☆
最佳完成时间 2分钟

古埃及的皇宫里藏有三颗价值连城的宝石。为了防止被盗，侍卫们在装宝石的盒子里放了一条毒蛇。

可是一天晚上，有一个神偷将宝石给偷了出来。他既没有戴手套也没有用任何方式接触到毒蛇，而且把宝石盗走的时候，毒蛇依然安静地待在盒子里。

◆你知道神偷是怎样把宝石偷出来的吗？

4 特制弹头

游戏难度 ★★★☆☆
最佳完成时间 3分钟

一天晚上，一声枪响之后，富翁甲死在了别墅的花园里。警方到达现场调查，发现甲胸口有一处伤痕，是被子弹射中造成的。

解剖发现，子弹击中了心脏，伤口有

10厘米深。但是，却找不到弹头。

经过警员努力侦查，发现凶手是一名职业杀手。为了使自己杀人后不留下任何线索，因而采用了一种特制的弹头，这种子弹头射进人体后会自动消失，而不被警方发现。

◆你知道这种特制的弹头是用什么做的吗？

5 真假之辨

游戏难度 ✿✿✿✿✿

最佳完成时间 2分钟

某天清晨，在一堵围墙外的大树下发现一具尸体。死者赤着脚，脚底板有几条从脚趾到脚跟的纵向的伤痕，而且还有血迹，旁边有一双拖鞋。

“死者是想爬树翻入围墙，但不小心摔死了。他可能是想行窃。”有人这样推断。

但是老练的警长却说：“不，这个人不是从树上摔下来的，而是被人谋杀后放在这里的，凶手是想伪装成被害者不慎摔死的假象。”

◆试问：警长为什么这样说呢？

6 军事情报

游戏难度 ✿✿✿✿✿

最佳完成时间 4分钟

某军司令部截获一份秘密情报。经过初步破译得知，下月初，敌军的三个师团兵将分东西两路再次发动进攻。在东路集结的部队人数为“ETWQ”，从西路进攻的部队人数为“FEFQ”，东西两路总兵力为“AWQQQ”，但到底是多少却无从得知。后来，苦思不得其解的密码竟然被一位数学老师破译了。

◆你知道数学老师是怎么破译的吗？

7 粗心的劫匪

游戏难度 ✿✿✿✿✿

最佳完成时间 1分钟

某劫匪在打劫银行前，将他的汽车重新改装以便逃走时不会被人认出是他的车子。

他将原来的白色车身涂成黑色，另外他还把车头的灯和车牌也都一起换掉了。

在打劫时蒙着脸，但是后来警方却凭着目击证人的口供抓住了劫匪。

◆你知道劫匪的破绽在哪儿吗？

8 江洋大盗

游 戏 难 度 ✿✿✿✿✿
最佳完成时间 2分钟

一个规模庞大的珠宝展在国际商贸大厅举行，其中最引人注目的是一粒巨大的钻石，价值超过千万元。

为了防止这粒钻石被人偷去，珠宝商特邀一家防盗公司设计制作橱柜，上有防盗玻璃，可以抵御重锤乃至子弹袭击，不会破裂。同时在会场中有防盗设施如摄像探头等。

在开幕的那天，人山人海，一个男子迅速地走到了玻璃柜前，用一个重锤向柜子一击，玻璃竟然破裂，男子抢去钻石，乘乱逃去。

警方事后到现场调查，发现玻璃的确是防盗玻璃，而摄像头则刚好只拍到盗贼的手，看不见他的真面目。

那么到底谁是盗贼，又用什么方法打破了防盗玻璃呢？警方根据防盗玻璃的特性，很快捉到了盗贼。

◆你能判断出谁是盗贼吗？为什么？

9 智擒盗贼

游 戏 难 度 ✿✿✿✿✿
最佳完成时间 2分钟

华盛顿小时候就聪明过人，在他的家乡威斯特摩兰至今还流传着他智捉盗马贼的故事呢。

有一天，村里的一个孤老爷爷的马被人偷走了。村民们帮忙四处寻找，终于在牲口市场上找到了那匹马。可是，盗马贼死活不承认这是偷来的马。由于马的主人这时又拿不出有力的证据来，盗马贼反咬一口，说村民们诬陷他，说着骑上马就想溜，这时，华盛顿赶来了。他用双手分别蒙住马的眼睛，紧接着问了盗马贼几个问题，很快就诱使盗马贼在众人面前原形毕露，只好承认自己的丑行。

◆那么你知道他问了什么问题吗？

10 智取情报

游戏难度 ✿✿✿✿✿
最佳完成时间 3分钟

在围剿贩毒分子的战斗中，我边防人员一举抓获了一个犯罪团伙。在罪犯的身上，边防人员搜到一张纸条，上写："X日下午6点，货在13区云杉树顶"。边防人员迅速赶到现场查看，这棵云杉高数丈，直插云霄，货物是不可能放在树顶上的。于是他们认真推理这句话的意思，果真在纸条所指定的时间将货物取出。

◆你知道边防人员是从哪里取到货的吗？

11 雪后脚印

游戏难度 ✿✿✿✿✿
最佳完成时间 3分钟

一处悬崖峭壁，屹立在惊涛骇浪的海岸上。大雪纷飞。不一会儿，山顶上就积满了白茫茫的一层白雪。大雪过后，在积雪中清清楚楚地留下了一串男人的脚印，由远处的村庄走到了绝壁跟前……很快这串脚印惊动了警察。但经过调查研究，警察终于揭穿了伪造自杀的假象。

◆请想想，这可能是怎么回事？

12 作案时间

游戏难度 ✿✿✿✿✿
最佳完成时间 3分钟

在作案现场，发现有一堆支离破碎的手表残物。从中发现手表的长针和短针都正指着某个刻度，而长针恰比短针的位置超前一分钟。除此以外再也找不到更多的线索。可有人却从中想到了凶犯作案的时间。

◆你说这个时间该是几点几分呢？

13 吊在半空中的管理员

游戏难度 ✿✿✿✿✿
最佳完成时间 5分钟

当夜总会的侍者上班的时候，他听到顶楼传来了呼叫声。

他奔到顶楼，发现管理员腰部束了一根绳子吊在顶梁上。

管理员对侍者说："快点把我放下来，去叫警察，我们被抢劫了。"

管理员把经过情形告诉了警察："昨夜停止营业以后，进来两个强盗把钱全抢去了。然后把我带到顶楼，用绳子将我吊在梁上。"

警察对此深信不疑，因为顶楼房里空无一人，他无法把自己吊在那么高的梁上，那里也没有垫脚之物。有一部梯子曾被这伙盗贼用过，但它却放在门外。

然而，没过几个星期，管理员因偷盗而被抓了起来。

◆你能否说明一下，没有任何人的帮助，管理员是怎样把自己吊在半空中的？

14 藏尸案

游戏难度 ✿✿✿✿✿
最佳完成时间 5分钟

登山家A的尸体于2月23日下午5时30分被人发现在雪山上的一间小木屋里。赶到小木屋的警察，除了勘验尸体，也一面搜查凶手的行踪！

根据尸体的解剖，其死亡时间在当日1时30分至2时30分。而山庄的老板B表示2时整曾和A通过电话，这样一来，其死亡时间范围更缩小了！

经过调查，涉嫌者有C、D、E三人。他们也都是登山好手，和A同在一家登山协会，听说最近为了远征喜马拉雅山的人选及女人、借款的关系，分别和A发生过激烈的冲突。为了避免火暴场面，三人都换到山庄去住，只留A一人在木屋里。C服务于证券公司，正午时离开小屋，沿着山路下山，5时多到达旅馆。走这段路花5小时20分算是脚程相当快的人，最快的记录是4小时40分。另外服务于杂志社的D和贸易公司的E于1时30分一同离开小屋子。

到一条分岔路时，D就用制动滑翔往下滑，4时整到达山庄。E利用制动滑翔一段距离后，本打算再滑雪下去，怎奈滑雪工具不全，只好走下山，到达山庄已经8时多了。他在上一次登山中，弄伤了腿，所以从滑雪处走到山庄行动不便，全程计算起来至少要花6小时！E说遗失的滑板后来在山庄附近的树林中被发现。

◆他们都和死者一起来登山，所以这3个人中必定有一个是凶手，到底是谁呢？

15 巧妙的自杀

游戏难度 ✿✿✿✿✿
最佳完成时间 3分钟

有一个农夫是基督徒，因为对生活失去了信心，总是想自杀，可是他的信仰又不允许他自杀，于是他想伪装成他杀，作为寻死的办法。他在院子里自杀。几小时后，警察来到现场，发现这个人的头部太阳穴中了致命的一枪，可是尸体旁边没有任何凶器，在十几米外的羊圈里有一把小型手枪，经鉴定，这就是凶器。羊圈里养着十几只羊，羊圈的门并没有打开。死者不可能开枪之后将手枪扔到十几米外的羊圈里，羊也不可能出来将手枪衔进羊圈。警察断定此案属于他杀，可是住在附近的神父却充满了疑惑，因为他知道死者是一个消极的人，总是想自杀。他站在羊圈门口处想了一会，忽然明白了农夫自杀的方法。经过警察的寻找，终于确定农夫的确属于自杀。

◆你知道神父是凭什么判断的吗？

16 精明的探长

游戏难度 ✿✿✿✿✿
最佳完成时间 2分钟

沃克探长是个集邮爱好者，每年都会参加连续举行好几天的集邮者聚会，这样他在举行会议的旅馆3楼租了间房。

这是一幢4层楼的旅馆，大楼的3、4楼全是单人房间，双人房间则在2楼，因为有很多集邮迷在此过夜，旅馆特别在意客人的财产与安全问题。

晚餐前，探长回房间去取烟斗。当他正在房内寻找时，响起了敲门声，探长没有吱声，过一会儿没有关死的门被轻轻推开了，一个年轻人悄悄地进来，当他见到屋内有人时便止住了脚步，结巴地说："对不起，我走错房间了！"探长客气地说："没什么，这是常有的事！"年轻人离开房间后随即上了楼梯。探长在后面注视着他，在年轻人的身影消失后，探长立即打电话报警。

15分钟后，警察赶到旅馆，在探长的协助下，很快就在作案现场逮住了这个年轻人。警察从他身上搜到了偷来的现钞、珍贵的首饰和好几本集邮册，还有私配的钥匙，这一切都证明了这家伙是个贼。

◆那么，探长根据什么立即断定这年轻人是贼？

17 福尔摩斯断案

游戏难度 ✿✿✿✿✿
最佳完成时间 2分钟

苏格兰的冬天不但有冰天雪地的景致，而且还可以在滑雪场上尽情运动，所以许多游客都喜欢到那里过冬，福尔摩斯和华生也是这样，他们准备在苏格兰度过一个惬意的冬天。

这天，福尔摩斯和华生到屋外散步，忽然从树丛后面跳出来一个全身上下湿漉漉的黑衣男人。看到福尔摩斯和华生，他立刻大叫起来："有人落水了，快来救人呀！"

"怎么回事？"华生问。

"我和朋友从结冰的湖面上走过，一块薄冰忽然裂开，我的朋友掉了下去，天啊！我没有拉住他，随后我跳下水去，也没有找到他在哪里，我们快去救他吧！"福尔摩斯和华生立刻和那个男人一起向湖边跑去。他们在冰面上艰难跋涉，看到那个男人的衣服都快结冰了，福尔摩斯连忙把自己的大衣脱下来给他穿上。

半小时以后，他们终于到达了发生事故的地方。经过了这么长时间，破裂的冰层上已经结了一层薄冰，看来失足落水的人已经没有生还希望了。

"杰克，我的朋友，我来晚了！"那个男人扑倒在地，伤心地大哭起来。福尔摩斯拉住他说："省省吧，你这出戏倒是演得不错，可惜却碰上了我们。你虽然精心策划，但还是留下了破绽。"

华生有些不解地问道："死者还没打捞上来，冰层破裂不像人工切割的样子，你怎么判断他的朋友是被害死的呢？"

福尔摩斯微笑着说："不错，冰层的确是自然破裂的，但这并不能说明他的朋友是失足掉下去的。根据我的判断，很有可能是被他杀害以后，扔到水下去的！”

◆你知道大侦探为什么能识破杀人犯的诡计吗？他在哪里露出了马脚？

18 海底谋杀案

游戏难度 ✿✿✿✿✿
最佳完成时间 4分钟

日本有一个世界著名的机构，叫做海洋生物科学院，它坐落在一个美丽的小岛上，是专门为了观察和研究海洋生物而建造的。

海洋生物科学院的实验室有三个研究员，他们专门负责喂养这些海洋生物。每天早上，他们就要穿上厚厚的潜水衣，戴上氧气面罩，慢慢地潜到海底，进入实验室，如果要回到海面上来，仍然要穿戴好潜水设备，缓慢地上升。在上升的途中还要停留4次，每次10分钟。这是因为在这样深的海底，海水的压力太强了，人如果很快地升上来，身体里的内脏就会受不了，导致人立刻死亡。

有一天，该实验室里一个叫村上的研究员被人枪杀了！警方得到消息后，立即派藤井探长前往调查。

藤井探长跟着潜水员，下潜到实验室，展开调查。他了解到，村上死亡的时间，是在17：00左右，当时实验室里还有两个研究员，一个叫中田，一个叫江户。藤井探长分别询问了这两个人。以下是询问的结果。

中田说：“今天是我女朋友的生日，她约我18：00到她家参加她的生日Party。村上请了假，提早下班了。我在16：30离开研究室，村上是17：00被杀害的，我当时已经到了地面，所以，杀手不可能是我。”

江户说：“我17:00的时候，正在给海豚喂食，回到实验室的时候，是17:30，正准备下班呢，看到村上倒在地上，浑身是血。”

根据这两人的口供，藤井探长很快就查出了真凶。

◆那么，你知道谁是真正的凶手吗？

19 背影与领结

游戏难度 ✿✿✿✿✿
最佳完成时间 2分钟

大街上，一个妇女正在大吵大闹。正巧一位警察经过这里。“发生了什么事？”那位民警问。

那人哭哭啼啼地对他说：“我的钱包被人偷走了。我正在路上走着，突然一个男人从我身后跑过来，撞了我一下，走了。后来，我发现钱包丢了。”

“你看见他的长相和穿戴了吗？”

“我只看到了他的背影，没见到长相。好像是个年轻人，我记得他戴着一个黑色的领结。”

“你说的全是假话！”警察严厉地说。

◆警察是怎样判断出她在说假话的？

20 公司行窃案

游戏难度 ✿✿✿⚙⚙
最佳完成时间 3分钟

某公司的保险柜被盗，丢失了大量现金。警察赶到现场，发现保险柜的门被打开了，并且有明显的铁器撬砸过的痕迹。奇怪的是，房屋的门窗都锁着，铁制挂锁也完好无损。

警察问财务人员："门是你打开的吗？"

"是的。我每天早晨总是第一个来，打开锁，然后把钥匙拔下来带在身边，再把打开的锁挂在门环上，为了方便下班后可以直接把锁锁上，不用费事再开一次了。"

"这把锁就一把钥匙吗？"

"对，钥匙多了不安全，所以我把备用的钥匙销毁了。"

"这么说来，其他人没有机会弄到钥匙了。"

◆请问：如果不是财务人员监守自盗，那么罪犯可能采取什么样的作案手段呢？

21 诬告

游戏难度 ✿✿✿⚙⚙
最佳完成时间 3分钟

林肯还是一位律师时，曾受理过一桩奇特的诬告案。当时，被告的罪名是抢劫杀人，但他一直坚称自己是清白的，而证人却一口咬定目睹了被告犯罪。

证人的证词是这样的："7月20日晚上10时，我站在一棵大树后面，亲眼看见被告在离大树西边30米处的草堆旁作案，因为当时月光正照在嫌疑人脸上，所以我看得非常明白，就是他。"听起来证人的话似乎没有破绽，但林肯却根据这一证词判定证人犯了诬告罪，而将被告无罪释放了。

◆你能推测出林肯做出这样判决的根据吗？

22 纵火案

游戏难度 ✿✿✿✿✿
最佳完成时间 5分钟

有一个画家住在森林深处。这一天，他准备去旅行，于是就给自己的房子投了巨额保险，把猫留在家里就走了。在他外出的第十五天，就接到了电话说房子着火了。因为后来下了一场大雨，只是烧掉了房子和猫，没有烧掉整个森林。

火灾专家从着火现场看，小猫被关在密封的房间里，没有洞可以钻出去而被烧死。起火点是一楼铺着6张席的房间，房间里没有任何火源，也没有漏电痕迹，煤气开关紧闭。地上有个破碎的鱼缸，在烧焦的席子上发现熟石灰，于是火灾专家认定这是纵火案。

◆那么是谁放的火呢？

23 上当的侦探

游戏难度 ★★☆☆☆
最佳完成时间 2分钟

在一幢公寓的大厅前，侦探和女盗相遇。女盗向侦探打招呼："探长！好久不见。您来此办事呀？"

侦探答："我把记事本忘在地下三楼了，正要去取。你呢？"

"哎呀，我也是呀，我的通讯录忘在了三楼。怎么样，亨利先生，咱们来个比赛吧！"

"比什么？"

"不乘电梯，看咱们谁先取回东西回到正门。"

"好吧，那就来吧。"

于是两个人同时奔向楼梯口，侦探却忽然停住了脚步，说："糟了，中计了，我输定了。"

◆请问：为什么侦探会这么说呢？

24 雨后的鞋印

游戏难度 ★★★☆☆
最佳完成时间 3分钟

3个月前森林公园里发生了一起惨案，在一个雨夜，两名巡警被人袭击，他们的尸体在第二天才被发现，当时已经天晴了。大雨清除了凶手留下的所有证据，警方在现场只找到一个陷在泥土里的鞋印。警方立刻搜查了整个森林公园，在1平方千米以内，只有吉恩一个人声称自己是被大雨困住了。警方马上把吉恩的鞋子和取得的鞋印石膏模型作对比，发现完全吻合。虽然这种款式的鞋子有很多人穿，但是大小完全相同、又同时出现在犯罪现场的可能性非常小。加森探长说："现场只有他一个人，鞋印又完全吻合，他也没有不在现场的证据，这个案件他是嫌犯没什么疑问。"警官依洛却说："我认为恰恰相反，你所说的关键证据——鞋印，其实只能证明吉恩是清白的！"

◆依洛为什么说鞋印其实能够证明吉恩的清白呢？

25 自杀还是谋杀

游戏难度 ⚙⚙⚙⚙⚙
最佳完成时间 4分钟

某天夜里，富翁伯顿先生被发现死在他的书房里，从现场来看，他很可能是自杀。现场是这样的：伯顿先生右手握着手枪；一颗子弹击中头部，人倒在地毯上。桌上摆着一台电扇和一份遗书。遗书说因丧偶后难耐孤独而自杀，要去天堂和妻子相会了。伯顿先生很爱他的妻子是众所周知的，妻子生前几乎与他寸步不离。他们夫妻俩每天早上都要去公园锻炼身体，傍晚携手到花园散步，是一对恩爱情侣，一年前伯顿先生的妻子突发疾病死亡，这让伯顿先生万分痛苦，他经常独自一人去妻子墓前表达哀思，常常一坐就是很长时间。

警官皮特赶到现场进行调查。他在现场看到，电风扇的线已经从墙壁上的插座上拔出，被压在伯顿先生的尸体下。“是伯顿先生从椅子上翻倒时碰脱的？”皮特心里产生了疑问。他将电线从伯顿先生的尸体下小心翼翼地抽出，将插头插入墙壁上的插座里，电风扇的开关是开着的，所以电扇又转动了起来。电风扇产生的强烈气流把桌子上伯顿先生的遗书吹到了地上。皮特弯腰捡起地上的遗书，肯定地说：“这不是自杀，是他杀！凶手在谋杀伯顿先生后，将仿造的遗书放到桌面上，然后逃离了现场。”

◆你知道皮特为何如此判断吗？

26 白纸遗嘱

游戏难度 ⚙⚙⚙⚙⚙
最佳完成时间 3分钟

作曲家简和音乐家库尔是一对盲人朋友。简病危时曾请库尔来做公证人，立下一份遗嘱：把简一生积蓄里的一半财产捐给残疾人福利机构。随即让他的妻子来拿笔和纸以及个人签章。他在床头摸索着写好遗嘱，装进信封里亲手密封好，郑重地交给库尔。库尔接过遗嘱，立即专程送到银行保险箱里保存起来。一星期后，简死于癌症。在简的葬礼上，库尔拿出这份遗嘱交到残疾人福利机构的代表手中。但当那位代表从信封中拿出遗嘱时，发现里面竟然是一张白纸。

库尔根本无法相信，简亲手密封、自己亲手接过并且由银行保管的遗嘱会变成一张白纸！这时来参加葬礼的尼克探长却坚持认定遗嘱有效。众人都疑惑不解地看着尼克探长，期待着他的解释。

◆你认为探长会怎么解释？

27 宝石藏在哪儿

游戏难度 ★★★☆☆
最佳完成时间 3分钟

夏季的一天，女盗梅姑乔装改扮，混进珠宝拍卖会场，盗出2颗大钻石。回到家，她马上将钻石放在水里做成冰块放在了冰箱里。因为钻石是无色透明的，所以藏到冰块里，万一有警察来搜查也不易被发现。

第二天，矶川侦探来了。“还是把你偷来的钻石交出来吧。珠宝拍卖现场的摄像头已将化装后的你偷盗时的情景拍了下来，虽然警察没看出是你化的装，但你瞒不过我的眼睛，一看就知道是你。”矶川侦探说。

“如果你怀疑是我干的，就在我的家搜好了，直到你满意为止。”梅姑若无其事地说，“今天真热呀，来杯冰镇可乐怎么样？”

梅姑说着从冰箱里拿出冰块，每个杯子放了4块，再倒上可乐，递给矶川侦探一杯。将藏有钻石的冰块放到了自己的杯子里，即使冰块化了，钻石露出来，在喝了半杯的可乐下面也是看不出来的，矶川侦探怎么会想到在他眼前喝的可乐中会藏有钻石呢，梅姑暗自得意着。

“那么，我就不客气了。”矶川侦探接过杯子喝了一口，下意识地看了一眼梅姑的杯子，“对不起，能换一下杯子吗？”“怎么！难道怀疑我往你的杯子里投毒了吗？”“不，不是毒。我想尝尝放了钻石的可乐是什么味道。”矶川侦探一下子从梅姑手里夺过杯子。

◆冰块还没溶化，那么矶川侦探是怎么看穿梅姑的可乐杯子里藏有钻石呢？

28 情报

游戏难度 ★★★☆☆
最佳完成时间 3分钟

一天，福特探长来到金冠大酒店，他发现这里喝酒的人中有一伙人正是国际刑警组织在通缉的一伙在逃犯。由于这伙罪犯不知道福特的真实身份，所以谁也没注意他。为了迅速捉拿这些人，探长便用电话通知警方。探长装着和女朋友通电话，这伙人听到的电话内容是这样的：“亲爱的罗莎，您好吗？我是福特，昨晚不舒服，不能陪您去夜总会，现在好多了，全亏金冠大酒店经理上月送的特效药。亲爱的，不要和目标生气，我们会永远在一起的，请您原谅我失约，我的病不是很快就好了吗？今晚赶来您家时再向您道歉，可别生我的气呀！好吧，再见！”

这伙人听了大笑不止，可是5分钟后，警方突然出现在他们面前，他们不得不举手投降。

◆请问，福特是如何向警方提供情报的？

29 盛开的牵牛花

游 戏 难 度 ❁❁❁❁❁
最佳完成时间 3分钟

侦探哈利赶到加州女子住宿学校时，劫持案已经发生了。有人在学校后面长满牵牛花的小溪边发现了玛丽小姐的图画夹和写生用的其他用品，草地里还有从玛丽小姐外衣上掉下来的一粒纽扣。

在案发现场不远处，有汽车停留的痕迹，根据车轮轧过的印迹，可以知道这是一部“雷诺牌”快速越野车。据守门人反映，这天有两部这种越野车进出大门，一部是上午8时出门向东驶去，一部是上午10时出门向西驶去。到底应该向哪个方向追捕劫持犯呢？

哈利询问在场的住宿生，得知她们最后一次看到玛丽小姐是早晨7点钟，那么，这两部越野车都有可能成为作案工具，必须弄清罪犯作案的时间。

哈利取过玛丽小姐的画夹，上面只画了几朵盛开的牵牛花，未画藤和叶。哈利立即对跟在身旁的警官说：“案发时间知道了，你们立即……”

◆请问，哈利他们将朝什么方向追捕？为什么？

30 凶宅后门

游 戏 难 度 ❁❁❁❁❁
最佳完成时间 1分钟

弗纳把布伦顿吊死在阁楼上，这件事他干得干净利落。

这座带有阁楼的房子是布伦顿几天前才租下的，而今竟成了他人生旅途的终点站，这是布伦顿租房时始料不及的。

弗纳又把阁楼检查一遍，觉得现场伪造得天衣无缝，看不出一丝破绽了，这才下楼准备把前门封上。可意外的是，门上的锁坏了，这使他颇感沮丧，而且心里有点慌乱。

还是迅速离开这里为妙，他想，同时他用显得有些惊恐的目光向外看去。门外不远处，就是一片茂密的树林，几分钟之后，弗纳的身影便消失在树林中了。两个小时之后，弗纳已经坐在大侦探德里克的车里，行驶在通向布伦顿住房的途中。

弗纳对德里克博士说：“自从布伦顿离婚以来，他的心情一直抑郁不快。我早就想看望他，可是谁都不知道他在哪里。今天，他突然给我来电话，我才知道他的新住址。从他在电话里所讲的话，我觉得他对生活失去了信心，有轻生的念头，所以我才想到和你一同来看望他，我们和他好好谈谈。”

“他在电话里说，他住在特拉华大街621号，一座白色的房子里。”

“就在这儿，到了。”

德里克博士先下了车，发现房子的前门半开着。他走进房间，打开电灯。5分钟之后，他们在阁楼里找到了布伦顿，可他已经死了。当他们默然注视尸体时，楼下的房门响了一声。

还没等德里克有所反应，弗纳已抽身向楼下的后门奔去。在后门那里，站着一个十几岁的小姑娘。

“妈妈让我把这瓶奶还给布伦顿先生。”小姑娘说。

德里克冷冷地看着弗纳：“不必再演戏了，弗纳先生！”说完，叫来警察将弗纳逮捕了。

◆请问，弗纳在哪里露出了破绽？

31 骨灰盒里的钻石

游戏难度 ✿✿✿✿✿
最佳完成时间 5分钟

1990年5月10日上午9点30分。

豪华的“冰山”号大型游艇正在河上逆流而上，突然，身穿丧服的夏尔太太急匆匆地找到船长说：

“糟了，我带的一只骨灰盒不见了！”

船长听了夏尔太太的话，不以为然，他笑着对她说：“太太，别着急，好好想想看。骨灰盒恐怕是没有人会偷的吧！”

“不，不！”夏尔太太额头冒汗，连连解释，“它里边不仅有我父亲的骨灰，而且还有3颗价值3万马克的钻石。”

船长听罢原委，立即对游艇上所有进过夏尔太太舱房的人进行调查，并记录了如下情况。

夏尔太太的女友弗路丝：9点左右进舱同夏尔太太聊天；9点零5分，因服务员安娜来整理舱房，两人到甲板上闲聊。

夏尔太太本人：9点10分回舱房取照相机，发现服务员安娜正在翻动她的床头柜。夏尔太太恼怒地斥责了她几句，两个人争吵了10分钟，直到9点20分，9点25分，女友弗路丝又进舱房邀请夏尔太太去甲板上观赏两岸风光，夏尔太太因心绪不佳，没有答应。

到了9点30分服务员离开后，夏尔太太发现骨灰盒不翼而飞……

如果夏尔太太陈述的事实是可信的，

那么，盗贼肯定是安娜与弗路丝两个人中间的一个，但是无法肯定是谁。正在为难之际，有个船员向船长报告说：“我隐约地看见在船尾的波浪中有一只紫红色的小木盒在上下颠簸。”

船长赶到船尾一看，果然如船员所说。于是，他当机立断，下令返航寻找。此时是10点30分。到11点45分终于追上了那只正在江面上顺流而漂的小木盒，立即把它捞了上来。

经夏尔太太辨认，这个小木盒正是他父亲的骨灰盒，可是骨灰盒中的3颗钻石却没有了。

这时，船长又拿出了笔记本，细细地分析刚刚记录下来的情况，终于断定撬开骨灰盒窃取了钻石，然后将骨灰盒抛入大江的人是谁。

破案的结果，同船长得出的结论是完全一致的。

◆你知道这些钻石是谁偷的吗？

32 杀人蜂

游戏难度 ★★★☆☆
最佳完成时间 3分钟

一位日本商人死在院子里一棵大树下的椅子上，地上丢着两个空啤酒罐和一些日本报纸。警察立即赶到现场。这里的管家指着尸体对警察说：“主人是在凉爽的树阴下一边喝着啤酒，一边看报纸，不巧被毒蜂蜇了。你瞧，他胸部还有被毒蜂蜇过的痕迹。”所谓毒蜂是一种蜜蜂，它的产蜜量要高出普通蜜蜂的好几倍，但它的毒性很大，一旦被这种蜜蜂蜇了，再强壮的汉子也会死掉，所以它被称为杀人蜂。

“就算是被毒蜂蜇了，从他没来得及逃进屋里的状况看，大概是喝了啤酒醉醺醺地昏睡过去了。这附近有毒蜂窝吗？”当警察对周围一带调查了一番之后，发现邻居的一家空房的院子里有一棵大洋槐树，树上有个很大的毒蜂窝，挂在树叶遮掩的树枝上。

当时已经是夕阳西下的时候，毒蜂都钻进了蜂窝里。警察轻手轻脚地走到跟前一看，发现在另一个树枝上挂着一架日本制的微型录音机。“这种地方，谁会把录音机丢在这儿？”警察取下录音机，把磁带倒回后一放，是盘音乐带。警察听了一会儿，突然想到什么，马上断定说：“这个日本商人不是在院子午睡时偶然被毒蜂蜇死的，这是巧妙地利用毒蜂作案的他杀案。”

说完，他又把录音机依旧放回原处，并隐藏在院子里的树丛中耐心地监视着。晚上9点多钟，闪出一个身影，接近洋槐树，要取下录音机。

“喂！不许动，你因杀人嫌疑被逮捕了。”警察迅速跳出来追上欲逃跑的罪犯并将其抓获。这个罪犯是在被害人手下工作的当地人，因贪污贷款行为将败露而作案杀人。

◆可是，尽管如此，这位警官为什么只听了一会儿音乐，就能果断地识破罪犯的诡计呢？

33 别墅惨案

游戏难度 ★★★☆☆
最佳完成时间 3分钟

一天上午，杰克和约翰去看望住在郊区别墅的金姆森太太。平常他们要进去都要按门铃，今天的门却是虚掩着的 。 杰克和约翰推开门进去，在一楼餐厅里发现了金姆森太太的尸体，看上去，她已经遇害十多天了。她是在用餐的时候遭到突然袭击的，一柄尖刀贯穿胸口，瞬间夺去了她生命。凶手随后洗劫了整幢别墅。

杰克和约翰伤感地坐在别墅前面的台阶上，送来的报纸堆满了整级台阶，而订阅它的人永远不会再读报了。别墅的台阶下，还放着两瓶早已过期的牛奶，也是金姆森太太定的。

◆聪明的杰克看到以后，花了5秒的时间就知道了凶手是谁，你知道吗？

34 船长是何时被害的

游 戏 难 度 ✿✿✿✿✿
最佳完成时间 5分钟

上午9点左右，迪克来到海边散步，赫然看见一艘小帆船倾斜在沙滩上，此时是退潮的时候，迪克愈想愈奇怪，于是就走近帆船。走到船边的时候，他对着船舱大声喊了几声，可是并没有人回答。这么一来，迪克就更好奇了，他沿着放锚的绳子爬到甲板上，从甲板的楼梯口往阴暗的船室一看，呈现在眼前的是一个躺在血泊中的人，胸前插着一把短剑，看样子是被刺死的。此人正是该船的船长。

这位船长的手中紧握着一份被撕破的旧航海图的一角，在他躺卧的床头上，还竖着一根已经熄灭的蜡烛，蜡烛的上端呈水平状态。也许船长是点燃蜡烛在看海图时被杀害的，凶手杀死船长后就吹熄了蜡烛，夺去航海图才逃跑的。迪克认为这是一宗谋杀案，事关重大，于是马上报了警。

警察来了以后开始寻找线索。“这艘船大约是昨天中午停泊在此处的，船舱里白天也非常阴暗，所以，即使在白天看航海图也需要点蜡烛，因此船长被害的时间并不一定是晚上。可是船长到底是何时遭到毒手的呢？”警察们一面查看尸体，一面讨论着。

“船长被害的时间，就是在昨晚9点左右。”迪克干脆利落地说道。

◆请问，迪克根据什么而做出如此大胆的判断呢？

35 消失的凶器

游 戏 难 度 ✿✿✿✿✿
最佳完成时间 3分钟

一具女尸在沙漠腹地被人发现。死者随身携带的首饰和钱包被洗劫一空，一只丝袜也被凶手扯下来扔在一边。验尸官报告说受害者是由于头部受到钝器击打而死。警察搜查附近的村落，抓住了嫌疑犯，但是由于找不到嫌疑犯使用的凶器，始终无法定罪。案子被移交给了更高一级的法院。接手此案的是个有丰富经验的法官，他仔细阅读了关于案件的材料，最后找出了嫌疑犯的作案方式和凶器，嫌疑犯只得认罪伏法。

◆凶器究竟是什么呢？

36 伪造的遗书

游戏难度 ✲✲✲✲✲
最佳完成时间 3分钟

有位老人十分喜欢小鸟，所以他在树林深处建了一幢别墅，并在别墅里挂了许多鸟笼，里面养着各种各样的鸟。

一天，他的一位多年未见的朋友前来拜访他时，发现他死在家中，便立即报了警。刑警来到现场，发现一张字迹潦草的遗书，说他是服用了大量的安眠药而自杀的。但是，当刑警环顾四周时发现，室内有很多鸟笼，笼内的小鸟还在欢快地啼叫着。他的朋友向刑警介绍说，死者三年前当了爱鸟协会会长。

听了这话，刑警果断地下了结论：“如果是那样的话，则是他杀，遗书是伪造的。

◆问：警察是根据什么说出这番话的?

37 移花接木

游戏难度 ✲✲✲✲✲
最佳完成时间 3分钟

晶晶死在卧室里，尸体是被来访的记者朋友发现的。他立刻拨打了110，警察和法医以最快的速度赶到了现场。

大约过了一个小时。“死因和死亡时间出来了吗？”警察问法医。

“是他杀，大概已经死了二十三四个小时了，但现场没有作案的痕迹。”法医回答。

“那就奇怪了。”

警察忽然注意到桌子上的蜡烛在燃着，他顺手打开日光灯，却发现停电了。猛然，他意识到了什么。

“原来这尸体是从别处移过来的。”

◆请问，警察是凭什么做出推理的?

38 烟头作证

游戏难度 ✲✲✲✲✲
最佳完成时间 3分钟

米勒先生原来是一名美术教师，后来终于成名了，成为了一位著名的画家。这么多年来，米勒只要一有空，就叼根香烟埋头作画。他觉得如果作画时不吸烟就没有什么灵感，尽管吸烟经常让他咳嗽。

一个周日的上午，米勒先生接到一个电话，对方说：“您好，我是保险公司的业务员，想占用您一点儿时间……”虽然不太愿意，不过也没有推辞，米勒先生就和那个业务员约定了下午2点在米勒家中见面。

米勒先生刚刚放下电话，电话又响了起来。米勒一接，是他的一个老朋友，就和对方也约在了下午见面，一起喝茶聊天。

然而，就在这天下午，米勒先生却被发现死在了家中。亨利探长到了一看，发现屋中的烟灰缸里有几只烟头，门口也有一只吸了一半的烟。另外，他还了解到这天下午来过两个人，一个是保险公司的业务员，另一个就是米勒的朋友。亨利想了想，就知道谁是凶手了。

◆那么，你能猜到谁是凶手吗?

39 奇怪的手枪

游戏难度 ✿✿✿⚙⚙
最佳完成时间 3分钟

一天，有5个手持左轮手枪的匪徒从岛根的一家银行向西逃窜。银行的警卫队长田中闻讯，立即驱车追赶。保安部的高桥见状也带领几个警卫驾车追赶。

追着追着，一阵激烈的枪声将他们带到了一条小山沟。等赶到时，只见5个匪徒都倒在地上死了，而田中的左臂也受了伤。高桥赶忙从地上捡起被抢的箱子，扶着田中一起回来。当晚，大家为田中举行庆功会，并让他讲讲事情的经过。

田中带着几分醉意走上台，说："我追上的时候，他们正准备分赃。忽然一个放风的匪徒发现了我，向我开了2枪，打中了我的左臂。我看准机会冲过去，抢了他的枪，一枪把他打死，然后躲在石头后面，又连开4枪把其余的匪徒都打死了，这时救援的人就到了。"

话音未落，只听高桥说："别演戏了，你和那些匪徒是一伙的！"

◆经过审问，田中和那5个匪徒果然是一伙的。那么，高桥先生是怎么知道的呢？

40 美术馆的盗窃犯

游戏难度 ✿✿✿⚙⚙
最佳完成时间 3分钟

八目国立美术馆里正在举办重要的美术展览，许多世界著名作品都集中在这里，而且要展出一周。来自世界各地的人纷纷来到这里参观。

美术馆每天都有人排着长队，热闹非凡，但是美术馆的保卫部门却十分紧张，生怕出错。他们得到一个情报：有一个国际盗窃集团正准备对美术馆下手。为了加强保卫工作，警卫全部取消休假，昼夜巡逻。

一天下午，天正下着大雨，有个盗窃犯买了门票走进了美术馆。他似乎对每个展品都很感兴趣，看得非常仔细，停留了很长时间。实际上他是在察看地形。美术馆关门的铃声响了，游客们纷纷离开，他就悄悄地躲进厕所，爬到上面的水管上。到了半夜，他从厕所里出来，摸清了警卫巡逻的规律，趁警卫两次巡逻的间隙，偷走了一幅世界名画，然后又回到了厕所里。

第二天一早，美术馆开门了，参观的人蜂拥而入。盗窃犯从厕所里出来，混在参观的人群当中准备逃跑。外面还在下着雨，他就打开了伞，准备走出去。就在这时，一个警卫拦住了他，说："你昨天晚上躲在美术馆里干什么？"窃贼大吃一惊。

◆那么，警卫是根据什么判断窃贼在美术馆里待了一夜呢？

41 博尔思岛上的抢劫

游戏难度 ✿✿✿✿✿
最佳完成时间 5分钟

一天，博尔思岛上的法庭开庭审理一起发生在岛上的抢劫案。法庭上的关键人物有三个：被告、原告和被告的辩护律师。

以下断定是可靠的线索：

(1) 三人中，一个是骑士，一个是无赖，一个是外来居民，但不知道每个人的对应身份；

(2) 如果被告无罪，那么罪犯是被告的律师或者是原告；

(3) 罪犯不是无赖。

在法庭上，三个人分别作了以下的陈述——

被告说："我是无辜的。"

被告的辩护律师说："我的委托人确实是无辜的。"

原告说："他们都在撒谎，被告是罪犯。"

这三个人的陈述确实是再自然不过了。法官经过认真考虑，发觉上述信息还不足以确定谁是罪犯，于是请来了当地有名的大侦探。

了解了全部有关信息后，大侦探决心把此案弄个水落石出，即不但要弄清谁是罪犯，还要弄清谁是骑士，谁是无赖，谁是外来居民。

重新开庭时，大侦探首先问原告："你是这一抢劫案中的罪犯吗？"原告做了回答。大侦探考虑了一会儿，然后问被告："原告是罪犯吗？"被告也做了回答。这时，大侦探对法官说："我已经把事情都弄清楚了。"

◆想想看：谁是罪犯？骑士、无赖和外来居民各是谁？在思考这个案件时，你面临的挑战看来比大侦探更大，因为你并不知道大侦探向原告和被告提的两个问题的答案，而大侦探知道。（博尔思岛上的土著居民分为骑士和无赖两部分，骑士只讲真话，无赖只讲假话。）

42 杀手的失误

游戏难度 ✿✿✿✿✿
最佳完成时间 3分钟

一天晚上，一个杀手奉命去杀害宇宙商业集团的会长。杀手悄悄地潜入会长位于郊区的别墅，并且进入了会长所在的书房。当山田会长发现有人进入他的房间的时候，手枪已经抵住了他的头。尽管会长把所有的钱都给了杀手，可是杀手还是扣动了扳机。然后，杀手在会长手里放了一把枪，并且把自己的指纹和足迹都擦掉了，伪装成会长自杀的样子，之后才离开。

第二天，有人发现了会长的尸体。最近，山田会长由于挪用巨额资金，导致宇宙集团面临倒闭的危险，并遭到大批股民的诘难。所以躲到别墅自杀的说法也有很高的可能性。

可是，警方在调查后，得出结论：山田会长是他杀而不是自杀。

◆那么，警方是根据什么得出的结论呢？

43 散落的玻璃碎片

游 戏 难 度 ✿✿✿✿✿
最佳完成时间 3分钟

一大早，老板就发现办公室保险柜里的5000万元现金被人偷走了，于是赶紧打电话报案。警长赶来后发现小偷似乎是将玻璃窗打碎后，从窗户跳进来作的案，因为满地都是碎玻璃碴子。警长叫来公司当天值夜班的A询问情况。A说："半夜零点我还查看了一圈，窗子锁得严严实实，窗帘也拉得好好的，便放心地回去了。小偷一定是零点以后作的案，因为我们公司紧邻铁路，小偷大概趁过火车的时候打碎了玻璃，利用火车巨大的声响来掩盖玻璃碎裂的声音。"

◆警长听后，立即锁定A就是嫌疑人。请问，你知道A的破绽在哪里吗？

44 奇怪的爆炸案

游 戏 难 度 ✿✿✿✿✿
最佳完成时间 3分钟

瑞典首都斯德哥尔摩是炸药发明者诺贝尔的出生地。一天，在其市内发生了一起奇怪的爆炸事件。一个单身的音乐家刚从外面回到家里，在二楼的房间里练习小号时，室内突然发生爆炸，音乐家当即死亡。

警察勘查现场时发现窗户玻璃碎片里还掺杂着一些薄薄的玻璃碎片，可能是乐谱架旁边的桌上装着火药的一个玻璃杯发生了爆炸。奇怪的是室内并没有火源，也找不到定时引爆装置的碎片。如果不是定时炸弹，为什么定时引爆得那么准确呢？真不可思议，根据邻居的证言，爆炸前死者是在用小号练习吹高音曲调。

于是，警察马上就识破了罪犯的手段，真不愧是炸药大王诺贝尔故乡的警察呀！

◆那么，你知道炸药是如何引爆的吗？

45 难倒警察

游 戏 难 度 ✿✿✿✿✿
最佳完成时间 4分钟

某地，曾发生过一起疑案：一个被杀的尸体躺在床上，法医在检查现场时，竟从没有血迹的枕套上验出了血型。开始他们以为是被害者的唾液等分泌物沾在上面造成的，但用抗原体检验后，发现了A型和B型两种抗原，无法确定是A型、B型、AB型的哪一种，而被害者是O型血。警察们绞尽脑汁，百思不得其解。

一波未平，一波又起。在该地中部，有一次警察在撞伤人的车轮上验出了O、A、B几种血型，这辆肇事车是撞伤人后仓皇地逃窜到山村的小路上，才被警察抓获的。这是怎么一回事？难道这辆车出过不止一次事故？警方面对前后两个谜，前往警察科学研究所求教，这才找到了答案。

◆你能猜出问题出在哪儿吗？

46 狮子的微笑

游戏难度 ★★☆☆☆
最佳完成时间 2分钟

马戏团的狮子和女驯兽师合作过无数次，每次女驯兽师在演出时把头伸进它的嘴里，它都很配合，从不弄伤女驯兽师。而在这一天，当女驯兽师把头伸入狮子嘴里时，狮子做出了一个仿佛是微笑的表情，随后便一口咬碎了她的头。在表演前，狮子吃过许多肉，所以不可能是因为饥饿。狮子也不可能是在发情期，因为马戏团是不会让处于发情期的猛兽上台表演的。

◆那么，狮子在咬死女驯兽师前的微笑表情，又是怎么回事呢？

47 台风

游戏难度 ★★☆☆☆
最佳完成时间 2分钟

海边的H市某天晚上受到台风和暴雨的袭击。

第二天早晨，在公园发现一具男尸，浑身湿淋淋地趴在地上，旁边还有一顶死者的帽子。现场没有留下任何痕迹，更找不到目击证人。

经验尸，死亡时间已经超过20个小时。警员断定，这不是凶杀现场，死者是被人由别处搬运来的。

◆警员是根据什么下此结论的呢？

48 新干线上的抢劫案

游戏难度 ★☆☆☆☆
最佳完成时间 1分钟

在从神户开往横滨的新干线列车上，价值5000万日元的旧纸币被洗劫一空。案发时间是凌晨2点左右。负责押运纸币的安全队长安田头部受伤。经验丰富的日暮警官奉命调查此案，在案发的第3节车厢的5号包厢里发现了2根吸了一半的香烟。

日暮问案发时候的情况，安田说：“我从上车开始就没有离开过这个包厢半步。凌晨2点左右，忽然有2个人闯了进来。他们一高一矮，都蒙面，只是露出眼睛。没有等我反应过来，他们就把我打倒在地，用枪指着我的头，然后就用什么东西把我打昏了。我醒来的时候就发现钱不见了，就报了案。”日暮警官问：“地上的烟头是你丢的吗？”安田回答说：“不是，是他们两个丢的。”日暮警官说：“既然是这样，那么我就知道谁是犯人了。”说完就让手下把安田抓了起来。

◆你知道日暮警官为什么要抓安田吗？

49 假口供

游戏难度 ✿✿✿✿✿

最佳完成时间 2分钟

A是一个嗜酒如命的人。这天早上8点左右，B发现他倒毙在房中，于是马上报案。警探立即来到现场，仔细观察了案发现场，看到桌上有一瓶啤酒，A的手中还握着一杯酒，酒还有气泡，而他的头则被人用硬物打了一个大洞，淌了很多血。他是躺在血泊中死去的。

B向警员作了如下的口供："今天凌晨3点左右，我还在睡觉，隐约听到A的房间传出吵声，后来又传出打斗声。但是我太疲倦，就没有起来去看个究竟，之后再没有听见声音了。我很快就睡熟了，直到8点多起床后，想起半夜的打斗声，我才走到A房中，结果就见到这种情况。"

警员听完后立即说："你是在作假口供。"

◆请问，警员是如何确定B在作假口供的？

50 特工如何被杀

游戏难度 ✿✿✿✿✿

最佳完成时间 2分钟

在一间高级的餐厅里，有一位很文静的小姐在吃西餐。她喝了男服务生拿来的汤后，赶快叫男服务生拿一杯水来。男服务生拿来后，她一口气喝完，接着请他再送一杯来。不久男服务生又拿来一杯水，那位小姐喝了两杯水后死去了。

大批警察到场调查，证实死者是死于中毒，而且是一种剧毒。但化验过死者餐桌上的一切食物、饮料和器皿，都没有毒。警方经过进一步调查，发觉死者原来是某国一名特工，因为被另一国的特工发现，必须要置她于死地，因此遭毒杀。

◆杀人的特工是谁？他用什么方法下的毒呢？

51 死亡气体

游戏难度 ✿✿✿✿✿

最佳完成时间 2分钟

小明做了一个实验，结果却让他大吃一惊。以下是实验情况：

实验所用材料：两只玻璃杯，清水，汽水，窗纱，苍蝇，火柴。

实验步骤：

①分别在两个玻璃杯中注入清水和汽水，用窗纱做一个小盒子，抓两只活苍蝇装入盒。

②把装有苍蝇的网盒放入装有自来水的杯子中，让它接近水面，盒中苍蝇不受任何影响，还能在盒中活蹦乱跳。

③把装有苍蝇的网盒放进盛汽水的玻璃杯中，也让它接近液面，这时奇怪的现象出现了：盒里的苍蝇变得极不安宁，拼命挣扎，好像难受极了，过不了一会儿，就伸伸腿死去了。

④我们把点燃的火柴放在自来水的水面上方，火柴继续燃烧；把正在燃烧的火柴放在盛有新鲜汽水的杯子的水面上，燃烧着的火柴却立即熄灭了。

实验结果很明显，放进的苍蝇死了，燃烧的火柴熄灭了。

◆请问，这究竟是怎么回事呢？

52 足球

游戏难度 ✿✿❀❀❀
最佳完成时间 2分钟

某大毒枭连闯四国，马上就要将价值不菲的海洛因带进毒品价格最高的X国了。为了顺利通过机场的安检，他把毒品藏在一只新足球内，足球上有好几个世界著名球星的英文签名。他认为这样一个有着世界球星签名的足球，肯定不会有人怀疑里面藏着毒品。不巧的是，他在机场遇到了一位缉毒专家。专家只看了一眼足球，甚至都没有掂一掂足球的分量，就怀疑足球有问题，并请大毒枭到毒品检查站去一趟。

大毒枭又吃惊又着急，大声说："世界球星签名的足球，能有什么问题呀？"

◆如果你是专家，你是怎么看出足球有问题的呢？

53 偷钱者的疏忽

游戏难度 ✿❀❀❀❀
最佳完成时间 1分钟

一艘日本货船在航行。船长离开房间5分钟，抽屉里的钱就不见了。船长很快就锁定了甲、乙、丙三个嫌疑人。

船长分别问他们同样的问题："你刚才到我房间去过吗？"他们的回答如下：

甲说："去过。我送报表去，见你不在房间，我就走了。"

乙说："我刚才看见你的抽屉开着，正要找你报告呢。"

丙说："5分钟前我在船尾。我看见我们国家的国旗挂倒了，就爬上去挂正了。"

船长抬头看看国旗，立即断定丙在说谎，并说出了理由让丙认罪。

◆请问，船长为什么断定是丙偷的钱呢？

54 手印

游戏难度 ✿✿✿❀❀
最佳完成时间 3分钟

某旅馆发生了一起杀人案，一个独身女性在五楼的房间里被人用刀刺死。警察第一时间来到案发现场，发现墙壁上清晰地印着一个沾满鲜血的手印，可能是凶手逃跑时不留神将沾满鲜血的右手按到了墙壁上。"五个手指的指纹都很清晰，这就是有力的证据。"一个年轻的警察说，说着就掏出放大镜准备仔细观察这个手印。恰好这时候走廊里路过一个老头，嘴里叼着大烟斗，冲着年轻的警察笑，说："警察同志，那手指印一看就是假的，是罪犯为了蒙骗警察，故意弄了个假手印，沾上被害人的血，像盖图章一样按到墙上后逃走的。请不要上当啊。"老头认真地说。警察吃惊地反问道："你怎么知道手印是假的呢？你亲眼看到凶手了？"

"我没有亲眼看到凶手，但是我可以把右手的手掌贴在墙上按个手印给你看看。"说着，老头迅速地将手掌贴到了墙上。警察看后，才确信老头的话是真的。

◆请问，你知道老头为什么一眼就看出那个手印是假的吗？

55 越狱

游 戏 难 度 ✿✿✿⚙⚙
最佳完成时间 3分钟

犯罪分子甲被法院处以终身监禁，关押在某国看守和保安系统最先进的监狱里。监狱里面给他安排了一间单人牢房，条件不错，有看书、睡觉的地方，还有一间独立的厕所。甲在这里表现也很好，从不违反规定。

可令人费解的是两年后的一天晚上，他竟然失踪了，也可以说，他越狱逃跑了。狱警在他的床底下找到了一条通往监狱外长达20米的地道。根据警方测算，挖一条如此长的地道，要挖出的土可达7吨，可警方连一捧土都没找到，难道他把土吃了不成？

狱警马上请来了著名侦探麦克斯。麦克斯来到监狱后，经过仔细勘察，找到了甲越狱的证据。

◆麦克斯找到的谜底是什么呢？

56 后视镜里的车牌号

游 戏 难 度 ✿✿⚙⚙⚙
最佳完成时间 2分钟

在回家的路上，王强从后视镜里目击了一件交通肇事案件，肇事者在撞伤人之后立刻逃走。后来警察局寻找目击证人，王强听说后，主动来到警察局说明当时自己看到的真实情况。

“你看清楚了肇事者的车牌了吗？”警察问。

“看清楚了，是18AV018。”王强十分坚定地说。

◆**经过调查，王强提供的这个车牌号是一个空号。当警察把这个结果告诉王强时，王强感到很疑惑，他明明记得看到的就是这个车牌号，现在怎么成了空号了呢？**

57 藏邮票的地方

游 戏 难 度 ✿✿⚙⚙⚙
最佳完成时间 2分钟

一个小偷将偷来的一枚珍贵邮票藏在了旅店的房间里。警察听到风声赶到旅店。店主说，他不知道那个人是小偷，于是就允许他开了单间，平时，除了他自己外，谁也没有进入过那房间。

警察开始对房间进行搜查。发现小偷的那间单间里除了一架呼呼开着的电扇外，只有一张床、一个圆桌、一个小柜子，并没有见到邮票。

据店主说，自从小偷进来后，就没有任何人进入这个房间，也没有见到小偷踏出房间半步，这显然排除了转移赃物的可能。那么，邮票究竟藏在哪里呢？后来，警察再次进行搜查，终于找出了邮票。

◆你知道小偷将邮票藏在了什么地方吗？

58 不攻自破

游戏难度 ✿✿✿✿✿
最佳完成时间 2分钟

赫梅尔有一次出庭为一家保险公司辩护。案情是这样的，原告参加了这家保险公司的人身保险。他的肩膀被掉下来的广告牌砸伤了，而且伤得很重，现在手臂都抬不起，于是他向保险公司提出了巨额的赔偿请求。保险公司凭着多年的从业经验，怀疑原告诈保，于是拒绝巨额赔偿，双方因此闹到法庭。保险公司请来了赫梅尔做辩护律师。

赫梅尔仔细分析了案情，又从多方面对原告进行了观察，很快就看出原告所说的伤势有假。开庭时，赫梅尔以一种关心的口吻问原告：“为了证明你的伤势，请你给陪审员们看看，你的手臂现在能举多高？”原告慢慢将手臂举到齐肩高时就痛苦不堪，不能再举了。接着赫梅尔又问了一个问题让原告的伪证不攻自破。

◆那么你知道赫梅尔是怎样让原告的伪证不攻自破的吗？

59 古堡奇案

游戏难度 ✿✿✿✿✿
最佳完成时间 5分钟

在印度，有一座神秘的古堡。很多年前，不管是人还是牲口，只要晚上在古堡过夜，就一个个送掉了性命，就连拿着精锐武器的探险家也未能幸免。奇怪的是，人们一直无法找到真凶，也找不到任何凶器，死者看起来也没有伤痕。即便是当地最有名气的侦探、警察也拿这个案子束手无策。

几年后的一天，一个乞丐模样、白发银须的人声称有把握破此案。出于无奈，当地警方只得让他试一试，并派人跟踪他到古堡门口。只见他买了一个大铁箱，一只猴子和一副渔网，于当天晚上驾着马车奔进那座令人毛骨悚然的神秘古堡。

进入古堡后，他摸进人们遇害的大厅，先给猴子注射了麻醉药，并将它放进渔网里。然后自己钻进铁箱，牢牢地抓住渔网的网绳。第二天天一亮，他就从古堡里毫发无损地走了出来，声称已经破案。人们欢呼不已。

◆聪明的你，知道这个乞丐是怎样破案的吗？凶手又是谁呢？

60 不配合的三个人

游戏难度 ✿✿✿✿⚙

最佳完成时间 4分钟

一天，比尔被人杀死在他的家里。巡警立即赶到了现场。比尔的尸体就在他家后院的地上，身上满是刀伤，现场有搏斗的痕迹，血迹溅得到处都是。巡警立刻询问了周围的邻居，可邻居们却都声称自己什么也没听见，什么也没看见。但是警方推断，命案发生时至少有三个人在附近。

警长先找到佛罗姆，他刚刚刷完家里的门廊。佛罗姆看上去是一个友好的年轻人，在与警长握手之前，还先把手放在自己干净的牛仔裤上擦了擦。警长注意到佛罗姆腰带上别着的盒式录音机，脖子上还挂着耳机。“整个上午我都在外面刷门廊，这活儿很费事。而且我戴着耳机，真的什么也没听见，什么也没看见。”他很抱歉地说。

警长接着又找到了阿尔瑟，他的花园就在死者花园的隔壁。“我一直在除草、种花，进出屋门好几次。”他的手上、指甲缝里满是泥土，“我房间里开着空调，杀人案一定是我在屋里的时候发生的。抱歉，我不能提供什么情况。”

警长找到了的第三个人，名叫卡迪。这是个大肚子中年人。他对警长说道：“我当时正在梯子上擦窗户。”警长发现他的T恤衫还是湿的，并且发现从卡迪的院子里可以俯视死者的院子。卡迪说：“我从来不往比尔家的院子里看。我当时在考虑别的问题，什么也没看见。”

显然，三个人全都不配合，但聪明的警长还是马上找到了犯罪嫌疑人，这个人就是佛罗姆！

◆请问，你知道警长为什么判定佛罗姆就是嫌疑人吗？

61 去找金笔的凶手

游戏难度 ✿✿✿⚙⚙

最佳完成时间 3分钟

位于贝当大街布鲁克巷3号的一间情人旅馆里，除了救护车的工作人员、警长莫纳汉和名探哈莱金外，还有一具女尸。那是一位妙龄女郎，被水果刀捅入背部致死。“她是吕倍卡·兰恩，”警长向哈莱金介绍情况：“她上周才与大卫号船长西奥多·兰恩完婚。昨天西奥多刚起航前往夏威夷，他们在第三大街有一套小巧的单元。”“有嫌疑对象吗？”“可能是查理·巴尼特。吕倍卡曾与巴尼特相好，但最后选择了西奥多。”“让我独自去拜访一下巴尼特吧。”哈莱金说着故意将一支绿色金笔扔在门口。巴尼特独自住在他的加油站后院。哈莱金进门就问：“你知道吕倍卡被人杀了吗？”“啊！不，不知道。”巴尼特气喘吁吁地说。“嗯，不知道就好。”哈莱金说，然后他伸手到上衣袋中欲摸笔做记录，“噢，糟糕，我的金笔一定是刚才不小心掉在吕倍卡的房间了。我得马上去办另一件案子，顺便告诉警方你与此案无关。你不会拒绝去帮我找回金笔，送到警察局吧！”巴尼特看上去似乎很犹豫，但他终于耸耸肩膀，无可奈何地说：“好吧。”当巴尼特将金笔送到警察局时，他立即就被逮捕了。

◆你知道这是为什么吗？

62 易容师的智慧

游戏难度 
最佳完成时间 2分钟

日本有一位女易容师，手法相当高明，她能使40多岁的男演员变成20多岁的“奶油小生”，也能够把妙龄美女变成丑陋的老太太。

有一天，她家里来了一位不速之客，这是一个刚刚越狱的逃犯。他一进门就手持匕首逼住易容师道：“现在警察正在到处搜捕我，我要立刻离开这座城市。我要你为我化装！化装成另外一副模样。只要你老老实实地为我化装，我就不会伤害你，否则要你的命！”

易容师心里恨透了这个恶棍，她一边想着对付的办法，一边装着很顺从的样子说：“你想化装成什么样子？化装成女人怎么样？”

“不行，化装成女人行动不方便，你只要给我换个长相就行了。”

“那么，我就让你变成一个非常难看的中年人吧！”只一会儿，易容师果然将他变成了一个脸色黝黑、面目丑陋的中年男子。

这人照了照镜子，觉得现在一点也不像自己了，因此非常满意。为安全起见，他临走时，还是把女易容师绑了个结实，以防她去报案。可出乎意料的是，这人刚刚来到大街上，就立即被警察逮捕了。

◆这位易容师做了什么手脚？

63 混乱

游戏难度
最佳完成时间 3分钟

一男子犯罪后与警察进行了一场激烈而混乱的枪战。枪战之后，一个中年男子跑进了一家诊所。他对医生说：“我刚才过街的时候，突然听到有枪声，然后就见两个警察在追一个凶手，作为一个有正义感的公民，我立即帮助警察追捕。但不巧的是，我们在你诊所后面的那条死胡同里遭到那个凶手的伏击，两名警察被当场打死，我侥幸逃生，但是也受了伤。”

听完中年男子的话后，医生立即给他进行了手术。医生从他背部取出一粒弹头，并把自己的衬衫给他换上，然后又将他的右臂用绷带吊在胸前。这时，警长和地方官员跑了进来。官员一见中年男子便喊：“凶手就是他！”警长立即拔枪对准了中年男子。中年男子忙说：“我是帮你们追捕凶手的人，怎么会是凶手呢？”官员说：“你背部中弹，说明你就是凶手！”警长顿了顿，胸有成竹地说：“是谁，一目了然。”

◆聪明的你，能说出究竟谁是凶手吗？

64 护送宝马

游戏难度

最佳完成时间 2分钟

一位欧洲富人不惜重金从亚洲买了一匹日行千里，夜走八百里路的宝马。为了把马安全运送到家，他专门请了一支手枪队来保护这匹马。当手枪队和这匹马同在火车的同一节车厢上，走在开往欧洲的路上时，马却被盗了。

◆据说这支大约10人的手枪队一直和马寸步不离，并不是手枪队监守自盗，但这究竟是怎么回事呢？

65 揭穿谎言

游戏难度

最佳完成时间 1分钟

T公路一座高层公寓的807房间发生了盗窃案。市刑侦队队员在勘察现场时，女佣人反映："我听到房间里有声音，就走到门口，因为害怕，我就透过门上的锁孔向里瞧，看到一个男人从房间左侧的暖炉里，把什么东西装到口袋里，然后从房间右侧的窗户跳窗逃跑了。"刑侦队员杨剑听罢，立即作出判断：这是谎话。

◆他的依据是什么？

66 逃税的商人

游戏难度

最佳完成时间 5分钟

琼尼从法国进口了大量女用皮手套，按正常手段，则必须缴纳大额进口税，因为这种皮手套在美国的售价很高。

琼尼是这样做的：

他先在法国买下1万双最昂贵的女用皮手套，但并没有原封不动地运回美国，而是把每一双皮手套都一分为二，然后将其中的1万只左手套发回美国，却一直不去提货。货物经过海关以后，因为没有人来提取，过了期限，海关按照惯例，将这批货物当作无主货物拍卖处理。人们认为，这--批皮手套虽然很好，可惜却因只有一只而变得毫无价值，所以无人要，于是琼尼只出了一笔微不足道的钱，就把它们全部买下了。

这时候，海关当局意识到其中说不定有什么名堂，于是他们决定要严加注意，可能会有一批右手套要进口美国，这一次绝不能让这个狡猾的进口商得逞。

可这一切都在琼尼的意料之中，他已经想到，海关人员一定会假设另一批右手套也会像上次一样成捆成捆地运进来，于是，琼尼略施小计，将剩下的手套一路绿灯地通过了美国的海关。最后琼尼只交了5000副手套的关税，再加上上次付在"拍卖品"上的那点小钱，就成功地把这批手套全部运到了美国。

◆你能设想出琼尼的计谋吗？

答案

第一章 想像与创造——让思想插上翅膀

1 提示作答

◆霓虹灯

霓虹灯被广泛用于广告显示和装饰，在广告事业中发挥了重要作用。

霓虹灯的玻璃管内壁涂覆荧光粉，改变荧光粉的成分，即可辐射出不同颜色的光。

1879年，在英国维多利亚女王60寿辰的庆典上，霓虹灯第一次作为烘托气氛的照明光源使用。

《霓虹灯下的哨兵》是新中国的优秀影片。

2 脱口而出

◆埃菲尔铁塔

埃菲尔铁塔原为庆祝法国大革命(1789年)100周年，举办博览会而建造。

1951年，铁塔顶增设广播天线，兼用于广播事业。

埃菲尔铁塔位于巴黎塞纳河左岸。

埃菲尔铁塔是巴黎的标志性建筑之一。

3 占卜

◆他没办法再问了，因为他已经问了两个问题。

4 老兵的教导

◆这种说法是错误的，炮弹落到任何地方的概率是相同的，新落的炮弹的概率并不受先落的炮弹的影响。

5 马尾巴的方向

◆此时，这匹马的尾巴朝着地下。

6 可怜的小狗

◆转过身来用后腿抓。

7 看谁跑得慢

◆聪明人让两个骑手交换了马，这样，两个骑手都想使自己骑的马(对方的马)跑得快点。用“调换一个角度”的办法，把“比慢”变成了“比快”，所以比赛很快就结束了。

8 失踪的小鸭

◆这只母鸭不识数。

9 熊的颜色

◆只有在北极，才能往南走一里，东走一里，北走一里，又回到起点。而北极只有北极熊，北极熊的颜色也只有白色种。所以那只熊是北极熊，是白色的。

10 挖隧道

◆那样你就可以得到两条隧道。

11 怎样才能喝到好酒

◆如，把竹竿移到附近的井口，将它放下井去，这样便可以拿到竹竿上的酒了。

12 聪明的收税官

◆其实办法很简单。收税官先单独把河马放在华丽的彩船上，在船的外侧标上水位记号。然后他将河马驱离彩船，再往彩船里装金币，直至金币装到水位达到刚才做标记的地方。这样一来，船上装的金币重量肯定等于河马的体重了。

13 测绳长

◆在绳的下端系一重物，然后拉开一个小的角度，让它自由摆，只要测出来回摆动一次所需的时间，就可以算出绳子的长度。绳长近似等于0.25乘以“来回摆动一次所需的时间”（单位为秒），绳长单位是米。

14 锁船问题

◆将3把锁一个套一个地锁在一起。3人中任何一人都可用他的钥匙把锁打开或重新锁上。

15 抛锚的轿车

◆从其他3个轮子上各拆下1个螺丝，用3个螺丝固定备用轮胎，这样低速行驶，可以安全地把轿车开到距离最近的修车厂维修。

16 两个月亮

◆潮涨潮落的规律改变了。许多歌曲的歌词需要修改。大多数的人造卫星的正常运转将受到影响。花前月下谈恋爱的人更多了。在荒野夜行比以前方便得多了。地球外文明终于被证实了。星球大战很可能从科学幻想变为现实。晚上天空更亮了，许多星星凭肉眼看不到了。以两个月亮为题材的文学作品将源源不断地出现。恋人的山盟海誓将以此为证。从此历法需要修订……

17 巧解七链环

◆只割开一节，就是第三个环，这样，就把这个链条分成1、2、4三部分。第一天，给店主一个环；第二天，给店主两个环并找回一个环；第三天，给店主一个环，第四天，给店主四个环，并让店主找回那两个环和一个环的两部分；第五天，给店主一个环；第六天，给店主两个环，并找回一个环；第七天，给店主一个环。

18 离奇的决斗

◆闪电过处，甲因手中利剑导电而招雷击致死，乙却因手拿木剑而安然无恙。

19 智慧的青年

◆青年说：“如果我做的是一件正直的事情，那么就会受到上帝的保护；如果我做的是一件邪恶的事情，恶势力是不会为难我的，所以无论如何，我都会平安的。”

20 巧打绳结

◆你只要将胳膊相互缠绕交叉后，双手各拿绳子的一端，然后将交叉的两条胳膊展开，就可以在绳子上打一个结。

21 小偷斗恶狗

◆小偷先围绕着墙外走几圈，恶狗就会跟着他转，狗的链子就会缠绕在树干上，当狗的链子的有效活动范围降低，无法靠近门或者窗的时候，小偷就可以进门了。

22 推谁下去

◆把三个人中体重最重的那个扔下去。

23 奇怪的车祸

◆这是一辆献血车。

24 年轻的真相

◆爱因斯坦说：“因为自称20岁的女子通常都已经30岁了”。

答案

25 问路

◆这里是地球吗？

26 幽默的钢琴家

◆我看到你们每个人都买了两三个座位的票。

27 精神病院的故事

◆那它来精神病院做什么？

28 妙答警察

◆纳戈斯基向四周望了望说：“不知道，我也是刚到这儿的。”

29 国王的孩子

◆因为这个孩子诚实。煮过的种子是不会生根发芽的，更不要说开花了。比起争奇斗妍的鲜花来说，诚实更可贵。

30 让水不洒

◆只要在一个盛满水的盆中将装满水的杯子倒转过来即可。

31 让长线变短

◆能。在那条直线下面画一条更长的直线。

32 求职绝招

◆先生，我排在队伍的第41位，在看到我之前，请您千万别忙着做出决定。

33 毕加索与士兵

◆天哪，难道你的女友就这么一点点大吗？

34 保守军事秘密

◆将军问好朋友：“你能绝对保守秘密吗？”“那当然了！我想我是能够的。”好友自信地说。

将军紧接着说：“那么，我也能够！”

35 让谁上车

◆将车交给自己的救命恩人，让他开车送患重病的老人到医院，自己则留下来陪爱慕已久的姑娘等公共汽车。

36 机智的俘虏

◆聪明的俘虏回答：我来这里是为了被绞死。听了俘虏的回答，执法官顿时傻了眼，不知道如何是好。因为如果真的绞死这个俘虏，那么这个俘虏说的是真话，而说了真话是要被烧死的。可是如果把这人烧死，那他答的就是假话，而说假话的是要被绞死的。执法官不好处理，只好上报国王裁决。国王冥思苦想了半天也没想出个办法，最后只好把这个俘虏放了。聪明的俘虏利用真话假话、绞死烧死之间的关系，救了自己一命。

37 妙进城堡

◆詹姆斯趁守门人出来巡视的间隙，快步走进城门，当守门人出来巡视时，又转身向回走。守门人误认为他想溜出城去，于是就把他赶进了城堡。

38 斯芬克斯谜题

◆答案是人。

早晨，象征人刚出生的时候，是靠腿和手爬行走路的，所以早上起来的时候四条腿；中午象征人到了中年，是两条腿直立行走的，所以中午两条腿；晚上三条腿就是指人衰老的时候要借拐杖走路，那么这个拐杖就形成了人的第三条腿。

39 标签的作用

◆骗蚂蚁用的。

40 怎么灭蚊

◆用皱纹夹死的。

41 佐罗求婚

◆你刚刚答应了把女儿嫁给我的。

42 聪明的女演员

◆我指的也是剧本。

43 平分甘蔗

◆榨成汁儿，然后分成三份。

44 智力学校招生

◆我放弃了，我不考了。

45 获得最多的金币

◆更好的方法是取出100颗圆球，这样获得金币的成功率和拿出两颗相同。如果成功的话，获得金币的数目要多得多。

46 狼吃羊

◆狼首先钻进笼子，将羊咬死，然后把羊撕成可以拖出笼子的小片。当它把羊分开拖出笼子之后，就可以在外面饱餐一顿，并且可以在羊的主人赶来之前逃跑。

47 委屈的纳粹军官

◆那个法国人吻了自己的手，然后狠狠打了纳粹军官一记耳光。

48 发财狗

◆继续喂它1元钱。

49 如何固定蜡烛

◆这个题目的答案有许多种，其中最简单的一种是：首先把火柴盒钉在木板墙上，然后再把蜡烛安放在火柴盒上。

但实际情况并不这么简单。当火柴装在火柴盒里时，多数人就会束手无策。这是因为在火柴盒里装有火柴的情况下，他们所想到的是“火柴盒是用来装火柴的”，却想不到火柴盒还可以用来做“小台子”，这就是受“功用固着”的影响。而当把火柴从火柴盒内拿出来，把空盒子放在桌上时，多数人却能想出上述那个办法来。

50 美女推销员

◆女推销员使用的是欲擒故纵之策。漂亮的她“重新拜访”，话语暗示“再次商谈”对妻子可能产生的危险性，起到了毕其功于一役的作用。妻子的“积极反应”实际是不希望自己的丈夫与别的漂亮女人再来往。

51 放风囚徒的谜题

◆这个题目的答案有很多，但是有的算下来需要几十年。

最古老的也是最简单的答案是：让每个放风的囚徒把自己的名字写在有灯的那面墙上，但只能写一次。每个第一次放风的人出去后，写好自己的名字并查一下有多少人的名字在上面，如果有一个第一次出去放风的囚徒发现墙上已经有100个名字了，他就可以宣布所有人都出来放过风了。这个解法和灯没有关系。

52 抢救名画

◆奥卡姆的回答是：我要抢救距离出口处最近的那一幅画。

53 阿基米德巧赢战争

◆阿基米德等到敌船靠得很近时，让全体妇女一起举起手中的镜子，瞄准那艘最前面的指挥船齐刷刷地直射过去。上万面镜子将太阳光反射到敌船的帆上，巨大的热量立即引燃船帆，火借风势，整个敌船立即被大火包围起来，整个船队陷入了一片火海之中。罗马士兵不知道这是中了什么魔法，吓得连忙掉转船头，逃了回去。就这样，阿基米德不费一兵一卒，巧借太阳光，在这样危急万分的劣势战争中大获全胜。

54 如何为国王铺牛皮

◆只要将牛皮包在脚上，走到哪儿都踩在牛皮上，不仅国王的问题解决了，连老百姓走路的问题也解决了，这就是鞋子诞生的故事。

55 强盗火拼

◆你把枪丢在你和另一个人中间，而且枪距离你0.3米，距离那个人0.7米。这时另外两个人都会先去射杀对方，因为你在这时是没有威胁的。在一个人死去时，活着的人手中的枪已经没有子弹了，而且你比他们两个中的任何人都要距离自己的枪近，所以你可以先捡回自己的枪，并射杀活着的那个人。

56 机敏的新兵

◆他说：“报告首长，大家都向右看的时候，我怕会有敌人从左边出现，所以就向左看了。”

57 雷人的招牌

◆主要入口。大家一看以为从这里进去才能买东西，就纷纷过来了。

58 摆脱罚款

◆虚构故事是我的职业。

59 馆长催书有妙法

◆馆长发布了这样一则广告信息：本图书馆将在一周内对归还借阅时间最久的一本书的读者颁发奖品。

60 鳄鱼池边的标牌

◆凡是向鳄鱼池内扔垃圾者，必须自己捡回！

61 货车过桥

◆钢索的总重量虽然很大，但是整个重量是分布在全部长度上的。所以，可以把钢索放在地上，由货车拖着过桥，使分摊在桥上的重量不超过桥的载重量。等过了桥，再把钢索装到车上。

62 分开红豆和绿豆

◆锅里只炒1粒红豆和1粒绿豆就行了。

63 聪明的狱吏

◆这个狱吏向典狱长说：“遵照国王陛下的命令，这个犯人应该坐一天牢，释放回家一天，然后再坐一天，再释放一天，如此下去，直到他死。”

64 最佳裁缝

◆本街最佳缝纫店。

65 智力大考验

◆用大头针穿过火柴，并把火柴固定在软木塞上。把火柴放到水里后，火柴就不会湿。然后把烧杯倒扣在软木塞上，并把火柴点燃。火柴燃烧时把氧气耗光，水就会进入烧杯。

66 推销小说的办法

◆毛姆在征婚启事中写道："本人喜欢音乐和运动，是个年轻又有教养的百万富翁，希望能和毛姆小说中的主角完全一样的女性结婚。"

67 烤饼

◆假设3张饼分别为1、2、3，烤饼的具体步骤为：

先将1和2两张饼各烤一分钟，然后把1饼翻过来，取下 2饼，换成3饼，一分钟后。取下1饼，将2饼没有烤过的一面贴在烤锅上，同时将3饼翻过来烤。

68 动手做做看

◆能。只需要把纸卷成圆筒，再用胶带将边缘处粘好，然后让圆筒立起来，就可以在上面平稳地放一本书。

69 过河

◆他长大成人后，实现了自己的愿望。

70 胖子过桥

◆用担子拴住重物，然后将重物放入水里，手拉担子，利用水的浮力拉着重物。这样很快就能过桥了。

71 有趣的取水问题

◆这是有关开发创造性思维领域中相当著名的问题，狄波诺先生在他的著作《狄波诺思考术》中也提到过。为提供给各位参考，我们在此列举几项狄波诺先生随意提出来的解决方法：

(1)将沙或小石子放入杯中以替换水。

(2)使用海绵或其他的吸收剂。

(3)以布块利用毛细管现象使水流出来。

(4)用吸管把水吸出来。

(5)将水结成冰块再取出来。

(6)用强风把杯中的水吹出来。

(7)使用清洁剂使水变成泡沫流出来。

(8)将水煮沸使水蒸发。

(9)以离心力让杯子旋转。

(10)把充满气的气球放入杯中，将杯里的水挤出来。

这些解决方法的共同点，就是在外面加入任何可利用的适当的东西以除去杯中的水，比如以吸管、风、清洁剂、布块、加热、冷却、旋转力、沙石、海绵等取出水。

答案

第二章 观察与分辨——捕捉稍纵即逝的火花

1 这样也相等

我们说这道算式不正确是从数学角度考虑的。我们仔细观察插图中所给的液晶数字，如果能从原有的数学思路中跳出，解这道题就有了希望。正确的思路应该从数字形态上去想。

2 数正方形

16个。如果正方形无限延伸下去，那么每增加1个大正方形，就需多出4个小正方形，可以用笔画画看。

3 走楼梯

随口答出48秒的人是没有认真思考的。从第1层到第4层和从第4层到第8层是否一样呢？当然不一样。第1层到第4层只走了3层楼梯，而从第4层至第8层却要走4层楼梯。48÷3=16(秒)，这是走一层用的时间。从第4层到第8层用的时间应为16×4=64(秒)。

4 地质员之死

公安人员一看帐篷支在一棵大树下，就断定为他杀。因为被害人是有经验的老地质队员，他不可能在野外将帐篷支在大树下，如果天气骤变，会有遭雷击的危险。

5 三分天下

如图：原来爱因斯坦把它分成了3个完全一样的“桥形”。

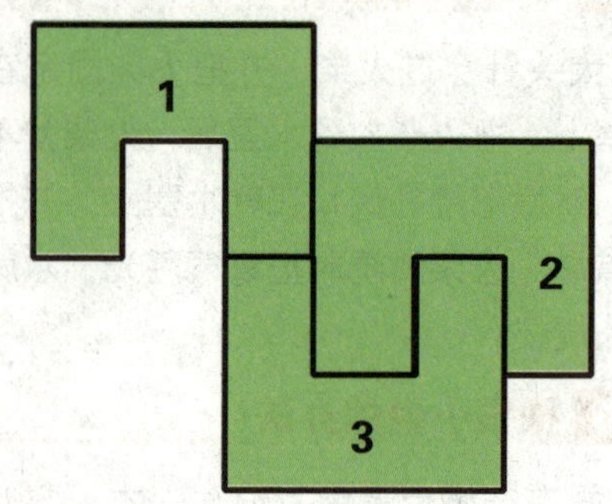

6 几个面

一支未削开的端面为六角形的铅笔一共有8个面，一支未削开的端面为圆形的铅笔一共有3个面。

7 未湿的手机

杯子中的咖啡是固体粉末。所以，这个人的手指与手机都没湿。

8 吹气

答案B。

9 空中射弹

同时到达。因为重力加速度与水平速度无关。

10 问路

◆因为伊索要观察行人走路快慢，所以要等行人走一段路以后才告诉他需要多长时间。

11 过元旦

◆他们说得都对。地球是一个圆球，为了区分“今天”和“明天”，经过人们协商，在180°经线附近，划定了一条国际日期变更线，凡是通过这条线的船只，都要变更日期。从上海开往美国的船只，一开过这条线就要少算一天，假若原来已经过了元旦，只能再过一次元旦。而从美国开到上海的船只，一越过这条线，就得多算一天，所以就过不了元旦了。

12 杂技演员过桥

◆不能。因为要抛起铁球，必须对铁球加一个作用力，铁球对抛球的人又产生一个反作用力，这时候桥受的力就超过了一个人再加一只铁球的重量。另外，下落的球，在落到手上的一刹那，由于有一个下落加速度，也超过了原来重量。所以不能安全过桥。

13 多了一把伞

◆依箭头指示，即可多变出一把伞。

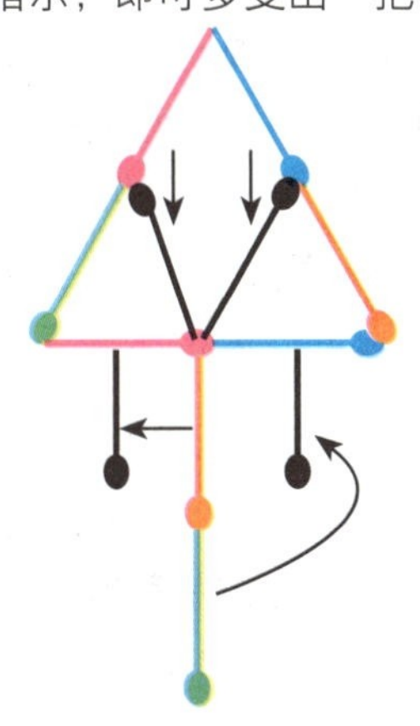

14 树往哪个方向倒

◆右边。树是左边被砍掉一块，那么树的上半部分的重心开始右倾，会向右倒。

15 数字迷宫

◆如图所示。

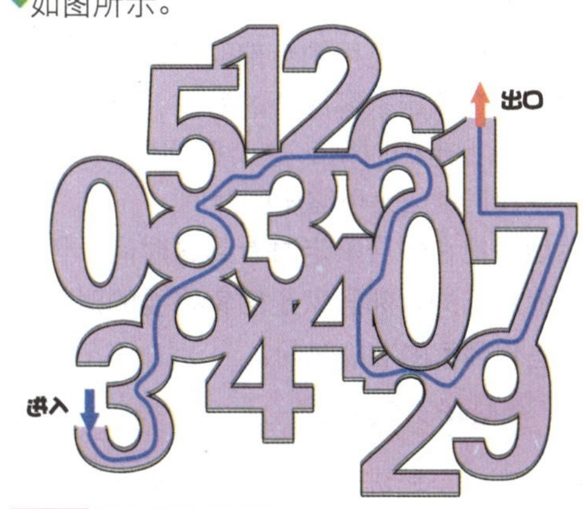

16 移动的蟑螂

◆如图所示。

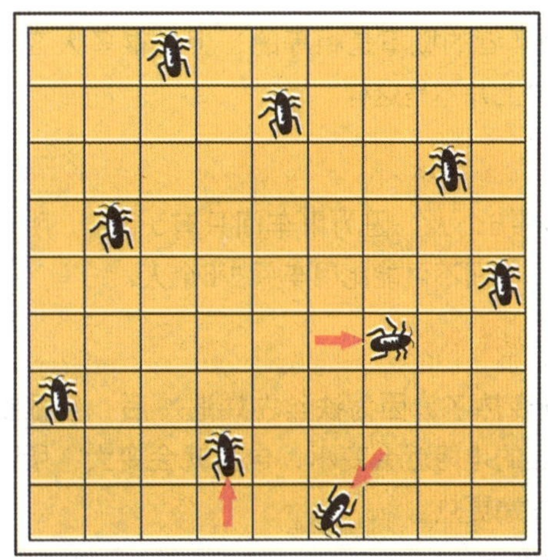

17 狡猾的赌徒

◆其实这位观众仍然是在3个碗中选择一个，他选择正确的概率仍然是1/3。在选择后再揭开另外一个空碗对他的选择没有任何影响。

18 聪明的老师

◆在他出门的时候，他把家里的钟上了发条，并把时间调整到一个整点的时刻。然后他到邻居家时记着进去和出来时的时间，它们之差就是他在邻居家待的时间。

然后他回家，看到自己的钟走过的时间，就知道自己外出用的全部时间。这个总时间减去在邻居家客厅待的时间，就是他来回在路上走的时间。这个时间除以2就是他从邻居家回来所需要的时间。

然后他把在邻居家走时看到的时间，再加上他算出的从邻居家走回家需要的时间，就是他到家的准确时间。

19 赶羊入圈问题

◆把这9只羊赶进一个羊圈里，再在这个羊圈外面围上9个羊圈。

20 中奖的概率

◆两者的概率是相等的，但是很多人在感觉上并不是这样。

21 两个车间的人数

◆多6个人。因为甲车间只有5个人，所以乙车间不可能比甲车间少6个人。

22 电路

◆变热了。因为铁丝左端遇冷后，整根铁丝的电阻就会变小，电流就会变大，所以右端更热。

23 是男是女

◆最后一个学生是女生。

排列的规律是一个循环，每4个人是一个循环体：男、女、男、男。这样重复22次后剩下两个人，按次序，这两个人第一个是男生，第二个是女生。

24 变大还是变小

◆加热后孔将变大。这是因为孔外面的金属可以看成是由一个条形的材料弯成的圈。加热的时候，金属条伸长，所以原来的孔变大了。轮子加热后套入轴，就是利用这个道理。

25 倒霉的兔子

◆倒霉的兔子是8号。

26 变三角形

◆如图：

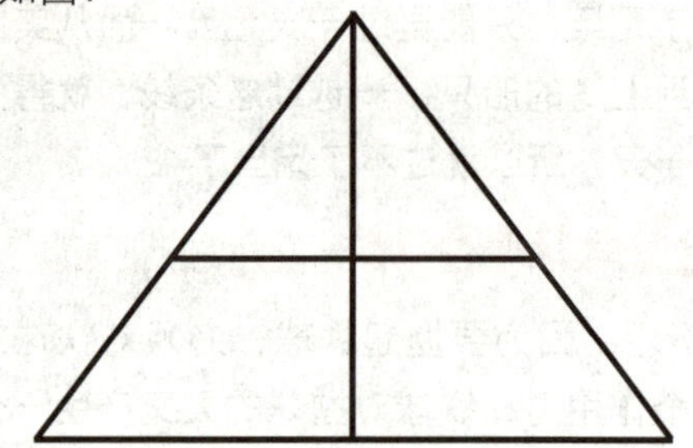

27 人生价值

◆答案C。

28 赚了多少钱

◆这个问题没有准确的答案，除非知道商人买这辆自行车时用了多少钱。也就是说在不知道自行车的确切价值的时候是不能确定答案的。这3个答案分别是按照自行车的价格为40元、50元、45元来计算的，所以答案才不一样。

29 圣诞老人

◆圣诞老人的服装显然不容易让人联想到他的职业，所以人们也就不太注意他是谁了。这是一种给人制造盲点的易容术。

答案

30 浓烟飘向哪个方向

◆现在电动机车不像以往的蒸汽机车，它不会喘气冒浓烟了。这道题目与你开了个玩笑，不过它很能考你的反应能力和观察问题的能力哦。

31 案发时间

◆这是一个看起来复杂其实很简单的问题。作案时间是12：05。计算方法很容易，从最快的手表(12：15)中减去最快的时间(10分钟)就行了。或者将最慢的手表(11：40)加上最慢的时间(25分钟)也可以得出相同的答案。

在分析问题的时候，最重要是找到解决思路，把看似复杂的问题分解成简单的部分处理。

32 能循环工作吗

◆这是不可能实现的。因为当丁走完一条边的时候，甲并不在他原来的位置上，而是在乙原来的位置上，所以丁和甲并不能成功地交接，他们也就没办法循环下去了。

33 酒鬼的决定

◆不再看书。

34 谁更聪明

◆三人最终都坐在同一辆车上，当然也是同时返校。但是最聪明的是甲，他安逸地留在原地等着，比另两个人都少走了一段路。

35 盛雨水的缸

◆一样长。

36 破译密码

◆ME=15，DO=70。

等式为：9567+1085=10652

37 聪明的贩马人

◆他就带了2匹马。

38 最后一枪

◆最后一枪的弹孔是C。因为后发射的子弹的裂纹，在之前的子弹裂纹处被挡会停下来。所以观察可以看出，子弹发射顺序是：D、A、B、C。

39 蟑螂的问题

◆他在发现蟑螂的那碗汤中放了醋。

40 司令今年几岁

◆本题需要注意的是，题目中所给的数字都是无用的，因为第一句话就说“你是司令”，所以司令的年龄就是读者你的年龄。

41 火车过隧道

◆两辆火车并不是在同一时间驶进隧道的，中间可能相差几小时。

42 瞎眼的牛

◆它哪一块也不选，牛是吃草的。

43 谁去洗脸

◆脸上干净的人。因为他看到对方的脸脏了，以为自己脸上也有煤灰，就会去洗脸；而脸上有煤灰的人看到对方的脸上是干净的，以为自己的脸也是干净的，所以他不会去洗脸。

44 查明死因

◆憋死的。因为它找不到电线杆和大树这种撒尿的地方。

45 能否赶回

◆对于这道题，有人这样分析：去时多花的时间，返回时补了回来，因此，可以在正午以前赶回A地。

其实，这种分析的结论是错误的。错误原因在于缺乏具体的细节和数量分析。试想：去时所花费的时间已等于预计来回的总时间了，等办完事后，实际上已是正午了。所以，这人不管如何加速，在正午前是不可能赶回A地的。

46 谁是总统

◆副总统死了，可总统还活着。

47 少女抓石子

◆这个少女故意颤抖着从债主口袋里摸出了一个石子，“不小心”地掉在石子路上，谁也找不出来了。她说：“这下好了，我们只要看一看袋子里留下来的那个石子，就可以知道我抓的石子是白的还是黑的了。”

48 开住前线的火车

◆将所有开往前线的列车都进行了改造——机头挂在列车的尾部，让机头推着列车前进。结果和预计的一样，这样推向前线的列车果真没有再受到德军飞机的轰炸，一批批急需的作战物资源源不断地运到了前线。

49 划火柴比赛

◆乙已经划了100根，因为每个人都只有100根。

50 毛衣的颜色

◆A.你十分向往交异性朋友，你将爱情看得非常美好，怀着一颗单纯的心，好好地享受甜美的爱情未尝不是一件好事，但是提醒你：当你与爱人意见不统一时也是互相了解的时候。

◆B.你过着自在的生活，率性健康又快活，很少为杂事烦恼，但是有时难免因贪玩耽误了事。你选择的爱情是来自友情，因为你认为对方必须与你志同道合才能从友谊发展到爱情。

◆C.你生性活泼外向而又爱热闹，但是不易与爱人走入稳定的关系，你不喜欢让别人掌控你，也不愿意掌控别人，目前你还没有进入婚姻的角色。

◆D.你与家庭的关系比较密切，爱与关怀都放在自己家人身上。你是很孝顺乖巧的孩子，却不是浪漫的情人。

◆E.你不轻易信任亲人及朋友，相信每个人都应该有个人隐私，保留小小的秘密是你的天性，因为你担心受到伤害，所以容易和宠物培养起很好的感情。你虽然很爱你的爱人，但是却认为你比对方更需要呵护和爱情。

51 你讨人喜欢吗

◆A.你是个挺讨人喜欢的人。你喜欢奉承老年人，你知识丰富，个性开朗且极具幽默感，能适应社会，并能从生活中体会出独到的乐趣。

◆B.在一些人面前你是让人喜欢的，但是只局限在一些人内，因为你是个心直口快的人。你比较爽快，答应别人的事不会丢三落四。

◆C.你总是能考虑到别人喜欢听什么话，也能考虑到他人的实际需要。你能体会生活的乐趣，但更多的是考虑现实的生活问题。你会给你自己带来实际，也会给别人带来实际，所以还是挺讨人喜欢的。

◆D.你是一个满足现状的老实人。不必说谎也能过得很好，心地善良有爱心，是受人欢迎的类型。

52 谁更多些

◆一样多。

53 发财有术

◆阿德诺拿着A国钞票100元在A国购10元货物，在找钱时，他声称自己将到B国去，要求找给B国的钞票，因为A国的90元等于B国的100元，所以就找给他一张100元的B国钞票，加上原来100元的B国钞票他就有200元。于是他就用200元到B国购20元货物，再要求找回A国钞票，然后又回到A国购物……如此往复，阿德诺自然是要大发横财的。

54 别人眼中的你

◆A.你总是喜欢一个人作决定，很有个性和主见，在一个团体中是众人的焦点。不过很容易让别人理解为自以为是、固执己见。

◆B.你有很强的好奇心，特立独行，对很多事情都敢于尝试，追求刺激的生活，痛恨单调的一成不变的日子。

◆C.你不大爱与别人打交道，喜欢独来独往，比较注重私人生活，通常会保留自己的秘密，有限度地和别人分享自己的心情。

◆D.一个追求自由的人，很讨厌被人管束，特立独行。特别喜欢自己一个人的自由，自己永远是自己的焦点和中心。

55 瞎子买剪刀

◆瞎子不是哑巴，自然是用嘴巴来说要买剪刀。

56 太空笔

◆试过铅笔没有?

57 简单吗

◆5=1。因为题目已经标明1=5。

58 臭名昭著的司机

◆因为他在20年内都没有开过车。

59 打赌

◆他是不会成功的。这与人的重心的位置有关。当他弯腰去拣硬币时，重心前移，如果不往前迈脚，人必然摔倒。

答案

60 哪个读数大

◆重量是一样的，称得的重量取决于瓶子和其中装的东西，而这些并不改变。当苍蝇在飞时，它们的重量被气流传递，作用在瓶子上，尤其是翅膀扇出的向下的气流。

61 最后的胜者

◆袋鼠将取胜。单纯从速度和时间的关系去推断，胜负难分，袋鼠是2米一步，跑3步，斑马是3米一步，跑2步。在同样时间内跑的距离当然是相同的，也就是说斑马和袋鼠跑的速度是一样的，可是这次比赛的200米跑，不是单程直线跑200米，而是往返跑，根据这个特点去分析，当袋鼠跑到100米的返回点时，正好是50步，袋鼠可以转身向回跑，不用浪费一点时间，而斑马则跑到99米，再跑一步，就要超过返回点，而跑了102米因此它的返回点是在102米处，这样往返就浪费了多跑4米的时间，因此胜利是属于袋鼠的。

62 数圆圈

◆30个。

63 数三角形

◆35个。

64 考眼力

◆如图。

65 找出最长的竖线

◆虽然看起来这些线的长度有差异，但所有线的长度确实是相同的。

66 一笔分成

◆只需要拿一根足够粗的笔，画一条直线就将其分成两个三角形了。如图：

67 真花和假花

◆打开窗户，让蜜蜂飞进房间。蜜蜂只采真花。

68 耐心程度

◆A.你有些讨厌麻烦事，遇到突发情况时，往往会显得很不耐烦，同时也很担心自己能否处理妥当。你比较适合较规律的工作，对于那种临危受命式的工作，你会很快就慌张起来。

◆B.这种人很不甘示弱，经常用一些语言来掩饰内心的空虚。如果是女性，争强好胜，敢于竞争；如果是男性，则非常喜欢控制别人。

◆C.你很会找其他方法来排解压力，缓解紧绷的神经。然后在平静下来后，就慢慢思考解决办法，顺利度过逆境。所以，你的抗压性相当高。

69 走进森林

◆最多能走1000千米。这个是考察知识点："在圆的所有弦中，直径最长。"走的最远距离，就是在雨林中走的最长的线段的长度，就是直径。

70 消失的手指

◆直着往前看的时候，可以看到手指尖，因为右眼的视野能够越过鼻子达到那里。但如果瞳孔在视角里向左转，那么视野就会发生变化，射向手指的目光被鼻子挡住了。

71 窗帘的选择

◆A.你并不是一个有创意的人，不过在工作或是生活中，如果遇到和你趣味相投，并且能够了解你的人，就会激发你的潜能，打开你的创造力。

◆B.你是一个相当有创造力的人。鬼点子总是不断地从你脑子里面蹦出来，在工作或生活中也总会有新的想法，勇于付诸行动。

◆C.与其说你有创造力，不如说你有想象力。有时候你的创造力让别人难以理解，所以创造力也要考虑现实，否则容易沦为海市蜃楼。

◆D.基本上你的创造力很少用在工作上，多数都用在了生活或娱乐上，所以你在朋友的眼中是十足的懂得享受的玩家。

72 神秘旅馆

◆有可能。敲挂有"男女"牌子的那个房间。

73 火柴棒等式

◆如图。将6中去除一根火柴棒，再将6颠倒过来看即可成立。

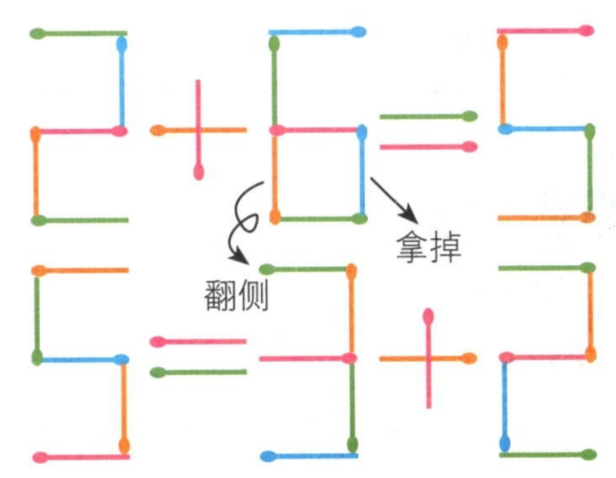

74 哪一层是水

◆把一些清水倒进原来的杯里，如果上层液体增厚，那么上层是水；如果下层的液体增厚，那么下层是水。

75 沉重的石雕

◆小明自己走到另一边即可。

第三章 逻辑与判断——在思维的海洋中畅游

1 缺少的时针

◆指向10。

从左边开始，沿顺时针方向进行，每个钟上时针与分针所指的数字之和从3开始，每次加2。

2 欢聚圣诞节

◆7个人。

3 驯犬

◆因为这只狗受的是德语教育，它听不懂A夫人所说的英文。

4 一夜忽变

◆将一个二维物体线性放大2倍时，它的面积以4倍(2^2)的因子增加，相似地，将三维物体线性放大2倍时，它的体积以8倍(2^3)的因子增加，假设该物体的密度保持不变，其重量也以8倍的因子增长，所以选D。

5 大象

◆B。大象一边走，一边用长门牙插入地面，来判断地面的硬度是否能承受自己的体重。

6 理发

◆选择了第一个头发七长八短的理发师。

7 高跟鞋和西装

◆答案：D。

分析：从题可知，一段时间，女人穿的一种高跟鞋被男人共认为不美而越来越少见；男士的双排扣西装因有拒人千里之外的感觉而失去了流行。所以，男人和女人流行哪种服饰，很大程度上取决于异性是否认同。所以D对。A有点以偏概全，B同理，C完全错误的观点。

8 巧分钥匙

◆1号橱放1把3号橱的钥匙，2号橱放1把1号橱的钥匙，3号橱放1把2号橱的钥匙，其余钥匙每人1把。这样，当打开1号橱时，拿出3号橱的钥匙，就能打开3号橱取出2号橱的钥匙，随后即可打开2号橱。以此类推，只要打开任意1个橱柜，那么所有的橱柜都能打开。

9 4位古希腊少女

◆假设：贝塔的预言是正确的。如果贝塔的预言正确，那么伽玛将成为特尔斐城的预言家。这样，伽玛的预言也是正确的。结果就将有两个是预言家。这是不符合题设条件的。因此，贝塔的预言是错的，她后来没有当上预言家。

因为贝塔的预言是错的，所以伽玛后来也没有当上特尔斐城的预言家。伽玛的预言也是错的。伽玛曾经预言："欧米伽不会成为竖琴演奏家。"既然这个预言是错的，那么欧来伽日后将成为竖琴演奏家，而不是预言家。

排除了贝塔、伽玛、欧米伽，只能推出预言家是阿尔法。

因为欧米伽的预言是错的，所以后来她没有与名叫阿特克赛克斯的男人结婚。

10 四个贼

◆选D。甲与丁有矛盾，由题意知只有一人说了真话，那么甲跟丁之间必有一真，则乙和丙说的话是假的。而丙与丁说的话相吻合，如丁说的是真的，则丙说的也是真的，所以甲说的是真的。所以符合真话的就只有D。

11 足球赛

◆因为是循环赛，每两队间不可能赛两场。日本队得3分，只输意大利队得7分，没赢，由此可知这两个队尚未比赛，因为如果比赛后分数肯定会有一个大于或等于10分的。所以比赛只进行了两场。日本输给了巴西，而巴西得21分不可能胜两场，所以巴西、意大利踢平。意大利得7分，故进了两个球，与巴西比赛是2:2平。那巴西在同日本比赛中得了14分，踢进了4个球，比分为4:3。

12 费脑筋的电脑

◆自然景观屏保的是A，动物屏保的是B，现在是上午。这种题的推理都是从假设开始，假设现在是下午，当输入A时，A不能进去，可是现在却都进去了。所以现在不是下午。那么上午，A电脑是没有问题的，所以自然景观的应该是A，动物屏保的是B。

13 眼睛的颜色

◆前面自杀的两个是红眼睛，最后那个是蓝的。如果有两个人是蓝的的话，那第一天晚上，那个红眼睛的就会自杀了(他看到的是两个蓝眼睛的)，但第一晚大家都没自杀。如果两个是红的，那其中一个红的就会假设如果自己的眼睛是蓝的，那自己看到的那个红眼的就会在第一晚自杀，而他没有，因此在第二天判断自己是红眼的。同样，另一个红眼睛的也由此得出结论。这样最后一个根据前面的推理就能知道自己是蓝眼睛了。如果三个都是红眼睛的，就该在第三天同时自杀了，因为大家都在等对方的反应。

14 多少只松鼠

◆答案：一共有9只雄鼠。1只雌鼠，第9只是雌鼠。

分析：假设，第1只松鼠是雄鼠，则它回答的那句“有1只雄鼠”为假，那就肯定不止1只雄鼠，如果第1只松鼠是雌鼠，则回答为真，那么有9只雌鼠，这样其余的9只雌鼠回答都应真，这样每1只的答案显然产生冲突。因此，第1只松鼠应是雄鼠。依此理推论下去，可得答案。

15 吃苹果比赛

◆有。

乙这时拿起一个苹果吃，等他把这个苹果吃完后，甲的两个苹果一定还剩一些没有吃完，所以乙这时可以拿起另外的两个苹果一起吃，这样乙就能吃到3个苹果并取得胜利。

16 花朵的数量

◆只有一朵兰花。

17 擦地板的问题

◆乙用的抹布宽度是甲的2倍。

18 载货的汽车

◆因为这辆货车已经走了三个小时了，在这三个小时中消耗了一些汽油，所以它的总重量已经少于7吨了。

19 残酷的战争

◆他是64号。

由于第一圈剩下的全部都是偶数号2，4，6，8……64，把他们全部都用2除，得1，2，3，4…………32，这是第二圈重新编的号码，第二圈杀过之后，又把奇数号码全部都杀掉了，还剩下16人，如此下去，最后剩下的必然是64号。

20 自己携带炸弹

◆没有任何关系。他自己携带炸弹是不会影响别的旅客携带炸弹的概率的。

21 找到藏宝箱

◆金银财宝藏在乙箱内。推理步骤如下：

(1)如果甲箱的字条属实，那么“乙箱的字条属实，而且所有金银财宝都在甲箱内”的两个陈述也都是真的。

(2)若乙箱的字条属实，那么“甲箱的字条是骗人的，而且所有金银财宝都在甲箱内”的前一个陈述，也就是“甲箱的字条是骗人的”，显然违反了之前的假设，所以不能成立。

(3)由此可进一步推论，甲箱的字条是假的，即其中至少有一个陈述并不属实(可能是前面的句子，也可能是后面的句子)。若“乙箱的字条是骗人的”，则表示甲箱的字条是真的，但这个理论又已经证明不成立了。因此，所有的金银财宝一定都藏在乙箱内！

22 说服酋长

◆你是不能说服酋长的。因为外来人既说真话又说假话，你设计的任何话，外来人都可能说。所以，酋长是很难被劝服的。

23 拿破仑的推断

◆秘书利用毛玻璃的特性，偷走了10枚金币，毛玻璃不光滑的一面只要加点水或唾沫，使玻璃上面的细微的凹凸水平，就变得透明了，能清楚地看到失主在房中所做的一切。而在左边的房间毛玻璃的一面是光滑的，就不可能这样。

24 逻辑

◆正确的答案应该是C：有的人没有逻辑。这是个关于否定的问题。“所有的人都是有逻辑的”这句话，它的否定就是“有的人没有逻辑”。“有的人没有逻辑”也包含了“全部的人都没有逻辑”在内。

25 钢桥坠毁

◆固体的弹性限度在零下十几度时就会大大降低，当外力超过它的最大承受能力时，就会在薄弱的地方产生裂缝，当裂缝不断扩大时，就会支撑不住外力而坠毁。

26 马的痛叫

◆90分钟。因为最后一匹马是不用烙火印的，烙火印的目的是为了区别，只有一个没有火印同样可以将它和别的马区分。

27 贵妇的抱怨

◆丝绸和琥珀在一起会摩擦生电，产生的静电吸引空气中的灰尘，使之附着在琥珀首饰的表面，这样琥珀看起来就暗淡无光了。

28 迷路

◆实际上这些人走了一个圈。人走路时两脚之间有一定的距离，大约0.1米，每一步步长约0.7米，由于每个人两脚的力量不可能完全一致，迈出的步长也就不一样。若在白天要沿着直线走，我们会下意识地调整步长，保证两脚所走的路程一样长。当在夜间行走辨不清方向时，就无意识调整步长，走出若干步后两脚所走路程就有一定差距，自然就不是沿直线走，而是在转圈。

29 人鬼渡河

◆假设河岸为左岸和右岸，从右岸出发。① 先一人一鬼过河，鬼上左岸(此时左岸一鬼，右岸两鬼两人，船上一人)；②人回，人上右岸，两鬼过河(左岸一鬼，右岸三人，船上两鬼)；③一鬼上左岸，另一鬼回，鬼上右岸，两人过河(左岸两鬼，右岸一鬼一人，船上两人)；④一人上左岸，一人一鬼回，鬼上右岸，两人过河(左岸一鬼一人，右岸两鬼，船上两人)；⑤两人上左岸，一鬼回，去接剩下的鬼过河(左岸3人，无论怎样都不会被鬼吃掉了，鬼过河后游戏结束)。

30 三个乞丐

◆倒着推就很容易能够算出来了，他原来口袋里一共有42元钱。

31 走私

◆他走私的就是那辆汽车。

32 猜车牌

◆如果罗伯特买的是奔驰，那第三句也是对的，所以罗伯特买的不是奔驰，故排除了B、C。根据选项，可以确定欧文买的是奔驰，也就是说第2句话猜对了，所以叶赛宁买的是本田。所以选D。

33 为什么不会下沉

◆滑水运动员在滑水时，总是身体向后倾斜，双脚向前用力蹬滑板，使滑板和水面有一个夹角。当前面的游艇通过牵绳拖着运动员时，运动员就通过滑板对水面施加了一个斜向下的力。而且，游艇对运动员的牵引力越大，运动员对水面施加的这个力也越大。因为水不易被压缩，根据牛顿第三定律(作用力与反作用力定律)，水面就会通过滑板反过来对运动员产生一个斜向上的反作用力。这个反作用力在竖直方向的分力等于运动员的重力时，运动员就不会下沉。因此，滑水运动员只要依靠技巧，控制好脚下滑板的倾斜角度，就能在水面上快速滑行。

34 橡胶藏在什么地方

◆那些空胶桶就是偷运出去的橡胶。工人们先将橡胶提炼成桶形，待运出工厂后再将它熔化掉卖给他人。

35 如何分钱

◆3人一共带了9个馒头，甲、乙、丙每人吃了3个。也就是说，甲给了丙2个，乙给了丙1个。所以丙拿出的9元就应该给甲6元，乙3元。

36 剑桥大学的难题

◆不能。由①知：标有日期的信——用粉色纸写的；②知：丽萨写的信——“亲爱的”开头；③知：不是约翰写的信——不用黑墨水；④知：收藏的信——不能看到；⑤知：只有一页信纸的信——标明了日期；⑥知：不是用黑墨水写的信——做标记；⑦知：用粉色纸写的信——收藏；

⑧知：做标记的信——只有一页信纸；⑨知：约翰的信——不以“亲爱的”开头。
综上所知：丽萨写的信——不是约翰写的信——不是用黑墨水——做了标记——只有一页信纸——标明了日期——用粉色写的——收藏起来——皮特不能看到。所以，皮特不能看到丽萨写的信。

37 副经理姓什么

◆副经理姓张。
由条件①：老陈住在天津，和条件⑥：与副经理同姓的人住在北京，可知：副经理不姓陈。
由条件⑤副经理的邻居的工龄是副经理的3倍，和条件②老张有20年工龄，因为20不是3的倍数，所以副经理的邻居不是老张，而是老孙。
回到条件⑥与副经理同姓的人住在北京，而老孙是副经理的邻居，再由条件③可知，老孙住在北京和天津之间。
因此，由条件①和以上结论可知，老张住在北京。再结合条件⑥可得出结论，副经理姓张。

38 时钟的问题

◆12个小时中有11次重合的机会。而这些机会是均等的，所以每隔12/11小时会出现一次。具体时刻大家可以自己推算出来。

39 用蜡烛算时间

◆停电的时间是2.4小时。
假设两个蜡烛长度都为1，那么第一根蜡烛的燃烧速度为每小时1/4，那么第二根蜡烛的燃烧速度为每小时1/3，假设同时燃烧X小时后第一支长度是第二支的2倍，那么会有以下等式成立：
1－1/4X=2(1－1/3X)=2.4

40 计算距离

◆两根电线杆之间的距离可以是任何长度。因为相交点的高度等于两根电线杆高度的乘积除以高度之和，与两根电线杆之间的距离根本无关。

41 篮球赛

◆投入自己篮筐里一个2分球，使比分相同，通过加时赛，还有取胜的可能。

42 孩子的数量

◆甲家共有3个孩子，姐姐、甲、弟弟，1个男孩，2个女孩，乙家有2个男孩和2个女孩，丙家有1个男孩和2个女孩。

43 漂亮的青年

◆如果阿伦是那漂亮的青年，那么根据(2)，他将通过化学考试；而根据(8)，他将不能通过物理考试。如果阿伦不漂亮，那么根据(7)，他将不能通过物理考试；而根据(8)，他将通过化学考试。如果布赖恩是那漂亮的青年，那么根据(4)，他将通过物理考试；而根据(8)，他将不能通过化学考试。如果布赖恩不漂亮，那么根据(3)，他将不能通过化学考试；而根据(8)，他将通过物理考试。如果科林是那漂亮的青年，那么根据(6)，他将通过物理考试；而根据(8)，他将不能通过化学考试。如果科林不漂亮，那么根据(5)，他将不能通过物理考试，而根据(8)，他将通过化学考试。

现在可以得到下表：

如果	那么他只能通过
阿伦是那漂亮的青年	化学考试
阿伦不漂亮	化学考试
布赖恩是那漂亮的青年	物理考试
布赖恩不漂亮	物理考试
科林是那漂亮的青年	物理考试
科林不漂亮	化学考试

阿伦不可能是那唯一的漂亮青年，否则阿伦和科林都能通过化学考试，从而与(1)产生矛盾。科林也不可能是那唯一的漂亮青年，否则布赖恩和科林都能通过物理考试，从而与(1)产生矛盾。如果布赖恩是那唯一的漂亮青年，那他倒是唯一能通过物理考试的青年，与(1)相符合，而且他也是唯一不能通过化学考试的青年，与(2)相符合。因此，布赖恩就是那漂亮的青年。

44 逗小狗

◆往身后扔，因为他现在还在往前面走。

45 三人聚会

◆李四说的是真的。

证明：如果张三说的是真的，那么李四说的是假的，那么王五说的是真的，那么张三说的是假的，矛盾。

如果李四说的是真的，那么王五说的是假的，那么张三、李四中至少有一个说的是真的，若张三说的是真的，那么李四说的就是假的，矛盾；若张三说的是假的，那么李四说的是真的，成立。

如果王五说的是真的，那么张三李四说的都是假的，由张三说的是假的，可知李四说的是真的，矛盾。

所以李四说的是真的。

46 谁是主犯

◆乙是主犯。

如果甲说的是真话，则丁说的也是真话矛盾，所以甲说的是假话，则丙不是主犯，丙说的即是真话，则乙说的是假话，故乙是主犯。

47 宿舍遭窃

◆甲最后进的门。

48 谁做的石碑

◆这个石碑是甲所做的。因为如果是乙所做的话，他是要写真话的，而“非乙所做”就是一句假话，这是相矛盾的。同样，这个石碑是不会由丙和丁所做的，那样的话，上面写的“此碑非乙所做”就是一句真话，而他们是不刻真话的。

49 是否改变选择

◆开始的时候，你选中的机会始终都是1/3，选错的机会始终都是2/3。这点是确定的。

当打开一个100元的信封之后，如果你坚持选择那个信封的话：

如果10000元确实是在那个信封里，那么不管主持人打不打开那个100元的信封，你都一定会中奖。所以概率都是1/3×1=1/3。但是如果10000元不在那个信封里，那么在主持人打开100元的信封后，剩下的那个信封100%是那个有10000元钱的。所以如果你还是坚持选择那个信封，中奖的概率是2/3×0=0。那么加在一起，你中奖的概率是1/3。

如果你改变你的决定的话：

如果10000元确实是在你选择的那个信封里，那么改选另一个信封的话，你中奖的概率是1/3×0=0。但是如果你原先猜错了，那么在主持人打开100元的信封之后，剩下的那个信封100%是那个有10000元的。那样中奖的概率是2/3×1=2/3。那么加在一起，你中奖的概率是2/3。
所以说，在这种情况下只要你改变你原先的选择，中奖的可能性就会翻一番！

50 特工安迪

◆六个按钮上面的标号是：D E C A F B。

51 性别游戏

◆A、D、E是女生说假话，B、C是男生说真话。首先可以判断E说的是假话，由此可知C说真话，由C说的话可以判断D说假话，而再有D说的话可以判断A和B中有一个是男生，那么，因为C已经可以判断是男生，所以可知A的话是假话，B的话是真话。

52 花朵的颜色

◆A：5朵黄色；1朵白色；1朵红色；1朵粉色。
B：2朵黄色；3朵白色；2朵红色；1朵粉色。
C：1朵黄色；3朵白色；3朵红色；1朵粉色。
D：1朵黄色；2朵白色；1朵红色；4朵粉色。
E：1朵黄色；1朵白色；3朵红色；3朵粉色。

53 上山下山的人

◆这是拓扑学的问题。可以假设有两个人，一个人上山，一个人下山，他们在同一天上下山，那么他们在途中一定会相遇，相遇的地点就是我们要证明的那个地点。

54 结核病死亡率

◆这里环境优美，卫生条件好，空气好，所以有很多的肺结核病患者来养病，病人有重病不治者死亡，增加了这里的死亡率。

55 银河旅馆

◆银河旅馆的老板说："我们只要把每个房间里的客人都换到原来房间号码2倍的房间中去就可以安排这些无穷多的推销员了。"
真的是这样简单吗？那么大家就一起来看一下，如果这每个房间里的人都住到双号的客房中去了，剩余的所有单号房间便出现了无穷多个，把这些单号房间空出来给那些推销员住，问题便迎刃而解了。
这个题目其实是数学上著名的"希尔伯特旅馆"——它一直被认为是一个有着无数房间的旅馆。这个故事是伟大的数学家大卫·希尔伯特提出的，他借此引用了数学上非常重要的无穷大的概念：每一整数都有一个后继者直至无穷，所以在希尔伯特旅馆的每间房间后面都会有它的下一间……

56 兄弟姐妹

◆3个人。

57 说唱的先后

◆先扔的有利。他比后扔的获得先唱的概率多一倍。

58 混乱的雨伞

◆三个人随机取三把雨伞共有6种可能，其中都取对的只有一种，所以概率是1/6。

59 鲸鱼的居住地

◆甲1100米，乙1200米，丙800米，丁900米，戊1000米。

60 坏侍女

◆这20位皇妃都杀了自己的侍女。

61 英雄的问题

◆聪明的你只要问两个问题就够了。因为关键就在于测出哪一位是不说实话的人或哪一位是说实话的人。所以，你随便问一个人："你是卫士吗？"或者问："这两道门有一道门是活门，有一道门是死门，对不对？"如果他是诚实的人，答案必定是肯定的；否则便是否定的。然后，接下来的问题是："哪一道门是活门？"你将轻易过关，等着美女迎接你。

也许你会更神气地说："只要一个问题便可以解决。"如果英雄问："请问(随便问哪一位卫士)，如果我问他(指另外一位卫士)哪一道门是活门，他会告诉我是哪一道门？"

不论答案指的是哪一道门，你都从另一道门出去，门外肯定有美女相迎。

62 年龄

◆答案是21岁。计算方法很简单，就是将从1开始以后的连续自然数相加，到210的时候，最后一个数字是21。

63 戒烟

◆要等的时间为2的39次方=536870912秒=149130.8小时=6213.8天，快10年了。能在这么长的时间不抽烟，哪能戒不掉呢？

64 埃菲尔铁塔

◆白天，由于光照的角度和强度是变化的，塔身各处的温度也是不一样的，热胀冷缩的程度因此也是不一样的，所以上午和下午不仅出现了倾斜现象，倾斜角度也不一样。夜间，铁塔各处的温度是相同的，所以就恢复了垂直状态。冬季气温下降，塔身收缩，所以就变矮了。

65 比影子

◆一样大。地球距离太阳很遥远，因此，日落时分从太阳发射出来的光，到达地球表面时已经形成平行线。既然是平行光，那么无论飞机在什么位置，它的影子都是一样大。

66 怎样卖电器

◆商店可以提高水果的价格，购买一定数量的水果就赠送一种电器。

67 预测机

◆局长说："预测机下一个预测结果会亮红灯。"如果预测机亮红灯表示"不会"，那么预测机就预测错了，因为事实上它已经亮起了红灯。如果它亮绿灯说"会"，这也错了，因为实际上亮的是绿灯，而不是红灯。这样就可以证明预测机的预测不准确了。

68 拥挤的地球

◆世界人口密度按目前的增长速度，到公元2543年，即离现在500多年的时间内，将达到每平方码的土地上就有1个人。从题目所给的数据中可以直接得出两个数字：首先，1950年的人口密度为47人/平方英里；其次，每过37年世界人口就增长1倍，这样到1987年人口密度将翻1番，即94人/平方英里。2024年则为188人/平方英里。以此类推，到2542年人口密度翻了16番，以后将达到3080192人/平方英里。根据题目所给的数字每平方英里是3079600码，很明显，人口密度只要比2542年的3080192人/平方英里再增加约1.5%就会达到世界上每个人只有1平方码的土地。

69 夜半敲门

◆因为他的门开在悬崖边，那个人好不容易爬上来，他门一开，就被推下去了。如此几次，那个人就摔死了。

70 一半画报

◆解题关键在于：数量为奇数的画报，取其一半再加上半张画报，一定是个整数。因为莎莎在最后一次送礼后只剩下一张画报，所以在她把画报送给阿伦之前，一定有3张画报。3的一半为1又1/2，而1又1/2+1/2=2，所以莎莎最后一次送礼是两张画报，末了自己留有一张完整的画报。现在倒过来往前算就很简单，她原来一定有7张画报，给了菲比4张。

71 铁块

◆水面下降了。因为铁的比重大于水，铁在小木盆里的时候，所排走的水的重量等于铁块的重量，大约为铁块体积的7.8倍。而铁块在水里的时候所能排走的水量仅等于铁块的体积。

72 谁是电影主角

◆埃兹拉是电影主角。

73 录音线索

◆是。约翰临死前的确已将疑凶的电话号码录了音，就是“88884444！不过约翰太太和警方都以为口吃的约翰只说出了8和4，所以一时忽略了。

74 糊涂的法律

◆不可能。

75 鸡与蛋

◆当然是先有蛋。

为什么？请你再看一下题目，题中问的是“蛋”，而不是非鸡蛋不可。爬虫类也会下蛋，它们的出现比鸡要早好几万年。所以当然是先有蛋了。

76 卸运货物

◆船会离岸移开。当人在船尾向岸上抛货物的时候，人将受到方向相反的反作用力，使船向船头方向前进。

77 水果密码

◆进攻。

78 奇怪的老鼠

◆因为老鼠只会跟着领头者，没有自己的思想。当它们各自为首又各自为尾的时候，就会形成一个无限循环的运动状态。因而当它们盲目跟从久了，自己也就失去选择方向的能力，所以，当它们的队伍被分散时，作为这一队伍的一个单元，必然会迷失方向。对于我们每个人来说，也是如此，一旦盲目跟从那些所谓的权威，而停止自己的思考，就会逐渐失去自我。

79 挖地道

◆先盖一所很小的房子，再挖地道。将挖出的一小部分浮土放在小房子里，再接着挖。一面挖，一面用挖出的土填埋身后的地道，这样就不会被发现，而且地道里始终保留着一个赖以呼吸的空隙，即那个小房子装的浮土原来所占据的那个小空间。

第四章
注意与记忆——唤醒沉睡的大脑

1 珠宝何在

◆罪犯先把珠宝塞到青蛙的肚子里，然后让蛇吞下青蛙，他再将蛇带走。

2 紧急时刻

◆他虽是聋子，但是可以说话，喊那个男孩注意就可以了。

3 消失的钱

◆与付账是吻合的。

3个人开始拿出30元钱，后退回3元钱，其结果是3人负担27元钱。

其27元钱的清单是会计收取25元钱和服务员私吞的2元钱，正好与付账的钱一致。

服务员私吞的2元钱，包含在3人负担的27元钱内。

会计收取的25元钱+服务员私吞的2元钱=3人负担的27元钱。

因此，3人负担的27元钱，加上服务员私吞2元钱等于29元钱的数字，实际上没有任何意义。所以说，30元钱与这29元钱的差额的1元钱是无意义的。

4 公安局长

◆吵架的两个人分别是公安局长的父亲和丈夫。

5 蚯蚓

◆有7条蚯蚓，因为被切成两段的蚯蚓都活着。

6 铺瓷砖

◆C工人。

只有正三角形、正六角形及正方形才能把墙面完全铺满，C工人想用正五角形，根本就是徒劳的做法。

7 奇怪的选择

◆因为这个船夫自己不会游泳，所以必然小心行船，比较安全。

8 可怜的学生

◆小强在计算时间的时候重复计算了很多，比如说假期中的睡眠时间和吃饭时间，周末的睡眠和吃饭时间，以及他多算了很多上学的走路时间。

9 能平分吗

◆错。根据杠杆平衡原理，杠杆平衡不仅与质量有关，还与力矩有关。粗的那头的萝卜要重些，大约比另一部分重37%左右。

10 狡猾的奸商

◆如图所示，原来项链上的珍珠是从第7个开始分成左右两侧的，珠宝店老板改为从第8个开始分，这样虽然按照贵夫人的数法还是正确的，但实际上珍珠已经少了两颗。

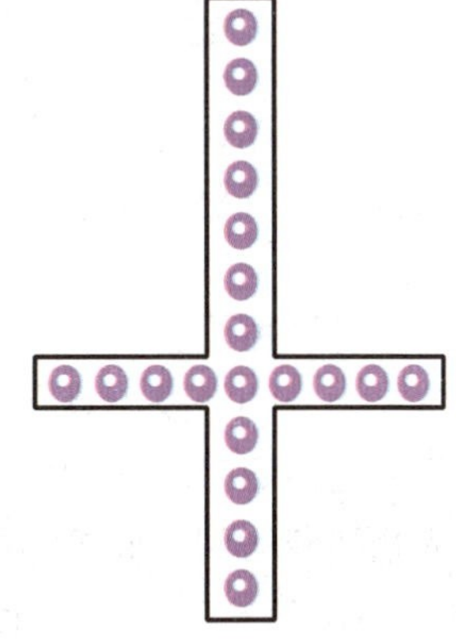

11 第六感官

◆小琴的姐姐是没有第六感官的。她猜中的概率也不是百分之百，因为她没有猜中的时候，就是小琴睡着的时候。而小琴不知道的概率恰好弥补了她的姐姐猜错了的概率。这个题非常简单。

12 小猫的数量

◆4只。

13 战胜冠军的秘密

◆很简单，开出租车的和象棋冠军玩的是乒乓球，和乒乓球冠军玩的是象棋。

14 最佳人选

◆肯定会选提名最多的第二候选人。

15 极速飞车

◆无法确定。因为不知道全程多少。

16 发财梦

◆学经济的人的计算方法是这样的：钱的增加和所购物的价格上涨正好抵消。没做交易前5元钱就能买到所购物，但交易后7元才能买到，这里6元和8元是相同的使用价值，第1次交易后钱是比交易前多了1元，但是物价上涨到7元，从使用价值来说还是亏了1元的，这亏的1元又从第二次交易中赚了回来，所以说并没有赚到钱，这就和期货里的套期保值是一样的。经济学家说的赚钱是经济里的赚钱，而不是纯数字里的比大小。

钱只是作为一种币值而已，不具有价值，换句话说拿在手上的钱是不具有实在意义的，只有凭借它换取了相应的物才有实在的价值，而物随着时间空间等不同因素的变化其相应的币值会不一样，回到交换的实质，钱不是价值只是一种流通的工具。但是这样的算法就使得本题的条件不足，缺乏时间的限定。一般人的算法是6-5+8-7=2，这种算法没什么错误，最后这个商人赚了2块，可是我们看到，他的投资成本从开始的5元钱，到第二次买回所购物时，又增加了1元钱，所以，他的投资成本并不是5元钱，而是6元钱。最后赚到的2元钱并不足以买回所购物，所以如果这个交易仍然持续下去的话，他只能投入越来越多的成本。

17 谁在挨饿

◆不对。动物园里有两只幼熊。

18 葱为什么卖亏了

◆要知道，葱原本是1元钱500克，也就是说，不管是葱白还是葱叶都是1元钱500克。而分开后，葱白却只卖7角，葱叶只卖3角，这当然要赔钱了。

19 消失的100元

◆两个父亲和两个儿子实际是祖孙三代的三个人。

20 该听谁的

◆因为乙的错误率可能达到80%，如果按照乙的意见的相反方向去办，正确率比甲的要高。

21 情报员的智慧

◆驾驶飞机降落在一个海拔高度超过2000米的机场就可以了。

22 什么时候相遇

◆1分钟后。

23 书虫啃书

◆6.2厘米。而你计算的是不是把所有的厚度都相加呢？要看清楚书所放的位置。书虫只啃了第一册的封面、第二册和第三册的全部以及第四册的封底。所以，书虫啃书的厚度是0.1+3+3+0.1=6.2厘米。

24 掉在井里的喜鹊

◆不能。因为鸟的飞行理原理与一般飞机相同，必须有足够长的飞行空间。它学不了直升飞机，所以只能“坐井观天”了。

25 吝啬鬼的把戏

◆在这笔糊涂账中，关键在于第一次的1元钱已经“变”成了面条，不能再算了。吝啬鬼还应该再付1元钱。

26 点头的次数

◆共计400次，男员工之间点头90次，女员工之间点头90次，男员工和女员工之间点头200次，员工向领导点头20次。题目中只说员工向领导点头致敬，并没有说领导也要点头。

27 吃麦苗的小羊

◆树距离麦田有8米远，如果小羊和麦田在树的两边的时候，正好是18米，也符合题意，但小羊仍然可以吃到麦苗。

28 手表准吗

◆乍看起来，他的表是走得很准。其实，走得并不准。这是因为，当他用新买的手表同闹钟对比时，每小时快2分钟，但这2分钟并不是标准的2分钟(因为闹钟上的时间并不是标准时间)；而当他用闹钟和电台播出的时间对比时，每小时慢2分钟，这却是标准的2分钟。所以，前后虽然同是2分钟，但实际上还存在着快慢的不同。如果我们从逻辑的角度来分析，这前后两个“2分钟”的概念的内涵是不同的。前一个“2分钟”，是以走时不准的闹钟为标准的，因而这2分钟不是标准的2分钟；而后一个“2分钟”却是以电台播出的标准时间为标准的，因而是标准的2分钟。既然如此，这两个“2分钟”当然就不一样了。所以，他由此认为手表走时很准的结论是不可靠的。恰恰相反，正由于两个“2分钟”不是一样的，所以，由此可认定他的手表走时不准。

29 最好的办法

◆小华只要站在门口大声喊小明的名字就可以了。

30 小青蛙跳井

◆小青蛙每跳1.8米就又掉下去了，所以它永远不能跳出那个3.5米的井。

31 吹气球

◆这是因为窄口瓶子里有气体，当气球吹起后，窄口瓶子的瓶口被封住，瓶子里的气体跑不出去，自然会对气球形成压力，使气球吹不起来。

32 最先到达的地方

◆先别急着选答案，首先环球航行的应该是麦哲伦。

33 失事的飞机

◆幸存者还活着，只有罹难者才会被埋葬。

34 钓鱼的条数

◆他没有钓到鱼。因为“6”去了“头”就是“0”，“8”从中截断是两个“0”，“9”去了“尾”也是“0”。

35 存放的地方

◆因为215页和216页是在同一张纸上的，是一张纸的两面，中间是不能夹任何东西的。

36 绳子的长度

◆当水位上升时，船也跟着上浮，所以绳结是不会没入水中的。

37 睁眼闭眼的次数

◆你现在是睁着眼看这道题的，如果你生下来的时候是闭着眼的，那么它们一样多，如果你生下来是睁着眼的，那么睁眼的次数比闭眼的次数多一次。

38 带手电的盲人

◆他打着手电别的人才不会撞到他。

39 讲外语

◆B用中国话把内容传给C和D。

40 这样合理吗

◆其实乙只用给甲10元钱就可以了。因为点心是两个人合钱买的，每人一半，如果乙从甲那里多拿了一个点心，他的点心数量就比甲多了2个，因此虽然乙比甲多吃了两个，但他只用给甲一个的钱。

41 火车的位置

◆在铁轨上。

42 互看脸部

◆她们可以面对面站。

43 谁在敲门

◆一个女人。

44 是否平安

◆收音机的播音员就是木户先生的儿子。

45 水手

◆因为小伙子穿着水手制服。

46 取药片

◆只需要将瓶塞按到药瓶里面去就可以了。

47 硬币魔术

◆在你转身之前，你要注意一下有多少枚硬币是面朝上的。你知道，面朝上的硬币数目每次要么增加2，要么减少2，要么不变。所以，如果一开始面朝上的硬币数目是奇数，最后仍将是奇数，无论有多少对硬币被翻了面。当你最后转回身来，你要数一下现在面朝上的硬币数目。如果和开始时一样是奇数(或者和开始时一样是偶数)，那么被遮住的硬币一定是面朝下的。反之，被遮住的硬币是面朝上的。

这个简单的戏法证明了奇偶性的重要：硬币数目的奇偶性是不变的，只要硬币是一对一对翻个面(而不是单个硬币翻个面)。

48 猜水果

◆合在一起，当然只有一堆了。

49 美国人的饭量

◆二月，因为二月日子最少。

50 你是第几名

◆如果你答第一，你就完全错啦！如果你超过原本第二的人，你便取代了他的位置，即是第二。

如果你答倒数第二，你又错啦！ 你又怎么可能超过最后一个人，他都是最后一个了，你怎么还会在他后面?

51 第五个女儿

◆呵呵，你不会答nunu吧。其实答案很简单，她的名字叫Mary。

52 小狗赛跑

◆都不流汗。狗用舌头降温。

53 谁先发现

◆是大猴菲菲最先发现有人开枪，因为光的传播速度最快，其次是声音。

54 镜子房间

◆也许你会想，你能看到无数个自己，其实你什么也看不见。因为没有光线能射进房间里面，到处一团漆黑。

55 汉堡顿球场

◆如图：

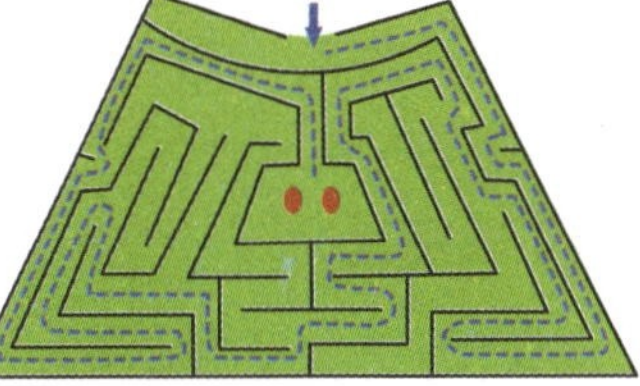

56 一场战争

◆这里说的是一场象棋比赛。

57 一笔画图

◆从A点出发，A-B-C-E-H-I-E-B-D-E-F-C-A+弧AK；从K点出发，K-L-G-H-L-M-H-D-G-K+弧KO；从O点出发，O-J-N-I-J-F-I-M-N-O+弧OA。

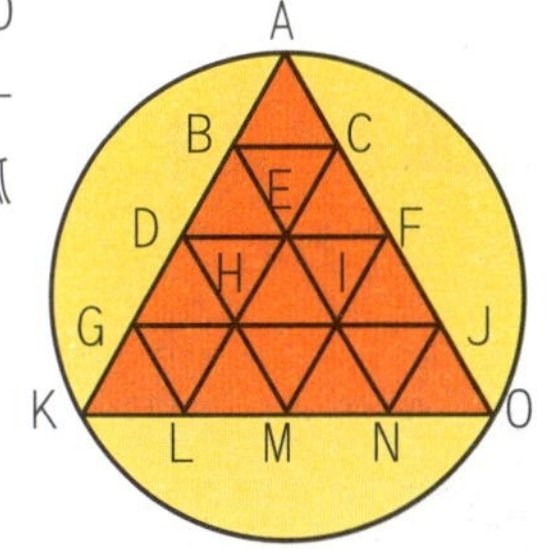

58 螃蟹赛跑

◆黑的赢。因为红的已经被煮熟了。

59 鸡蛋不破

◆可以。只要将生鸡蛋拿到1米以上的高度，然后让鸡蛋自由下落，当它下落了1米的时候，并没有碰到地面，当然不会破。

60 谁先着地

◆矮个子先着地。这是因为高个子的平衡点比矮个子的平衡点要高，而平衡点离地面越近，物体倒下去的时间就越短。所以矮个子与高个子相比，倒下后会先着地。

61 录取概率

◆不会。

62 孤烟直

◆存在。如果当时的风向和风速与这艘船的方向和速度相同，那么对船来说，就相当于处于无风状态，这时候烟就可以直直地往上冒。

63 抓老鼠

◆37只。

64 天气预报

◆无雨。推理如下：

这里要注意的是，天气预报是前天的，所以预报中说的后天就是今天。由此一步步进行推论就能得出：昨天的天气和前天的不同。由于前天下了雨，故昨天的天气是无雨。如果把答案说成“昨天是晴天”，那就不准确了，因为与雨天不同的天气也可能是阴天。

答案

第五章 排除与假设——熟谙思海战术

1 三位美女

◆首先，黑发美女不是天使，因为天使只说真话，如果她是天使，她就不能说自己“不是天使”。并且，黑发美女也不是魔鬼，否则她说的“我不是天使”就成了真话，而魔鬼总是说假话的。所以，黑发美女只能是常人。

接下来，再看茶发美女。她不可能是常人(因为前面已经确定黑发美女是常人)，她也不可能是魔鬼，否则“我不是常人”就成了真话，而魔鬼是不说真话的。所以，茶发美女是天使。

两个已经确定了，那余下的金发美女，就只能是魔鬼了。

2 一起谋杀案

◆假设希吉说的是真话，那么就一定是里克干的，而伊凡又说：“我没有杀人。”根据假设可知，他说的是假话，那么也就是说他杀了人，这与希吉说的“是里克干的”相矛盾，所以希吉说的是假话。如果里克说的是真话，那么依然与伊凡说的“我没有杀人”相矛盾。如果说伊凡说的是真话，那么里克和康奇的话又是矛盾的，所以只有康奇说的是真话。结论就是伊凡杀了人。说真话的是康奇。

3 大嘴鲈鱼

◆E。

大嘴鲈鱼界只在有鲦鱼出现的河中长有浮藻的水域里生活，这句话的本质是：“鲦鱼出现”“长有浮藻”是大嘴鲈鱼生存的两个必要条件，也就是说如果有大嘴鲈鱼生存，则必然有“鲦鱼出现”“长有浮藻”，反之则不一定成立。

Ⅰ.鲦鱼只在长有浮藻的河中才能发现。“长有浮藻的河中”是大嘴鲈鱼生存的环境条件之一，与鲦鱼无关；

Ⅱ.漠亚河中既没有浮藻，又发现不了鲦鱼。漠亚河中没有大嘴鲈鱼，这无法判断是否有浮藻，是否有鲦鱼；

Ⅲ.如果在漠亚河中发现了鲦鱼，则其中肯定不会有浮藻即使漠亚河中发现了鲦鱼，也发现了浮藻，漠亚河中也可以没有大嘴鲈鱼；

可知Ⅰ、Ⅱ和Ⅲ都不成立，答案为E。（整个问题的关键就是充分条件、必要条件与充要条件的区分）

4 小男孩和小女孩

◆两个孩子都在说谎，所以穿红衣服的孩子是女孩。

5 箱子在哪里

◆4年后他长大了，步子也大了。只要小步走10步就挖到了。

6 仓库被盗

◆甲和丁。

7 职业

◆汤姆是医生，卡尔是律师，乔治是推销员。

8 谁在说谎

◆假如乙是老实国人，他回答一定是“老实国人”。如果他是说谎国人，他要说谎，回答也一定是“老实国人”。丙如果是说谎国人，他在转述乙的回答的时候必定要说谎，就会说成“他说他是说谎国人”。可是丙并不这样说，可见他没有说谎，他是老实国人，而甲、乙两个都是说谎国人。

9 哈代的算式

◆第一道题只要改变两个算式符号即可：14-7+4=11。第二道题则要将后面的加号横移到前面：114-111=3。

第二道题如果换一种思路，1即可以是数字1，又可以是绝对值符号。那么这个算式就可以变成14-|1|=13，把后面的加号变成1，拿走的横放在3的前面。还有其他的形式：4-|+1|=3(把14前面的1放到加号后面，两个1作为绝对值)，14-|11|=3(把加号的横换成1，成为11)。当然，这需要思维的创新，改变根深蒂固的运算习惯。

10 偷答案的学生

◆以A、B、C代替三名学生，D代替教授。

不是D上课的两节课中，组合是C，BC。所以D上课的三节课中，出现的组合只可能是A，AB，AC，ABC，B。其中必有两个包含C 的组合，即AC，ABC，所以另外一个组合只可能是B。

很显然，杰克是偷试卷的。

11 语言的差别

◆甲是地球人，乙是火星人，丙是海王星人。

12 猜帽子的颜色

◆他的依据是，围坐的6个人要是能猜出自己头上的帽子的颜色，须保证能看到4顶蓝色帽子，或者一顶蓝色帽子和3顶红色帽子。但是没有人看见，这说明中间的人带的是蓝色的帽子，而避免了以上的情况。

13 年度大会

◆最多可能有7个人，最少一个也没有。

14 冤家夫妻

◆上个月是2月，只有28天，他们在上上个月，即1月17日结的婚。

15 谁可以今天点鸡，明天点鱼

◆乙可以。根据(1)，如果甲要鱼的话，那么乙要的就是鸡，这时，根据(2)，丙要的也是鸡，这和(3)相矛盾。所以，甲能要的只能是鸡。再根据(2)，丙要的只能是鱼。再从题意中看，发现乙既可以要鸡也可以要鱼。所以只有乙能今天点鸡，明天点鱼。

16 他撒谎了吗

◆这是一个悖论，无法判断真假。如果你认为他说的是真话，那么，他是希腊人，他自然也是撒谎者，所以他也是撒谎者。但如果他是撒谎者，那么希腊人就都是不会说谎的人，因而他说的应该是真话。

17 哪道菜里有毒

◆毒药是放在冷冻饼干后的那道海蛎里面。由于布里达连吃两盘冷冻饼干，嘴里被冻得发麻，于是再吃下海蛎时，就不会觉察出毒药的苦味了。

18 各自的职业

◆由(4)可知丙和丁对面坐，那么甲乙也是对面坐。再由(1)可知乙是物理老师；
由已知乙是女的和(3)，那么乙在丙的左边，由(2)知丙是化学老师；
由(5)可知，甲是语文老师，丁是数学老师。
甲是语文老师；乙是物理老师；丙是化学老师；丁是数学老师。

19 小说家

◆所依据的假设是D。题干推理过程是：作者早期小说遵守成规——新发现的作品遵守了成规——作品是早期作品。显然，该推理缺乏大前提，即作者晚期小说中没有早期作品这样风格的，这就是题意的假设。

20 卖给谁

◆卖给买6千克米的人。有人可能会认为商贩只需要花50秒舀出2.5千克米，再把剩下的米全倒给买10千克米的人。但这里有一个关键的问题，购买者不知道商贩的口袋里总共有多少千克米，即使商贩告诉他共有12.5千克，他恐怕也不会相信，除非让他亲自称量，这样消耗的时间更多。所以，商贩只能花120秒的时间卖给买6千克的人。

21 津贴

◆已知小张第一次领到4美元的日期是当月4日，星期六，这样就能推出当月另外四个星期天为5日、12日、19日和26日。从日历上可以看出，每周到达目的地那天的日期，等于该周星期日的日期，加上到达目的地那天是星期几的这个数。那么，小张这个月内领到的钱为：4+5+12+19+26+这四个到达目的地的星期几数字之和。

所以，小张这个月共领到津贴费为：(4+5+19+26)+(3+4+4+5)=82美元。

22 验毒酒

◆20个。把这20个人分成10组，每组2个人，那么，从每一组中选出1个人组成一个10维的数组，一共有1024种组法。
那么，现在对酒编号并调好酒喂囚犯，每组死一个人，一共有1024种死法，每种死法对应1瓶酒有毒。
调酒方法：将酒的编号用二进制数表示，那么，只要10位二进制数就能表示所有的酒。现在，对于第一组人，将二进制数第一位为0的酒混合喂给第一个人，第一位为1的酒混合喂给第二个人。那么，根据死哪一个人，就能确定有毒的酒在第一位为多少的酒里。依此类推，这样就能确定哪一瓶酒有毒了。

23 外星来客

◆假设菲尔德撒谎，从奥尼尔和卡思的发言来看，卡思和菲尔德是同一星球的，进一步从韦伯的发言来看，卡思和奥尼尔是不同星球的，结果菲尔德的发言反而不是谎言，与前面的假设相矛盾。所以，菲尔德的发言是真实的。
假设撒谎的是卡思或奥尼尔或是卡思或是韦伯都是一样，他们的发言都是真实的。
所以奥尼尔撒了谎，从而可知卡思和韦伯都是水星人。
因此可推断，奥尼尔、杰森是火星人，菲尔德、卡思、韦伯是水星人。

24 如何换轮胎

◆把这8个轮胎编上号码，每过5000千米，就换一次轮胎，这样所有轮胎可以使用四次。换轮胎的顺序如下，123，124，134，234，456，

237, 567, 568, 578, 678。这样, 正好可以行驶5万千米。

25 取袜子

◆这个问题的关键是"相同"与"不同"。取1双颜色相同的, 答案是"3只"; 取1双颜色不同的, 答案才是"8只"。可见凡回答为"8只"的, 往往是由于存在着"颜色不同"这种心理倾向。那么, 既然题目明明要求取"颜色相同"的, 而被试者为什么偏偏会产生"颜色不同"这种心理倾向呢? 这就是题目暗示影响的结果。题目中"黑白"表明了"颜色不同"; "各7只"也暗示要取"颜色不同"的袜子, 因为"各7只"对取"颜色相同"的袜子没有实际意义。取颜色相同的袜子, 不论是各5只、7只、10只……都无所谓, 都是至少要拿出3只, 只有取"颜色不同"的袜子时"各7只"才有实际意义。此外, 由于"黑白""各7只"的影响, 也就产生了"取1双即各拿1只(即颜色不同)" 的心理倾向。受暗示影响最大的是"各7只", 如果把"各7只"改成"有黑白两种颜色的袜子", 那么就能很快地回答出至少要拿3只。

26 谁是贫困生

◆答案: Lily并非家境富裕, 所以她是贫困生。

假设1: 假设Jane聪明, 那么根据第一条和第三条那么Jane: 聪明、富裕、才女, 那么KATE和Lily必定就都有气质, 根据第二条他们俩也是才女, 所以假设不成立。并且得出Jane不聪明, 则Kate和Lily都聪明。

假设2: 假设Jane不富裕, 那么Kate和Lily又聪明又富裕, 因为每人最多只有三个特点和第二条, 那他们都不能有气质, 所以不成立, 那么Jane必定富裕;

解答: Jane富裕, 根据第三条那么Jane: 富裕、才女, 那么Kate和Lily只有一个是才女, 又因为第二条, 也只有一个有气质, 所以Jane必定有气质, 那又有两种情况:

一是Kate有气质, 那么也是才女, 那么她肯定不富裕, 而如果Lily富裕的话那么他肯定是才女, 这样就三个才女了, 所以不成立;

二是Lily有气质, 因为Kate有气质不成立, 那么Lily必定有气质, 也是才女, 那么他一定不富裕了。所以得出:

Jane: 富裕、才女、气质

Kate; 聪明、富裕

Lily; 聪明、气质、才女

27 公寓的住客

◆三家房客的名、姓和所住的层次如下: 罗杰·沃伦和诺玛·沃伦夫妇住在顶层; 珀西·刘易斯和多丽丝·刘易斯夫妇住在二层; 吉姆·莫顿和凯瑟琳·莫顿夫妇住在底层。

28 究竟哪一天考试

◆考试不可能在星期五, 因为它是可能举行考试的最后一天, 如果在星期四还没有举行考试的话, 那你就能推出星期五要考试。但老师说过, 在当天早上八点之前不可能知道考试日期, 因此在星期五考试是不可能的。但这样一来, 星期四便成为可能举行考试的最后日期。然而考试也不可能在星期四。因为如果星期三没有考试的话, 我们就知道考试将在星期四或星期五举行。但从前面的论述可知, 星期五可以排除, 这就意味着在星期三就已知道在星期四要进行考试, 这是不可能的。现在星期三就成为最后可能考试的日子。但星期三也要排除, 因为如果你在星期二还没有考试的话, 便能断定在星期三要考。如此等等，根据同样的理由，全周的每一天都要被排除，所以这场考试无法举行。

29 奇怪的赛跑

◆显而易见，运动员当然会超过乌龟，但是要确定具体的超越点却不是很容易。可设乌龟跑了s千米后可以追上，则运动员跑了s+12千米，则(s+12)/s=12/1。解得s＝12/11千米。

30 盲人分袜

◆因为八双袜子的布质、大小完全相同，他们把商标纸撕开，每人取每双中的一只，然后重新组合成两双白袜和两双黑袜就可以了。

31 巧贴标签

◆从标着“混合”标签的筐里拿一个水果，就可以知道另外两筐装的是什么水果了。因为标签全部贴错了，标有“混合”的一定只有一种水果。确定了以后，就知道另外两个筐里都装的什么水果了。

32 猴子的谎言

◆(1)假设小猴子的话是假的，那么小猴子摘的桃少于大猴子，大猴子就只有1个，这是矛盾的。所以，小猴子的话是真的，小猴子≥大猴子，大猴子摘的桃不可能是1个。

(2)假设中猴子的话是假的，中猴子摘的桃少于小猴子，小猴子是2个，所以中猴子就是1个。那么，大猴子的话就成了假的，而且必须是大猴子摘的桃少于中猴子，这与(1)矛盾。所以，中猴子的话是真的，中猴子≥小猴子，小猴子摘的桃不可能是2个。

根据(1)、(2)可知，可能性有以下几种：

(3)大猴子2个、小猴子3个、中猴子3个。

(4)大猴子3个、小猴子3个、中猴子3个。

在(4)的情况下，大猴子和中猴子是同样的，但是，大猴子又撒了谎，这是不可能的。

所以，(3)是正确答案。即大猴子2个、小猴子3个、中猴子3个。

33 三人进水果

◆他们在两个地方进香蕉，第一个地方，香蕉的价格是2元每千克，甲买了40千克，乙买了50千克，丙买了60千克；第二个地方的香蕉的价格是1元每千克，甲买了70千克，乙买了50千克，丙买了30千克。这样每个人都花了150元。

34 大赛的冠军

◆他是这样推论的：设另外两个人分别为甲和乙。

甲举手了，这说明我和乙两人中，至少有一个人是戴红帽子的。

同样，乙举手了，这说明我和甲两人中，至少有一个人是戴红帽子的。

如果我头上不是戴红帽子，那么，乙一定会想：

“甲举了手，说明乙和我至少有一个人头上戴红帽子，现在，乙明明看到我不戴红帽子。所以，乙一定戴红帽子。”在这种情况下，乙一定会知道并说出自己戴红帽子。可是，他并没有说自己戴红帽子。可见，我头上戴的是红帽子。

同理：如果我不是戴红帽子，甲的想法也会和乙是一样：“乙举了手，这说明甲和我两人中至少有一个人头上戴红帽子。现在，甲明明看到我头上不戴红帽子。所以，甲一定戴红帽子。”在这种情况下，甲一定会知道自己戴红帽子，可是，甲并没有这样说。所以，我头上戴的是红帽子。

35 谁是罪犯

◆由(2)、(3)、(5)知道A、C都不能有罪。由(1)知道A、B、C至少有1个人有罪，那么B肯定有罪。

由(4)知道只有B一人有罪。

36 猫狗百米赛跑

◆还是不能同时到达终点。按照猫和狗速度的比例，第二场狗到达终点时，猫还距离终点1米。

37 国际刑警

◆唯一的组成办法是：A、C、E代表北美，V、Y、Z代表南美，共同组成一支缉毒部队，这样是双方都能接受的方案。

38 土耳其商人

◆既然商人带了红帽子，如果自己也带的是红帽子，B就马上可以猜到自己是戴黑帽子(因为红帽子只有2顶)；既然B没说，那就是说自己带的是黑色帽子。

B也是一样的，但是B却没说，可见，B的反应太慢了。结果，A被土耳其商人雇用了。

39 倒霉法则

◆我们把袜子编上号：A1、A2、B1、B2、C1、C2、D1、D2、E1、E2。 如果掉的袜子正好是1双，留下4双袜子，那么就应该有5种可能。而如果掉的不是一双，只有3双能用，这种情况共有40种可能。可见最坏的情况是最好的8倍。

40 店里是卖什么的

◆可以至少推算出表中这样的结果。

<table>
<tr><td></td><td>面包店</td><td>花店</td></tr>
<tr><td colspan="3">街道</td></tr>
<tr><td></td><td>1号</td><td>书店</td></tr>
</table>

根据(5)和(6)可以知道，酒吧和文具店在道路的同一边。再看看图就会发现只有在1号店这一边才有可能。而且，6号店也会在这一边，可知6号店的位置一定是在1号店的左边或右边。而6号店的隔壁是酒吧，所以就知道1号店是酒吧了。

41 多多移水杯

◆从左边数，将左边第二个杯子的水倒进第七个(即原空杯子的第二个)杯子里，然后放回原处；再将左边第四个杯子的水倒进第九个(即原空杯子的第四个)杯子里，然后放回原处，这样就达到题目的要求了。

42 如何活命

◆可用假设法。如果第一个碗是“活”，那么2、3两句都是对的，故不在。如果第二个碗是“活”，那么1、3两句都是对的，故不在。如果第三个碗是“活”，则只有第1句是对的，符合题意。所以要选择第三个碗。

43 古希腊的传说

◆假设玛丽是受害者，那么露西的话虽然说的是受害者却又是真的，所以，玛丽不可能是受害者。

假设瑞利是受害者，那么玛丽和劳尔的发言虽然说的是被害者却又是真的。所以，瑞利不可能是受害者。

假设劳尔是受害者，那么瑞利的话说的是受害者却又是真的，所以劳尔不可能是受害者。

综上可知，露西就是受害者。

44 泰国斗鱼

◆从打斗一开始，小鱼就占据优势，所以只可能是小鱼获胜。答案可以这样得到：小鱼每三条一组分别对付3条大鱼，另外4条小鱼对付剩下的1条大鱼。这四条小鱼需要3分钟解决第一条大鱼。之后这四条小鱼若分开协助的话，则是5、4、4对付余下的3条大鱼，则第二条大鱼在2.4分钟时被杀；第三条和第四条也同时背吃了2.4分钟，剩下的0.6分钟的大鱼也被杀鱼第二条大鱼的5条小鱼协助，所以最多用不了6分钟杀死所有大鱼。

45 微软公司的智力题

◆先走进有开关的房间，将三个开关编号为A、B和C。将开关A打开10分钟后关闭；再打开B，然后马上走到有灯的房间，此时房间内正亮着的灯由开关B控制。用手去摸一摸另外两盏灯，发热的由开关A控制，凉的由开关C控制。

46 谁杀害了医生

◆四个人的话显示，A、C离开时医生已死，B、D到达时医生还活着，所以B、D应该比A、C先去的医生家。由B不是第二个，C不是第三个可以知道四个人的顺序是B、D、A、C，而从D的第一句话知道他不是凶手，所以凶手是埃弗里。

47 青蛙也浪漫

◆青蛙王子应该选择逆时针方向蹦跳，这样，它们分别蹦跳9次以后，就能跳到同一块石头上了。

48 玩具世界

◆一个狗、一个熊猫、一个洋娃娃。

49 骑士的话

◆要么我是贫穷的骑士，要么我说假话。

50 律师的难题

◆那位寡妇应分得1000元，儿子分得2000元，女儿500元。

51 小刘的逻辑问题

◆他的第一个问题是：

“今晚你愿意和我一起去吃饭吗？”

他的第二个问题是：

“对这个问题的回答，与对第一个的回答是一样的吗？”这样，这位女生如果对第一个问题说不，那么对于第二个问题，她无论说是还是不，都在逻辑上是自相矛盾的。所以，她对第一个问题只能回答“是”。

52 休闲城镇

◆根据已知条件得知，餐厅在星期一、星期二、星期四、星期五和星期六开门营业，在星期日和星期三关门休息，而在连续营业三天的第三天关门休息，因此，这连续三天的第一天不是星期五就是星期一。因为一星期中没有一天餐厅、百货商场和蛋糕店全都开门营业，那么蛋糕店只能在星期一或星期五开门，假设在星期五开门，则第二个连续营业三天的关门信息不成立，所以蛋糕店只在星期一开门，由于丁丁到达休闲城镇的那一天蛋糕店开门营业，所以那一天一定是星期一。

53 火中逃生

◆假设两只篮子分别为A、B。

(1)婴儿放入A，B篮空，则A降，B升；

(2)狗放入B，则A升，B降；

(3)婴儿出，威尼进A，则A降，B升；

(4)狗出，婴儿放入B，威尼出，则B降，A升；

(5)狗入A，则A降，B升；

(6)狗出，则B降，A升；

(7)威尼、狗、婴儿都进入B篮，老婆进入A篮，则A降，B升；

(8)威尼和狗出，老婆出，则B降，A升；

(9)狗入A篮，则A降，B升；

(10)狗出，则B降，A升；

(11)狗入B篮，威尼入A篮，则A降，B升；

(12)婴儿入A篮，威尼出，则B降，A升；

(13)狗出B篮，则A降，B升；

(14)婴儿出，大功告成。

54 贴纸条猜数

◆36和108。

首先说出此数的人应该是二数之和的人，因为另外两个加数的人所获得的信息应该是均等的，在同等条件下，若一个推不出，另一个也应该推不出（当然，这里只是说这种可能性比较大，因为毕竟还有个回答的先后次序，在一定程度上存在信息不平衡）。

另外，只有在第三个人看到另外两个人的数一样时，才可以立刻说出自己的数。

以上两点是根据题意可以推出的已知条件。如果只问了一轮，第三个人就说出144，那么根据推理，可以很容易得出另外两个是48和96，怎样才能让教授问了两轮才得出答案，这就需要进一步考虑：

A：36 （36/152）

B：108(108/180)

C：144(144/72)

括号内是该同学看到另外两个数后，猜测自己头上可能出现的数。现推理如下：

A、B先说不知道，理所当然，C在说不知道的情况下，可以假设如果自己是72的话，B在已知36和72条件下，会这样推理——“我的数应该是36或108，但如果是36的话，C应该可以立刻说出自己的数，而C并没说，所以应该是108！”然而，在下一轮，B还是不知道，所以，C可以判断出自己的假设是假，自己的数只能是144！

第六章
分析与综合——细节与大局的辩证观

1 不合格的乒乓球

◆将12个乒乓球分为A、B、C三组，每组4个。

天平两端各放A、B两组4个乒乓球。(第一次称)

一、如果天平平衡：

1.则坏球必定在C组的4个乒乓球中。

2.从中C组中取3个球(C1、C2、C3)和从前两组正常球任意取3个球分别放在天平两端。(第二次称)

如果天平平衡：则说明C4为我们要找的球。然后和任意一个正常球球比较后便知道是轻还是重。(第三次)

如果天平不平衡：便能知道3个球中有我们要找的球，且由第二次的结果可知所找的球是轻还是重。然后任取三个中的2个放在天平两端，如果平衡则另一个球便是要找的球。不平衡根据刚才对轻重的判断找出该球。(第三次称)

二、如果天平不平衡：

1.说明在A、B两组中有我们要找的球。

2.此时我们从正常的C组中取出3个球，把B组中3个(如B1、B2、B3)换出，再用B1、B2、B3换出A的3球，天平左右两端分别是B1、B2、B3、A4和C1、C2、C3、B4。(第二次称)

如果天平平衡： 便能知道A1、A2、A3球中有我们等找的球，且第一次的结果可知所找的球是轻还是重。然后任取三个中的2个放在天平两端，如果平衡则另一个球便是要找的球。不平衡根据刚才对轻重的判断找出该球。(第三次称)

如果天平不平衡：

(1) 与第一次称重时左右轻重不同(天平左右倾斜变化)，要找的在B1、B2、B3中且知道它的轻重。任取三个中的2个放在天平两端，如果平衡则另一个球便是要找的球。不平衡根据刚才对轻重的判断找出该球。(第三次称)

(2) 与第一次称重时左右轻重相同(天平左右倾斜不变)，则球是A4或B4。从中任取一个(如A4)与正常球称。(第三次称)

如平衡则B4是要找的球，且由前两次可知轻重。

不平衡则A4为要找的球，且轻重一看便知。

2 衣着规定

◆将所列条件加上“如果……那么……”问题就方便多了：(a)如果穿燕尾服，那么一定是超过16岁的。(b)如果戴大礼帽，那么就是超过15岁的。(c)如果星期六下午观看棒球比赛，那么就戴大礼帽，或穿燕尾服，或两者俱全。(d)如果带伴，或超过16岁，或既带伴又超过16岁，那么就不准穿毛衣。换句话说，如果穿毛衣，那就既不带伴，又不超过16岁。(e)如果看球赛，那就穿毛衣。

所以，星期六下午看球赛的男生穿戴情况：

根据(e)，穿毛衣；

根据(d)，不带伴，不超过16岁；

根据(a)，不穿燕尾服；

根据(c)，戴大礼帽；

根据(b)，超过15岁。

3 物质与灵魂

◆答案D。

4 赛马

◆这样的结果是可以发生的：
第一次：甲、乙、丙、丁。
第二次：乙、丙、丁、甲。
第三次：丙、丁、甲、乙。
第四次：丁、甲、乙、丙。

5 背后的圆牌

◆D的背后是白牌。
分析过程如下：
(1)推知E背后系的是什么颜色的圆牌。
E说："我看见四块白牌。"如果E说的是真话，那么A、B、C、D四个人讲的全是真话，这样，他们应该都说："我看见四块白牌。"但是事实上，A、B、C都没有这么说，可见，E说的不是真话。即E背后系的是黑牌。
(2)推知B背后系的是什么颜色的圆牌。
B说："我看见四块黑牌。"如果B说的是真话，首先可以得出两个矛盾的结论。一方面，如果B说的是真话，C一定是系黑牌的(除B以外的A、C、D系的都是黑牌)；另一方面，如果B说的话是真的(系的是白牌)，那么，C说的"我看见一块白牌和三块黑牌"这句话也是真的(即系白牌)。根据归谬式推理(如果甲，那么乙；如果甲，那么非乙；乙而且非乙恒假；所以非甲)。B说真话是不可能的，即B系的是黑牌。
(3)推知A背后系的是什么颜色的圆牌。
A说："我看见三块白牌和一块黑牌。"如果A说的是真话，那么五个人中只有一个挂黑牌。但是，以上已推知B、E系的是黑牌。所以，A说的不可能是真话。因此，A系的也是黑牌。
(4)推知C、D背后系的是什么颜色的圆牌。
C说："我看见一块白牌和三块黑牌。"假定C的这句话为假，那么D系的应该是黑牌(因为如果D系的是白牌，那么C说的便是真话了)。如果D系的是黑牌，那么B说的"我看见四块黑牌"就成了真话。但是上面己推知B说的是假话，所以C说的是假话这个假设是不能成立的。既然C说的"一块白牌和三块黑牌"是真话，且已知A、E系的都是黑牌，即可以推知D系的是白牌。

6 几种搭配

◆有4种搭配方法。
灰色的衬衫和黑色的西服；灰色的衬衫和蓝色的西服；白色的衬衫和黑色的西服；白色的衬衫和蓝色的西服。

7 神枪手

◆题目只是说把帽子挂起来，并没有说挂在哪里，当然可以把帽子挂在枪口上，这样就很轻松了。

8 电视机的价格

◆按规定，尼克一年的报酬为600美元和一台电视机，所以每月应得50美元和1/12台电视机。他工作了7个月，应得350美元和7/12台的电视机。现在他实际上得到了150美元和一台电视机。这就是说，他少拿的200美元代替了5/12台电视机的钱，即电视机价钱的5/12为200美元，所以，整台电视机的价钱为200除以5乘以12等于480美元。

9 谁点了牛排

◆坐在"C"的萧先生点了牛排。
分析：破解此题的主要关键在于"邻座的人都点了不一样的东西"，因此，只要顺利排出各人所点的东西，并且填入他们的主菜，如此一

答案

来，主菜栏空白者便是点了牛排。

李先生坐在A座则连先生一定不是B、C座，那么确定D座是连先生，而坐在B的人点了一份猪排，那么萧先生肯定做C座，而且A、D两人前文交待又点了鸡排和羊排，所以可以判定C座萧先生点的是牛排。

座位	人物	主菜	汤	饮料
A	李先生	鸡排	洋葱汤	冰咖啡
B	王先生	猪排	玉米浓汤	果汁
C	连先生	羊排	罗宋汤	冰咖啡
D	萧先生	?	玉米浓汤	热红茶

10 买餐具

◆假设A为1把叉子和1把匙加在一起的价钱，B为一把小刀的价钱，C为甲所花的总钱数。则可得到下列等式21A=C=28B，即21A=28B，所以A=28/21B=4/3B，如果甲买X套餐具，则有X（A+B）=C，A用4/3B代替，C用28B代替，即可得X=12。也就是说甲身上的钱能正好买12套餐具。

11 统筹方法

◆如果把各道程序所需时间加起来，确如小明估算的那样，需要用：2+12+2+3+2=21（分钟）。但是，如果在烧水的同时，进行洗茶壶、洗茶杯、拿茶叶等工作，就只需14分钟就可以沏茶。下面的流程图能清晰地表示这种时间安排：

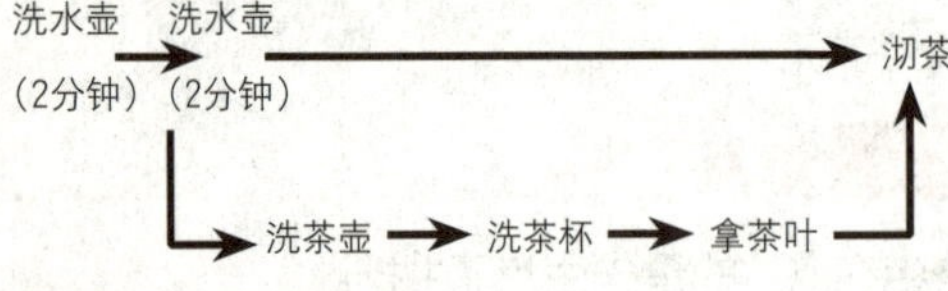

12 复杂的关系

◆约翰：全是真实情况。

詹姆斯：全是假的。南希：真、假、真。露西：真、假、真。帕米拉：全是真实情况。帕米拉是南希的母亲；约翰与露西是兄妹；约翰娶了他的表姐妹南希为妻，他们有一个儿子叫詹姆斯。

13 怎么过河

◆先把羊带过河去。把羊带到对岸后，猎人自己回来，再把青菜带走。接着，把青菜留在对岸，同时务必要把羊牵进船里带回来。然后，把羊丢在原先的岸上，把狼带过河去。最后，因为狼是不会吃青菜的，将狼和青菜留在一起，自己再回来把羊接过去。

14 有几个人戴了白帽子

◆有4个人戴了白帽子。

假设有一个人戴了白帽子，第一次亮灯时，他会看到别的人都没有戴白帽子，但白帽子是至少有一顶的，所以他可以判断自己戴的是白帽子，那么，他将在第一次熄灯后拍掌，因为没有拍掌，所以说数量大于1。

假设有两个人戴了白帽子，戴白帽子的人会看到另外一顶白帽子，但第一次熄灯后没有掌声，说明白帽子的数量大于1，所以戴白帽子的这个人会知道自己也戴的是白帽子，这样，在第二次熄灯后会有两次掌声，但是没有，说明数量大于2。

由此推理下去，因为是在第四次熄灯后才出现掌声，所以说共有4个人戴了白帽子。

15 过生日

◆姐姐在2月29日夜里将近零时诞生，而妹妹是在3月1日零时过后诞生。两人生日虽然只差一天，但2月29日，公历中闰年每4年才出现一次。

16 爱因斯坦的难题

◆德国人养鱼。

据题可以判断的情况如下，从左向右排列：

挪威人住黄房子，抽Dunhill香烟，喝矿泉水，养猫；

丹麦人住蓝房子，抽Blends香烟，喝茶，养马；

英国人住红房子，抽Pall Mall香烟，喝牛奶，养鸟；

德国人住绿房子，抽Prince香烟，喝咖啡，养鱼；

瑞典人住白房子，抽Blue Master香烟，喝啤酒，养狗。

17 送赎金的地址

◆绑架犯是赎金寄达地城市邮局的邮差，因为除了他以外，没有人能够收到地址和人名均是错误的邮件。办理邮包业务的负责人也可能拿到赎金，但问题是无法确定董事长在哪一个邮局投寄赎金，所以能够收到的人只有当地的邮差。

18 分果汁

◆把4个半杯的果汁倒成2杯满果汁，这样满杯的有9个，半杯的有3个，空杯子有9个，这样3人就可以平均分配了。

19 点错小数点

◆算错的货物的实际价格是24元。

我们这么来想：小数点往前点错了一位，那么，小梁实际收到的款是标价的1/10。那么看来，中间的差额就是原来货物的9/10。

所以可以算得原来的货物的价格是：21.6÷9×10=24（元）。

20 多少人在分银子

◆共有3人和16两银子。

这里有两种分法，第一种分法要比第二种分法多出的银子是：4+8=12（两）

因为分银的人数是一定的，而每个人在第一种分法中要比第二种分法中少分：8-4=4（两）

因为每个人少分了四两，所以就多出来了12两。这样就可以知道，分银的人数：12÷4=3（人）

所以银子的数量是：4×3+4=16（两）

21 木棍的长度

◆9.6米。设木棍的总长为X，那么干的部分为X/2+1.2，列方程得：2×1.8+X/2+1.2=X。解得X=9.6。

22 得分

◆解题步骤：

(1)主队个人得分是一组等差数列，这说明三名得22分的队员之中，只有一名在主队；

(2)客队个人得分上下只差3分，已知其中有两个人各得22分，可见得30分者不在客队；

(3)在主队个人得分的等差数列中，以30分为首项，22分只能是中项，由此可推知主队个人得分分别为30、26、22、18、14分；

(4)客队个人得分除两名得22分外，少于20分者只能是19；

(5)根据条件3和4，余下两名的得分数只能是21和20。

综合上述可知比赛结果为：主队110分，客队104分，赢6分。

23 富翁的烦恼

◆因为这两位邻居互相搬到对方的房子里面了。

答案

24 贪吃蛇

◆鸟误食了宝石，蛇又吃了鸟。宝石自然就被蛇吃掉了。

25 国王的麦子

◆如果一粒一粒去加，实在太麻烦。根据条件知道，1格1粒麦子，2格2粒麦子，3格2×2=4粒麦子，4格2×2×2=8粒麦子……64格2×2×2……×2=63个2连乘=9,223,372,036,854,775,808粒麦子。仔细观察，就可以发现每一格数字正等于它前面各格数字的和再加1。那么我们就可以把某格麦粒数减1，来得出它的前几格麦粒数的和。触类旁通，64格麦粒数的总和就应该是9,223,372,036,854,775,808×2-1=18,446,744,073,709,551,615粒麦子。

这的确是一个天文数字，国王怎么会有如此多的麦子呢？

26 百羊问题

◆设原来那群羊的只数为X，那么据题可列这样的等式X+X+X/2+X/4+1=100，计算可知X=36只。

27 地毯的长度

◆只需要找到以后与楼梯构成直角等腰三角形的地面上的长度和墙壁上的高度就行了。这两段距离加在一起，就是地毯的长度：因为每一个阶梯的高度和宽度加在一起就等于这个数字。

28 日出西边

◆小孙子同爷爷乘坐飞机，以高于地球自转的速度向西飞行，最后终究能看见从西边出来的太阳。

29 窗户谜题

◆如图：

就是取原来窗户每边的中点，链接而成的新正方形。

30 车内有多少人

◆共23个人，21名乘客，1名司机和1名售票员。

31 高尔基装蛋糕

◆他先将9块蛋糕分装在3个盒子里，每盒3块，然后把3个盒子一起放在一个大盒子里。这样就可以了。

32 洗碗工作分配

◆答题①选D。A违反已知条件(5)和(6)；B和C违反已知条件(1)和(3)；E违反已知条件(3)和(6)；只有D符合所有条件，故选D。

答题②选A。由题设条件(1)和本题条件可知，贝蒂在第二天洗碗；由已知条件(5)可知吉娜在第五天洗碗；再由已知条件(3)可知爱丽丝在第三天洗碗；最后由已知条件(2)可知，卡门不在第四天洗碗，故选A。

答题③选C。由已知条件(2)和本题条件可知，卡门在第四天洗碗，哈里在第五天洗碗，故排除B和D；由已知条件(3)可知吉娜在第三天洗碗；余下还有第二天和第六天，根据已知条件(5)可推出吉娜不在第五天洗碗，贝蒂也不在第二天洗碗，因此贝蒂将分配在第六天洗碗；余下的第二天只能分配给多拉，故选C。

答题④选E。由已知条件(5)与本题条件可知，吉娜在第五天洗碗；再由条件(3)可知，爱丽丝在第三天洗碗。除此之外，我们不知道其他人该在哪天洗碗，因此哈里有可能在第一天，也有可能在第四天或第六天洗碗。因此选E。

33 辨认凶手

◆目击者指认第一个男人是凶手。

根据已知条件分析得出完整的特征分布必定是下列情况之一：

1

白皙	消瘦	高个	漂亮
	高个		
	白皙		

2

白皙	消瘦	高个	漂亮
	高个		消瘦
	白皙		

3

白皙	消瘦	高个	漂亮
	高个		高个
	白皙		

4

白皙	消瘦	高个	漂亮
	高个		白皙
	白皙		

5

白皙	消瘦	高个	漂亮
	高个	白皙	白皙

6

白皙	消瘦	高个	漂亮
高个	白皙	白皙	
			消瘦

根据条件(7)，可排除1、2、3、5和6。

34 猜数字

◆说话依次编号为S1，P1，S2。

设这两个数为x、y，和为s，积为p。

由S1，P不知道这两个数，所以s不可能是两个质数相加得来的，而且s≤41，因为如果s>41，那么P拿到41x(s-41)必定可以猜出s了。所以和s为{11，17，23，27，29，35，37，41}之一，设这个集合为A。

1.假设和是11。11=2+9=3+8=4+7=5+6，如果P拿到18，18=3×6=2×9，只有2+9落在集合A中，所以P可以说出P1，但是这时候S能不能说出S2呢？我们来看，如果P拿到24，24=6×4=3×8=2×12，P同样可以说P1，因为至少有两种情况P都可以说出P1，所以A就无法断言S2，所以和不是11。

2.假设和是17。17=2+15=3+14=4+13=5+12=6+11=7+10=8+9，很明显，由于P拿到4×13可以断言P1，而其他情况，P都无法断言P1，所以和是17。

3.假设和是23。23=2+21=3+20=4+19=5+18=6+17=7+16=8+15=9+14=10+13=11+12，先考虑含有2的n次或者含有大质数的那些组，如果P拿到4，19或7，16都可以断言P1，所以和不是23。

4.假设和是27。如果P拿到8，19或4，23都可以断言P1，所以和不是27。

5.假设和是29。如果P拿到13，16或7，22都可以断言P1，所以和不是29。

6.假设和是35。如果P拿到16，19或4，31都可以断言P1，所以和不是35。

7.假设和是37。如果P拿到8，29或11，26都可以断言P1，所以和不是37。

8.假设和是41。如果B拿到4，37或8，

33，都可以断言P1，所以和不是41。

综上所述：这两个数是4和13。

35 电话线路

◆首先可以确定的是：E镇与A镇之间有电话线路，因为A镇同其他5个小镇都有电话线路。那当然包括E镇在内了。

其余的是哪两个小镇呢？我们从B、C两个小镇开始推理。

设：B、C两小镇之间没有电话线路。那么，B、C两镇必然分别可以同A、D、E、F四个小镇通电话；如果B、C两镇分别同A、D、E、F四个小镇通电话，那么，只有三条电话线路的D、E、F三个镇就只能分别同A、B、C三个镇通电话。如果是这样，那么，在D、E、F之间是不能通电话的。但是，已知D镇与F镇之间有电话线路，因此，B、C之间没有电话线路的假设是不能成立的。换句话说，B、C两小镇之间有电话线路。

那么，有4条线路的B镇和C镇又可以同哪些小镇通电话呢？

从以上的推理中得知：B镇、C镇分别同A镇有电话线路，而它们相互之间又没有电话线路。另外的两条线路是通向哪里的呢？假设：B镇的另外两条线路1条通D镇，1条通F镇；C镇的电话线路也是1条通D镇，1条通F镇，如果这个假设成立，那么D镇、F镇就将各有4条线路通往其他小镇。但是，我们知道，D、F两镇都只同3个小镇有电话联系，所以，上述假设不能成立。

假设：B、C两镇同D、F镇之间都没有电话线路。如果这个假设成立，那么，B、C两镇就只有3条线路同其他小镇联系，这又不符合B、C各有4条电话线路的已知条件。所以，以上的假设也不成立。从以上的分析只能推出B、C两镇各有1条电话线路通向E镇。B镇的另一条线路或者通向D镇，或者通向F镇，C镇的另外一条线路或者通向D镇，或者是通向F镇。而对于E镇来说，它肯定可以同A、B、C3个小镇通电话。

36 红裙子、花裙子

◆1个姑娘穿花裙子，86个姑娘穿红裙子。

分析：首先，可运用推理推出穿花裙子的姑娘少于2个。因为如果穿花裙子的姑娘是2个或2个以上，那么就不可能满足“其中任何2个姑娘中，至少有1个姑娘是穿红裙子的”这个条件。所以，为满足前提条件，穿花裙子的姑娘只能是少于2人。

37 有病的狗

◆3条。如果只有1条，那么第一天他看到其他人家的狗都会是一样的，所以肯定是自己家的狗有问题，没打证明他还看到了还有1条狗是病狗。既然有1个那么他认为那个人应该打而没有打，那他就会认为那个人现场还看见1条，那条狗是谁的，不是他就是自己吗，所以第2天应该打，第2天没打，那么证明他还看见了1条，如果仅仅是2条那么那2个人应该第2天就打啊，既然没打，那么应该还有1条，那么这个人就是自己，所以都打了起来，如果是4条那么第3天就不会响起来，因为他可以判定有3个人应该打起来，没打说明没有4条病狗。所以是3条。

38 三人决斗

◆设：A：阿历克斯　B：克里斯　C：鲍博

只有AB相对

A活下来的可能性为30%+70%×50%×30%+70%×50%×70%×50%×30%+…

=0.3/0.65
B活下来的可能性为70%×50%+70%×50%×70%×50%+70%×50%×70%×50%×70%×50%+…=0.35/0.65
应该恰好等于1-0.3/0.65。
只有AC相对
A活下来的可能性为30%
C活下来的可能性为70%
只有BC相对
B活下来的可能性为50%
C活下来的可能性为50%
三人相对
A活下来有三种情况：
1.A杀了C，B杀不死A，A又杀了B，概率30%×50%×0.3/0.65
2.A杀不死C，B杀了C，A杀了B，概率70%×50%×0.3/0.65
3.A杀不死C，B杀不死C，C杀了B，A杀了C，概率70%×50%×30%.
所以A活下来的可能性为0.105+3/13=0.336大于1/3，比较幸运了。
也有人对此提出质疑，他认为：A的正确决策是首先朝天开枪！
这样，在这种情况下，B和A一定会死一个，那么A在该情况下就有30%的可能活命！比其他任何情况都高！这才是A的策略，也是A所能控制的情况。
B活下来有三种情况：
1.A杀了C，B杀了A，概率30%×50%
2.A杀不死C，B杀了C，AB相对的情况下B杀了A，概率70%×50%×0.35/0.65
3.A杀了C，B杀不了A，AB相对的情况下B杀了A，概率30%×50%×0.35/0.65
所以B活下来的可能性为0.15+3.5/13=0.419大于三分之一，非常幸运了。
C活下来只有一种情况：
A杀不死C，B杀不死C，C杀了B，A杀不死C，C杀了A，概率70%×50%×70%
所以C活下来的可能性为0.245小于1/3，非常不幸。
而且A、B、C活下来可能性之和恰为1。

39 击鼠标比赛

◆他们不是平手，我们应该按击鼠标的间隔来算时间，拉尔夫用10秒击了9个间隔，威利用20秒击了19个间隔，保罗用5秒击了4个间隔。
所以他们击鼠标每个间隔所用的时间为：10/9秒、20/19秒、5/4秒，即1.11秒、1.053秒、1.25秒。所以威利击鼠标的速度最快，威利会最先击完40下鼠标。

40 如何称糖

◆两个砝码放左边，右边放糖，平衡后把左边的砝码换成糖，左边应该是1千克的。

41 复杂的判断

◆问题一的答案是B，问题二的是答案D。还是画一图表，分清他们各自的关系，你就会一目了然。

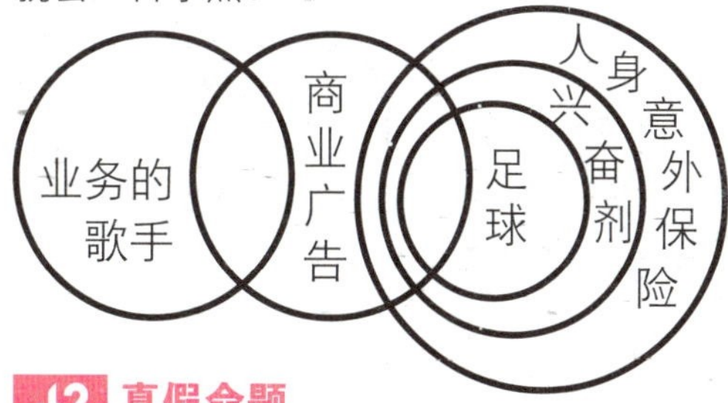

42 真假命题

◆正确的答案应该是：想像力很丰富或缺乏生命力。

答案

原来的命题是用“但是”连接前后两句的，所以否定句就改用“或”来连接。下面再来说明一下：假如只有“想像力很丰富”这个条件，原本的句子就不成立了。这时是否“充满生命力”也就不重要了。假如只有“缺乏生命力”这个条件，原本的句子也不成立，这时是否“想像力丰富”也就不重要了。两项都是对的，所以用“或”连接。

43 哪个冷得快

◆温度高的一杯冷得快：不信，你可以亲自试验一下，这就是姆潘巴现象，冷却的快慢不是由液体的平均温度决定的，而是由液体上表面与底部的温度差决定的。热牛奶急剧冷却时，这种温度差较大，而且在整个冻结前的降温过程中，热牛奶的温度差一直大于冷牛奶的温度差。上面的温度愈高，从上面散发的热量就愈多，因而降温就愈快。

44 餐厅聚会

◆7个年轻人要隔许多天才能在餐厅里相聚一次，这个天数加1需能被1～7之间的所有自然数整除。1～7的最小公倍数是420，也就是说，他们每隔419天才能聚于餐厅。因为上一次聚会是在2月29日，可知这一年是闰年。那么第二年2月份就只有28天一种可能。由此可推，他们下一次相聚是在第二年的4月24日。

45 小花猫搬鱼

◆把盘子分别编号为甲、乙、丙、丁。

①先取出甲、乙盘中的各一条鱼放在丙盘里。

②再把甲、丙盘中的各一条鱼放到乙盘中。

③再把甲、丙盘中的各一条鱼放到丁盘中。

④再把乙、丁盘中的各一条鱼放到甲盘中。

最后，把乙、丁盘中各剩下的一条鱼都放到甲盘中。

46 谁击中的杀手

◆如果8个保镖中有3人猜对，杀手是C击中的；如果8个保镖中有5人猜对，杀手是G击中的。

47 凶杀案

◆因为王太太说了真话，由此可以推断赵师傅作了伪证，再进一步推断张先生和李先生说的都是假话，从而可以判断A和B都是凶手。

48 分药片

◆把药片全部碎成粉末，搅匀后平均分成10份，一天吃一份。

49 海盗分椰子

◆15621颗。

假设给这堆椰子增加4颗，则每次刚好分完。

解：设椰子总数为n-4，天亮后每人分到的个数为a。

(1/5)×(4/5)×(4/5)×(4/5)×(4/5)×(4/5)×n=a

1024/15625×n=a

因为a是整数，所以n最小为15625。

n-4=15621。

还可以设最开始有X只椰子，天亮时每人分到Y只椰子，则可得：

X=5A+1

4A=5B+1

4B=5C+1

4C=5D+1

4D=5E+1

4E=5Y+1

化简以后得：1024X=15635Y+115290

这是个不定方程，依照题目我们求最小正整数解。如果X1是这个方程的解，则X1+15625(5^6=15625，因为椰子被连续6次分为5堆)也是该方程的解，那么用个取巧的方法来解，就是设Y=-1，则X=-4。如果最开始有-4只椰子，那么大家可以算一下，无论分多少次，都是符合题意的。所以把-4加上15625就是最小的正整数解了，答案是15621只。

50 有多少苹果

◆不管怎么数都缺一个苹果，那么如果加一个苹果的话，就应该都可以整除了。也就是说，加1个苹果，这个数就是2、3、4、5、6、7、8、9、10的最小公倍数。也就是2520。所以这堆苹果至少有2519个。

51 狗狗们的话

◆棕色衣服的狗狗：卡卡家的多多。

黄色衣服的狗狗：德拉家的汪汪。

白色衣服的狗狗：德拉家的咪咪。

灰色衣服的狗狗：卡卡家的依依。

52 被骗的钱

◆他赚了50元钱。因为他一共买了35元的东西，没有道理拿两个50元的纸币给老板，既然他给老板50元钱，老板找回来65元，可见他多赚了50元。

53 智力测验

◆(1)英国有没有七月四日(美国独立纪念日)？有，每个国家都有七月四日。

(2)一个人一辈子有几个生日？一个。

(3)大月有31天，小月有30天，那么一年中几个月有28天？12个，每个月都有。

(4)棒球比赛每一局有几人出局？6个，上下半局各3个。

(5)在美国加州，一个男人可否和他的寡妇的姐姐或妹妹合法结婚？不能，他已经死了。

(6)30除以1/2再加上10等于多少？70。

(7)桌上有3个苹果，你拿起2个，你还有几个？2个，因为你只拿了2个。

(8)医生给你3个药丸，要你每30分钟吃1个，这些药丸多久后会被吃完？60分钟，第1个，间隔30分钟，第2个，间隔30分钟，第3个，共60分钟。

(9)农夫有17只羊，除了9只以外都病死了，农夫还剩几只羊？9只。

(10)摩西将每种动物选了几只带上方舟？0只，方舟是诺亚建造的，和摩西没有关系。

(11)一打每张叁元的邮票共有几张？12张。

54 通往出口的路

◆走第三条路。

如果第一个路口写的是真话，那么，它就是出口，那么第二个路口上的话也是正确的，这和只有一句话是真话相矛盾。

如果第一个路口写的是假话，第二个路口上的话是真的，那么它们都不是通往出口的路，所以真正的路就是第三条。

55 奇怪的血缘关系

◆王小姐是在那家店工作的男孩的妈妈。

56 谁是哥哥

◆现在是上午，胖的是哥哥。

假设：现在是上午，那么哥哥说实话，也就是较胖的是哥哥。那么没有矛盾。成立。

假设：现在是下午，那么弟弟说实话，而两个人都说我是哥哥，显然弟弟在说谎话，所以矛盾。

57 放圆珠笔

◆把圆珠笔放在墙角。

58 狙击手的绰号

◆大牛。

分析：从(1)、(5)和(6)情报得知，E狙击手就是在这些情报中均未提及绰号的某人，换言之，从A狙击手到D狙击手都不是此人。根据上述这个关键和(4)和(5)项情报作推敲，我们可以知道：A狙击手就是指“虎爷”。再从这个关键和(2)项情报作推敲，我们便可以知道：D狙击手就是指“小马哥”。 然后，再根据这个关键和(3)项情报作推敲，我们又可以知道：C狙击手其实就是指“白猴”。知道A、C、D三名狙击手的绰号之后，剩下的B狙击手无疑就是指“大牛”了。

A	B	C	D	E
牛	牛	牛	牛	牛
猴	猴	猴	猴	猴
狗	狗	狗	狗	狗
马	马	马	马	马
虎	虎	虎	虎	虎

从（1）-（6）我们可作出以下删选，得知E是黑狗，C是白猴，然后再次删选，得知A是虎爷，但仍无法确定B和D的身份。

59 四人餐桌

◆需要14分钟，把19条鱼和足量的土豆丝一起炸，在各人希望的时间里捞出各人要吃的量即可。

60 没有花钱的饭

◆他先在第一个商店里花10美分买东西，然后去第二个商店把剩下的90美分换成1拉索，然后再买10拉分的东西，带上剩下的90拉分去第一家商店把90拉分换成1美元。这样他买了大约20美分的东西，但没有花1分钱，如此继续下去，他就能度过那10天。

61 过山涧

◆一个人可以把木板向山涧的另一端伸出一部分，并站在木板的另一端压住。另一人可以把木板搭在自己的一方与对方的木板之间，就可以从容过河了。然后他可以压住木板，让对方过河。

62 可乐和水

◆喝了一杯可乐，一杯水。因为你加了两次的半杯水，所以有一杯水。再加上原来的一杯可乐，就是你喝的全部。

63 流动餐席

◆有6个人参加聚餐。最少2个人的时候他喝了1/2，再增加人数3个人时他喝了1/3，再增加人数1/4，三次相加已经超过1瓶，所以只能是6个人，他开始喝了1/6。

64 工作时间

◆219天。问题看似复杂，但只是说“连续工作3天休息2天”，如此而已。

65 黑夜装信

◆不对。

如果出错的话，至少有两封信出错。

66 狄利克雷的房间

◆这个问题的关键在于将2号客人与13号客人相混了。

这是一种“无中生有”的认知模糊，当我们的思路随着旅店老板走时，已经认可了他的安排。

问题是，暂时住进1号房间的两个人是谁？“1号房间住进了两个人”的判断，是个模糊判断，它既可能被理解为“住的是1号客人与13号客人”，也可能被理解为“住的是1号客人与2号客人”。在这种模糊判断的误导下，人们很容易在安排过程中，以“相信”的认知心理，最终把2号客人给遗忘了。

但是，当最终的结果与事实相矛盾时，跟随旅店老板的思路就应该戛然而止，把有疑问的“相信”变为批判性的分析：先假定让13号客人住进1号房间，然后又按顺序把1号客人安排在1号房间，这样，1号客人就同13号客人住进1号房间。接下来的安排理应是：2号客人住2号房间，3号客人住3号房间，4号客人住4号房间……12号客人住12号房间。

问题变得清晰了，由此我们也发现，我们的头脑太容易被他人的思维所左右，尤其是那些貌似合理的逻辑。

67 白马王子

◆根据（1）有三位男士是高个子，另一位不是高个子。根据（4）孙和钱都是高个子。再根据（5）赵不是高个子。根据（2）赵至少符合一个条件，既然他不是高个子，那他一定是小麦肤色的人。但是小丽心目中唯一的白马王子既要相貌英俊，还必须是高个子。根据（1）只有两位男士是小麦肤色。于是根据（3）李和孙要么都是小麦肤色，要么都不是。因为赵是小麦肤色，所以李和孙都不是小麦肤色的人，否则就有三位男士是小麦肤色了。根据1以及赵是小麦肤色的事实，钱一定是小麦肤色的人。

由于赵不是高个子，李和孙都不是小麦肤色，而钱既是高个子又是小麦肤色，所以钱是唯一符合小丽全部条件的人。因而他的相貌一定英俊。这时，情况变得明朗起来，让我们一起来归纳一下：

李是高个子；孙是高个子；钱是高个子、小麦肤色、相貌英俊的人；赵是小麦肤色的人。

68 存款单的困惑

◆小李的最初存款，没有理由要等于每次取款后余额的总和。右栏的总和非常接近1万元，这只是一种巧合。

有人喝醉后撞到墙上的开关，于是灯开了，从此认为开灯就需要撞墙，这是一个好例子，请记住：不要把巧合当规律。

69 沙漠探险

◆需要两个，方法是这样的。

三人一同出发，第一天取用其中一人的给养，即一人三天的给养。第一天结束时，这个人正好剩下一天的给养，他可以用这天的给养返回。

第二天，两人出发，取用第二名搬运工的给养，这天结束时这人还剩两天的给养，可以保证他返回。

第三天至第六天，探险家靠自己携带的四天的给养穿过沙漠。

70 分饭的问题

◆先由做饭的和尚把饭分成六份，开饭的时候，剩下的五个人先选择自己要吃的饭，最后剩下的那一份留给做饭的和尚，这样做饭的和尚为了自己的公平，就一定会把每份饭分得平均。

71 四个女人过桥

◆分别以ABCD代表四个女人，第一次过：A、B过，需要2分钟；第一次回：A回，需要1分钟；第二次过：C、D过，需要10分钟；第二次回：B回，需要2分钟；第三次过：A、B过，需要2分钟；OK，搞定。

72 秘密特工

◆间谍在前排A、B、C、D或后排I、J、K、L八人中，否则，船体不会倾斜。

第一次测试：

分别交换前排A、B、C三人和中排E、F、G三人的位置，再交换前排D和后排L的位置，然后观察船体的倾斜情况。

船体的倾斜有且只有以下三种情况：

(1)船体由朝前倾斜变为朝后倾斜。这说明间谍在D和L两人中；

(2)船体由朝前倾斜变为保持平衡。这说明间谍在A、B、C三人中；

(3)船体继续朝前倾斜。这说明间谍在I、J、K三人中。

第二次测试：

分三种可能情况：

(1)如果间谍在D和L两人中，则不妨令D和中排的H交换位置。这时如果船体保持朝后倾斜，说明间谍是L，他的体重比标准较轻；如果船体变为平衡，说明间谍是D，他的体重比标准较重；如果船体变为朝前倾斜，说明间谍是L，他的体重较重。

(2)如果间谍在A、B和C三人中，则不妨令B和前排的E交换位置，C和后排的I交换位置。这时如果船体继续保持平衡，说明间谍是A；如果船体变为朝前倾斜，说明间谍是B，如果朝后倾斜。说明间谍是C。因为A、B、C三人原来都在前排，因此，三人中任何一人如果是间谍，其体重一定较重。

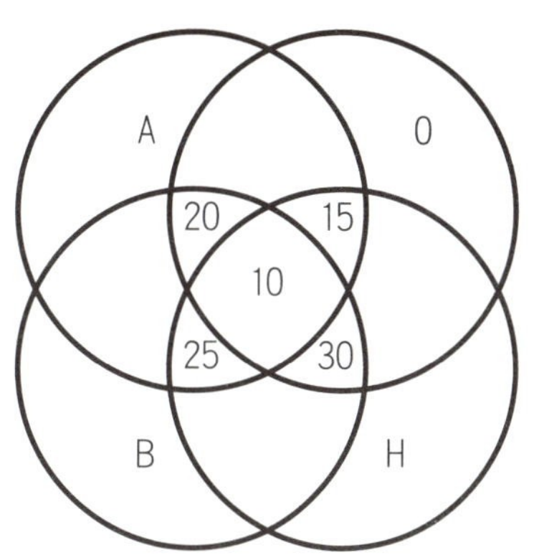

(3)如果间谍在I、J和K三人中，则不妨令J和中排的A交换位置，K和前排的E交换位置。如果船体保持朝前倾斜，说明I是间谍；如果船体变为平衡，说明J是间谍；如果船体变为朝后倾斜。说明间谍是K。因为I、J和K三人原来都在后排，因此，三人中任何一人如果是间谍，其体重一定较轻。

73 爬行的乌龟

◆每只乌龟从开始爬动到相聚要走300厘米，需爬行时间为300秒。

74 不能承受之轻

◆如果下面两个假定成立的话，那么前面的说法就肯定是对的。

1.在各个活着的人的祖辈宗谱树上，每一位祖先只出现一次。

2.同一个人只出现在一个祖辈宗谱树上，不能多于一个。

在所有情形中这两个假设没有一个是正确的。如果一对夫妇有5个孩子，这5个孩子又每人有5个孩子，那么，原来那对夫妇就是25个独立的祖辈宗谱树上的祖父母。再者，如果你在任意一个宗谱树上回溯很多代，就会有某些远亲联姻的夫妇。

这个论点的谬误就在于，它既没有考虑到一棵宗谱树上远亲联姻的夫妇，又没考虑到构成每个活着的宗谱树上的人群的大量“交叠”。因此，在这个人口回溯的过程中就有成千上万人被计算了成千上万次！

75 残疾士兵

◆解这道题的关键在于要反其道而行，让我们去找出没有受伤的人有多少。100人中，没有失去眼睛的有30人；没有失去耳朵的有25人，没有失去手的有20人；没有失去脚的有15人，即：30+25+20+15=90，比全体人数少。

理由是：有10个人全部失去了一只眼、一只耳、一只手、一只脚(如图)。A表示失去一只眼的士兵的集合，B表示失去一只脚的士兵的集合，O表示失去一只耳的士兵的集合，H表示失去一只手的士兵的集合。

76 分地

◆如图：

77 毕达哥拉斯的弟子

◆28个。

78 做到准确无误

◆假设全副牌不包括大、小王，即总数52张，则把未发的牌从最后一张开始由下往上发，第一张先发你自己，然后按顺时针顺序把牌发完即可。如果全副牌总数54张，则第一张牌先发你的对家。

79 蜘蛛的启示

◆蜘蛛在冬天吐丝表示寒潮要来临，这时，荷兰放出的水都会结冰，大军就能前进了。

80 相距有多远

◆猫国的导弹一分钟行驶的速度为36000÷60=600(千米)，老鼠国的导弹一分钟的速度为24000÷60=400(千米)所以，他们在碰撞的前一分钟，相距1000千米。

81 寄名画

◆能。做一个长1米，宽和高适当的盒子，把名画斜着放进去。

82 月亮的倒影

◆在北半球，月亮和太阳一样在天空的南部东升西落。

嫌疑人如果坐在东西流向的河流南岸，那么他就是面朝北面，如此他就不可能看到河水中的月亮的倒影。

83 兔子的谎言

◆甲: 2岁。

乙: 4岁。

丙: 3岁。

丁: 1岁。

如果丙兔子说的话是假的话，丙就比甲年龄小，而且甲就是1岁，这是不可能的。

所以丙兔子的发言是真实的，就是甲不是1岁，丙比甲年龄要大。

如果甲的发言是真的话，就是乙3岁，甲要比乙年龄大就是4岁，这与上面的分析是矛盾的。

所以，甲的话是假的，乙也不是3岁，甲比乙年龄要小。

根据以上分析，乙是4岁，丙是3岁，甲是2岁，剩下的丁就是1岁。

84 小鸟吃虫子

◆黄鸟：4厘米的红色虫子。

白鸟：3厘米的黑色虫子。

黑鸟：6厘米的红色虫子。

绿鸟：5厘米的黑色虫子。

85 三个房间

◆将三个房间暂命名为1、2、3，三兄弟分别拿一个房间的钥匙，再把剩下的钥匙这样安排：1房间内挂2房间的钥匙，2房间内挂3房间的钥匙，3房间内挂1房间的钥匙。这样一来，无论兄弟三人谁先到家，都能有钥匙打开三个房间的门。

86 冻裂的马路

◆水通过柏油路面上的细微的裂纹，渗透到路面之下，在那里形成了空隙：寒冷结冰时，水的体积膨胀1/11，结成的冰把柏油路面推向上方。

开化的天气，在已经膨胀的地方，多出了1/11的空间会容纳新的水分，在反复结冰的时候，再次膨胀1/11。

所以，在冬天气温反复变化的情况下，路面最容易出现这样的冻裂凸起现象。

87 安全过河

◆狗爷爷与狗叔叔先过，狗爷爷回；
狗爷爷与一只狗儿子过，狗爷爷与狗叔叔回；
狗爸爸与另一只狗儿子过，狗爸爸回；
狗爸爸与狗妈妈过，狗妈妈回；
狗爷爷与狗叔叔过，狗爸爸回；
狗爸爸与狗妈妈过，狗妈妈回；
狗妈妈与一只狗女儿过，狗爷爷和狗叔叔回；
狗爷爷与另一只狗女儿过，狗爷爷回；
狗爷爷与狗叔叔过，完成。

88 各个击破

◆(1)张三小姐在10点50分给黄公司打了电话，所拨号码为3581。
李四女士在10点35分给红公司打了电话，所拨号码为7904。
王五女士在11点05分给紫公司打了电话，所拨号码为2450。
赵六先生在11点20分给绿公司打了电话，所拨号码为8769。
孙七先生在10点20分给蓝公司打了电话，所拨号码为6236。
(2)张三小姐是红公司职员，其电话号码是7904。
李四女士是蓝公司职员，其电话号码是6236。
王五女士是黄公司职员，其电话号码是3581。
赵六先生是紫公司职员，其电话号码是2450。
孙七先生是绿公司职员，其电话号码是8769。

89 照片有污渍

◆可以在红光下拍摄，或者在文物上蒙上一纸红色玻璃纸再拍。

90 世纪的问题

◆是20世纪。21世纪是从2001年1月1日开始的。

91 谁更近

◆他们离A地的距离是一样的，因为他们相遇时是在同一个位置。

92 小猫与砝码

◆不管小猫怎样爬，爬得快也好，爬得慢也好，甚至是跳跃，小猫和砝码总是保持着面对面的位置。小猫不可能高于砝码也不可能低于砝码，甚至当它放开绳子，掉下来，再抓住绳子的时候也是如此。

第七章 类比与计算——感受数字王国的魅力

1 聪明的勤务兵

◆他应该让他的6个好朋友站在4、10、15、20、26、30的位置上。

2 国王的手术

◆2副手术手套的4个面记为：A内面和A外面，B内面和B外面。

第1个医生同时戴上2副手套：A内面再套上B内面，A内面接触第1个医生，B外面接触国王。

第2个医生戴上1副手套：第2个医生B内面，B内面接触医生，B外面接触国王。

第3个医生戴上2副手套：第2个医生把A手套翻过来，戴上A外面，再套上B内面，A外面接触医生，B外面接触国王。

3 薪酬

◆选择B公司。

分析：肯定是哪一家公司的收入高就选择哪一家。为了保险起见，还是要实际计算一下年收入，以利于比较。

第一年　A公司　100万元。

B公司　50万元+55万元=105万元。

第二年　A公司　120万元。

B公司　60万元+65万元＝125万元。

第三年　A公司　140万元。

B公司　70万元+75万元＝145万元。

显然，在B公司有利，在B公司每年多收入5万元。这个问题使擅长数学的人也会出乎意外，因为他们的脑子里尽是一些抽象的数学公式，其实，这个问题并不需要那么麻烦。只要把第一年、第二年、第三年的具体数字列出来就行了。

4 青蛙爬井

◆不少粗心的人做出的答案是6天。他们的思路是：青蛙每天白天向上爬6米，晚上向下滑3米，因此平均每天向上爬3米；井深18米，所以6天后青蛙爬出井口。他们忽略了关键的一点，即当最后一天青蛙爬出井口后就不再下滑了。

因此，正确答案是青蛙只需5天爬出井口。前4天青蛙共向上爬了12米，第5天白天，青蛙正好爬完剩下的6米，爬出井口。

5 分马

◆老人牵来自己的1匹马，加入到这17匹马中，共18匹马，大儿子分得1/2为9匹马，(按17匹马分他只能得8又1/2匹马)，二儿子分得1/3为6匹马，(按17匹马分他只能得5又2/3匹马)三儿子分得1/9为2匹马(按17匹马分他只能得1有8/9匹马)最后还剩1匹马，老人又牵了回去。

6 聪明的士兵

◆如图：

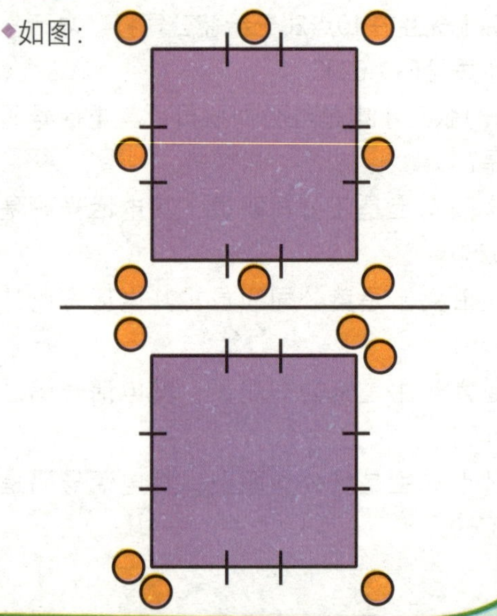

7 帕费姆夫人的香烟

◆抽完了那27支香烟，帕费姆夫人把烟蒂接成9支接着抽。这9支香烟的烟蒂又可接成3支。最后的3个烟蒂，她又接成了最后一支香烟。总共抽了40支香烟。

8 找狐狸算账

◆5×15÷3×4=100，狐狸绕了许多圈子，其实是为了迷惑老虎。他将得数后面的两个0去了，就知道对方心里想的那个数。

9 11枚硬币

◆不能。每枚硬币由正面向上到正面向下须翻转奇数次，11枚硬币都背面朝上，翻转的次数之和仍是奇数，但每次翻转只有4枚硬币反向转，无论经过多少次翻转，翻转的次数之和都是偶数，所以不能使这11枚硬币都背面朝上。

10 糊涂账精明算

◆根据已知，销售玉马的总数与每件玉马的价钱相同，假设玉马的总数为(10a+b)，其中a代表玉马总数的十位数，b代表个位数。于是得到销售总收入(10a+b)(10a+b)(注：此处表示成平方形式)=$100a^2+20ab+b^2$。如果总收入能平均分，那么这个十位数就应该是个偶数，如今，只分到甲那里，所以总收入的十位数应该是一个奇数。在这个总收入的三项式里，$100a^2$的十位数应该是0，20ab的十位数是偶数，它们的和也为偶数，只有b^2不确定，只有让它的十位数为奇数，总收入的十位数才是奇数。根据我们的题设，b是一个1～9之间的自然数，只有4和6的平方的十位数是奇数，而它们的平方分别是16和36。在这个三项式中，$100a^2+20ab$能被10整除。由此可知，乙最后剩了6两。而甲乙平分的话，甲就得给乙2两。所以陶瓷值2两银子。

11 半条鱼

◆只有第10个人得到一条鱼时，才能得出船中鱼的最小值，最少有1023条。没人得到半条鱼，说明鱼的总数是奇数，而每一次都是分剩得的总数的一半，逆推一下，也就是一个2的n次方的一个数列。有10个人，也就是2的10次方1024-1=1023。

12 黑心送奶人

◆第一条街道，这送奶人分发了32升纯牛奶，第二条街道是24升，第三条街道18升，第四条街道13又1/2升，一共是87又1/2升。

13 骗子骗钱

◆他骗了91元钱。

14 判断体积

◆先量一下瓶子中酒的高度，然后把瓶子上下颠倒，再量出这时瓶子中在圆柱部分的空气的高度。

这样，酒的高度加上空气的高度就是瓶子的体积在这个圆柱状态下的总高度，所以很容易就可以算出百分比了。

15 小狗所跑的距离

◆姐姐和弟弟的速度都是2米/秒，他们将在路程的中点相遇，用时是100秒。在这100秒的时间内，小狗以3米/秒的速度跑了300米。这就是它跑的距离。

这里的问题在于，如果你计算小狗的姐弟之间第一次路程之后，再计算它返回的路程，以此类推，算出那些越来越短的路程。

你将会发现，这是个很复杂的问题，涉及所谓无穷级数求和。而事实上本不必那么麻烦。

16 古波斯谜题

◆设苹果的总数为x，那么，给了第一个守门员x/2，第二个守门员灯x/4，第三个守门员x/8，最后的守门员是x/16，剩下的则为x/16。解得x/16=10，x=160。所以一共摘了160个苹果。

17 残存的书

◆现在这本书还剩下168页，因为撕下第44页到第63页，等于撕下了第43页到第64页。所以第二次被撕了22页。

18 融化的冰

◆1/12。

假设这里有11升的水，在它结成冰的时候，体积就是12升。所以这12升冰融化后，当然变成了11升水，这样，减少的体积就是原冰体积的1/12。

19 发错的药品

◆有可能的。布莱克小姐的妙主意是：把10瓶药品编上1～10的号码。从第1瓶中取出1粒，从第2瓶中取出2粒，从第3瓶中取出3粒，依此类推，直至从第10瓶中取出10粒。

这55粒药丸的规定重量应该是5500毫克，如果总重量超过10毫克，则其中有1粒是超重的，那么就可以断定第1瓶是不合格的，如果总重量超过20毫克，则其中有两粒超重，可以断定第2瓶是不合格的。其余的可以依此类推。所以布莱克小姐只要称一次就可以找出那瓶不合格的药品来。

20 找算错了的数

◆170。如果是小数点的错，账上多出的钱数是实收的9倍。　所以153÷9=7，那么错账应该是17的10倍。找到170改成17就行了。

21 多少步

◆女子应走出6步。

男	右		左		右		左
女	右	左	右		左	右	左

22 互不相撞

◆只有两种方法可以让蚂蚁避免相撞：或者它们全部顺时针运动，或者它们全部逆时针运动。否则，肯定会撞到一起。选择一只蚂蚁，一旦它确定了自己是逆时针或者是顺时针运动，其他的蚂蚁就必须做相同方向的运动才能避免相撞。由于蚂蚁运动的方向是随机选择的，那么第二只蚂蚁有1/2的概率选择与第一只蚂蚁相同的运动方向。第三只蚂蚁也有1/2的概率选择与第一只相同的方向。因此，蚂蚁避免撞到一起的概率是1/4。

23 飞机加油

◆使用三架飞机足以保证其中一架飞机围绕地球飞行一周。

可以这样分析，设三架飞机分别为A、B、C，整个过程只用掉5箱汽油。

A、B、C三架飞机同时从基地起飞。设飞机围绕地球飞行一周的距离为一个航程。当飞完1/8航程时，C把1/4箱汽油给A，把另外的1/4箱汽油给B，这样，C还剩下1/4箱汽油，正好够它返回基地，加了油再向相反方向迎接A机。

A和B一起又继续飞行1/8航程(即1/4箱油的距离)，然后B把1/4箱汽油给A。B现在还剩下1/2箱汽油，这些汽油正好够它返回基地，加了油再向相反方向迎接A机。

A的油箱中装满了汽油继续飞行，在离基地还有1/4航程时这些汽油用完，这时正好碰上在基地加了油相向飞来的C，C把1/4箱汽油给A，然后两架飞机一起朝基地飞。

这两架飞机在距离基地1/8航程时燃料用完，这时它们遇上加了油相向飞来的B。B各给这两架飞机1/4箱汽油。这时三架飞机的汽油不多不少正够它们返回基地。

24 按时回校

◆能。首先，设三个学生为A、B、C，让A跑步，B和C骑车子，骑到全程2/3处停下，B再骑车子回来接A，C这时跑步往学校宿舍赶。B会在全程1/3处接到A，然后他们骑着车子往学校宿舍赶，他们可以和C同时赶到学校宿舍。按这种方法，他们需要用时50分钟。所以可以提前2分钟赶到学校宿舍。

25 骑驴卖黄瓜

◆533根。把驮黄瓜时的量最大化(1000根)，回来时最小化(1根)，即每次前进1千米，所以得出:

(1)当黄瓜数大于2000时，要驮3次，每千米损耗5根黄瓜;

(2)当黄瓜数大于1000时，要驮2次，每千米损耗3根黄瓜;

(3)当黄瓜数小于1000时，就直接驮往终点，每千米损耗1根黄瓜。

A.1000/5=200可得出：走完200千米时损耗200x5=1000根，余2000根。

B.1000/3≈333.3可得出：再走完333千米时损耗333×3=999根，余1001根。

C.剩下1001根黄瓜走1000-200-333=467千米，但只能装1000根，所以最后剩下1000-467=533根。因此，这个人一共可以卖出533根黄瓜。

26 爱的程度

◆如果两个老师说的都是真话，那么A的爱有多少用a表示，B的爱用b表示，就有：a=100b，b=1000a，只能是a=b=0。

27 送邮件

◆汽车司机提前了20分钟到邮局，也就是说他从遇到摩托车手到火车站这段路程来回需要20分钟。所以从相遇时到到达火车站，汽车司机需要10分钟。也就是说，按照以往的时间，再过10分钟火车应该到站，但是此时火车已经到站30分钟了，也就是摩托车手走这段路的时间。所以这一天火车比以前提前了40分钟到站。

28 小虫

◆答案：1分钟58秒。

分析：我们可以从第二秒的时候，瓶里有2个小虫计时，它分裂到最后填满小瓶，需要的时间就是除去最先由一个分裂为两个小虫的时间，即2秒。减去这2秒，就是说2个小虫分裂满一瓶需要1分钟58秒。

29 缝隙有多大

◆不仅一头猪可以走过去，甚至你也可以走过去，如果你的个子不高的话。设地球的半径为R，绳子与地球的间隙为h，则有：2(R+h)-2πR=10，即h=5/π，所以，这条绳子产生的间隙约有1.6米高。

30 共有多少只蜜蜂

◆一共有14641只蜜蜂：

第一次搬兵：1+10=11(只)

第二次搬兵：11+11×10=11×11=121(只)

第三次搬兵：……

一共搬了四次兵，于是蜜蜂总数为：11×11×11×11=14641(只)

31 叠纸游戏

◆A。这叠纸的厚度将达到3355.4432米，有一座山那么高。

32 猫追老鼠

◆能。猫要跑60步才能追上老鼠。

33 丰产的苹果树

◆64个。

34 刑警抓歹徒

◆歹徒如果聪明的话，可以先把船划到湖心，看准刑警的位置，再立刻从湖心向刑警正对的对岸划。这样他只划一个半径长，刑警要跑半个圆周长，即半径的3.14倍，而刑警的速度是歹徒的2.5倍，歹徒能在刑警到达之前先上岸跑掉。

35 相遇问题

◆见到21辆运送物资的军车。因为他没出发时已经有车在路上了，他刚出门，10天前出发的军车正好到达，加上路上的10天共有20辆军车与他相遇，而当他到达后勤部时，又有一辆军车要出发了。

36 买大头针

◆带的是1分硬币1枚，2分硬币2枚，5分硬币1枚。

37 未知的生物

◆第20分钟。因为X和Y都以相同的速度分裂，所以每一只X只要负责吃掉和自己一同分裂出来的Y即可。

38 公主选婿

◆30个。设原有李子数为x，则可得如下公式：x/2+1+(x/2-1)/2+1+{x/2-1-[(x/2-1)/2+1]}/2+3＝x。解得x＝30。

39 公共汽车

◆设人速为X，车速为Y，每两辆车间距离为S。

每2分钟迎面一辆车，则：

S=(Y+X)×2(人车共走完S)；

此公式变形为，Y/S+X/S=0.5；

每8分钟后面一辆车，则：

S=(Y-X)×8(速度之差)；

此公式变形为，Y/S-X/S=0.125

两式相加，2×Y/S=0.5+0.125=0.625。因此：Y/S=0.625/2=0.3125。

S/Y=1/0.3125=3.2(距离/路程=时间)

所以每3.2分钟发一班车。

如果掌握了调和平均数的概念，这题就简单了，就是求2和8的调和平均数：2/(1/2+1/8)=3.2。

40 淘金者的时间

◆一只手表比另一只手表每小时快3分钟，所以经过60小时之后，它们的时间差为3小时。

41 女朋友的生日

◆他女朋友的生日是1月8日。

42 赴宴会

◆把三对夫妻编为男女1号，男女2号和男女3号。女1号和女2号开车过去，女2号开车回来，接上女3号过去，女1号回来，男2号和男3号过去，男2号回来，接上男1号过去，男1号回来，接上女1号过去。往返各算一次就是9次。

43 临别的赠品

◆原来甲有26只猎物，乙有14只猎物，丙有8只猎物。

44 公鸡、母鸡和小鸡

◆公鸡4只，母鸡18只，小鸡78只；或公鸡8只，母鸡11只，小鸡81只；或公鸡12只，母鸡4只，小鸡84只。

45 动物的重量

◆一只老虎等于7只狐狸的重量。

46 账房算醋缸

◆有567个醋缸。

47 贪婪的巴河姆

◆据题可算出：巴河姆这一天行走的路程为39.7千米；巴河姆这一天走的路所围成的土地面积为76.2平方千米。

48 安培和会走动的黑板

◆设地球半径为R，由于脚紧挨着地球，所以他走过的路为$2\pi R$。从头部去考虑，它走过的路为$2\pi(R+1.7)$。两者相差为$2\pi(R+1.7)-2\pi R\approx10.7$米。

49 异想天开的问题

◆正像题目中提示的那样，此题应该用巧妙的方法来解。

我们知道，一位数的最大数是9，两位数的最大数是99，6550位数的最大数应是6550个9，其和为9×6550。显然，$A<9\times6550=58950$，可见A的位数至多只有5位；同理$B<9\times5=45$，B的位数至多只有两位，则$C<9\times2=18$。又因为$1986^{1986}=1986^2\times1986^{1984}=(3x662)^2\times1986^{1984}=3^2\times662^2\times1986^{1984}=9\times662^2\times1986^{1984}$，显然，$1986^{1986}$是9倍数。再根据“能被9整除的数，其各位数字之和也能被9整除”的性质，可知A是9的整数倍。由此可以推知，B、C也都是9的整数倍。从上面已知$C<18$，所以$C=9$。

50 蜗牛爬墙的新难题

◆本题答案也应分两段来叙述：

第一段是蜗牛从墙脚到墙顶的时间。这是一个老题目，一般人认为，既然这只蜗牛每2小时只爬上去2尺(上升5尺，下滑3尺，则5-3=2)，所以，它肯定要花11个小时才能爬上这堵11尺高的墙壁。这种想法是不对的。

因为6小时后，蜗牛虽一共爬上去6尺，但到第7个小时时，它正好爬到墙顶休息，再也不可能下滑3尺。所以，一共只需用7个小时就能爬到墙顶。

第二段是蜗牛从墙上往下爬。这是新的难题。答案相当简单，蜗牛只要1个小时就能从墙顶爬到墙脚。

对于这个答案，大家会感到不可思议，这究竟是什么道理呢?

既然蜗牛在1小时休息过程中就要向下滑3尺，就是说，只要在墙上呆1个小时它就一定要滑下去3尺。

那么，蜗牛是否只是在休息时才滑，而向下爬行时没有下滑呢?

当然不是这样的。一堵墙对于同一只蜗牛的爬行和休息都是“一视同仁”的，所以蜗牛向上爬时的实际距离，应为向上爬(不向下滑行)的距离减去它滑下的距离。这是本题的关键之处。

由此，假定蜗牛所爬的是一堵墙面不滑的墙，则它1小时就可以爬上8尺，即5+3=8，而不是5尺。

因此，蜗牛在向下爬时，除了每小时向下爬8尺外，再向下滑行3尺，即蜗牛1个小时内的向下速度(连爬带滑)是11尺，正好是该堵墙的高度。于是它只需1小时就能从墙顶爬到墙脚。

51 比萨斜塔问题

◆小球弹跳的距离为218.7777……英尺，即218英尺9又1/3英寸。

弹跳的总距离是：179+2×179×(1/10)+2×179×(1/10)2+2×179×(1/10)3+……=179+179×2×[(1/10)+(1/10)2)+(1/10)3+……]后面是一个无穷递减等比数列根据公式Sn=a1/(1-q)

总距离=179+179×2×(1/10)/(1-1/10)=218.7777……

52 吃草问题

◆这片草地天天以同样的速度生长是分析问题的重点。把10头牛22天吃草的总量与16头牛10天吃草的总量相比较，得到的10×22-16×10=60，是60头牛一天吃草的量，平均分到（22-10)天里，便知是5头牛一天吃的草，也就是每天新长出的草。求出了这个条件，把25头牛分成两部分来研究——用5头牛吃掉新长出的草，用20头牛吃掉原有的草，即可求出25头牛吃的天数。

新长出的草供几头牛吃1天：

(10×22-16×10)÷（22-10)=220-160)÷12=60÷12=5(头)

这片草供25头牛吃的天数：

(10-5)×22÷25-5=5×22÷20=5.5(天)。

53 爱因斯坦的握手问题

◆有多种方法可以证明这个定理，以下这个证明称得上是比较简明和巧妙的。为了简明起见，我们把已经握奇数次手的与会者称为“奇数握手者”，把已经握了偶数次手的与会者称为“偶数握手者”。

在会议上出现第一次握手之前，“奇数握手者”的人数是0(0是偶数)，第一次握手后产生了两个“奇数握手者”。此后，与会者之间的握手有且只有3种类型：

(1)在两个“偶数握手者之间”；与两个“偶数握手者”之间的依次握手，使“奇数据手者”的人数增加2。

(2)在两个“奇数据手者之间”；两个“奇数据手者”之间的依次握手，使“奇数据手者”的人数减少2。

(3)在一个“偶数握手者”和一个“奇数握手者”之间，一个“偶数握手者”和一个“奇数握手者”之间的依次握手，使“奇数握手的人数增加1并且减少1，因而保持不变。

因此，“奇数握手者”的人数始终是偶数，而不会变为奇数。

54 河的宽度

◆当两只船第一次相遇时，它们已行驶的距离之和正好等于河的宽度；当它们在返回途中第二次相遇时，已行驶的距离之和是河的宽度的3倍。

又因为两只船的速度均保持不变，且用去的行驶时间相同，因此，当第二次相遇时，每只船实际已行驶的距离是它们第一次相遇时已行驶的距离的3倍。

这样，当第二次相遇时，两船的行驶距离是720米×3，即2160米，题中清楚地显示，这比河的宽度正好多出400米，因此，河的宽度是2160米减400米，即1760米。

题中的条件“靠岸后两只船都分别停靠了10分钟然后返回”的意义在于保证当第二次相遇时两只船已行驶的时间相同，至于条件中“10分钟”这个具体数字没有意义，就是说，也可以是5分钟、12分钟等等。

55 三堆苹果

◆首先从第一堆的11只中，取走7只放入第二堆，这样第二堆就有了14只，也就是说这三堆分别为：4只、14只、6只。

第二步从第二堆中取走6只，放入第三堆，这样三堆分别为：4只、8只、12只。

这样，第三步，你也能看出来了吧。从第三堆中取走4只放入第一堆中，这样三堆苹果每堆都是8只了。

56 报童的竞争

◆琼斯家三个孩子比史密斯家两个孩子多卖了220份报纸，原来的报纸份数是1020份。

57 斐波纳奇问题

◆144对。

58 守财奴的遗嘱

◆守财奴共有6个儿子，每人分得6根金条，金条共有36根。

59 尝试的次数

◆最多的次数为：

10+9+8+7+6+5+4+3+2=54。

60 史密斯夫妇

◆史密斯有2500美元，妻子有3333.3333美元，小树林与小溪的价值是833.3333美元。

61 哪只钟更准确

◆选每天只走准一次的钟。你也许会选择一天只慢一次的那只，可它在两年内只准确一次，所以这只是坏的。要那只走准一次的，因为他是停的。

62 夫妻喝酒的时间

◆因为妻子喝完一桶白兰地需要40个星期，所以她一个星期喝1/40，而他们夫妻喝完一桶白兰地要8星期，所以夫妻一星期喝1/8，由此求出，丈夫喝完半桶白兰地要5星期的时间。照上面的方法，可以求出妻子喝完半桶葡萄酒要42天。所以，丈夫喝完了白兰地时，妻子还剩下1/12桶葡萄酒没有喝完。最后，两个人喝完葡萄酒的话，还要5天时间。所以，喝完这些酒一共需40天时间。

63 死者的出生年

◆死者没有活到100岁，现在又是1990年，这说明死者的生年在1890～1990之间。问题的关键在于找出一个数，其平方也在这个范围内。现在有：43×43=1849，44×44=1936，45×45=2025由此可知，死者在1936年时44岁，他的出生日期是1936－44=1892年。

64 作家的生卒年

◆该作家生于1814年，死于1841年。

65 何时是半盒子鸡蛋

◆59分钟的时候。

66 开放几个检票口

◆设检票开始时等候检票的旅客人数为x人，排队队伍每分钟增加y人，每个检票口每分钟检票z人，最少同时开n个检票口，就可在5分钟内让全部旅客检票进站。根据已知条件列出方程式：开放一个检票口，需半小时检完，则x+30y=30z，开放两个检票口，需10分钟检完。则x+10y=2×10z；开放n个检票口，最多需5分钟检完，则x+5y≤n×5z；可解得x=15z，y=0.5z。将以上两式带人x+5y≤n×5z得n≥3.5，所以n=4。

67 与几艘客轮相遇

◆一共是15艘。

68 探险船队

◆27÷（1-2/5-2/7-1/4）=27÷9/140=420，加上猴子自己，船上共有421只动物。

69 分米

◆(1)两次装满脸盆，倒入7千克的桶里；
(2)往3千克的脸盆里倒满米，再将脸盆里的米倒1千克在7千克的桶里，这样脸盆中还有2千克米；
(3)将7千克米全部倒入10千克的袋子中；
(4)将脸盆中剩余2千克米倒入7千克的桶里；
(5)将袋子里的米倒3千克在脸盆中，再把脸盆中的米倒入桶里，这样桶和袋子里各有5千克米。

70 割草

◆设共有X个人，则割完两片草地需要X+1个工作日，其中大片草地需要2/3(X+1)个工作日，实际上全体割草人在大片地上割了半天，用1/2X个工作日，一半人又在大片草地割了半天，用1/4X个工作日，由此可列出以下方程：2/3(X+1)=1/2X+1/4X；解X=8。

所以割草的人一共有8人。

71 数学家的年龄

◆84岁。

72 燃香计时

◆第一根香先点一端，第二根香在第一根香点燃时候同时把两端点燃，这样第二根香烧完是半小时，此时第一根香也剩半小时，在第二根香烧完的同时把第一根香的另外一端也点燃，那么从第二根香烧完到第一根香烧完的这段时间就是15分钟。

73 省钱方法

◆直接买50张票，这样可以省30元。46张票需要46×5=230(元)，50张票需要50×5×0.8=200(元)。

74 尼古拉分油

◆可分8步：

①先从油瓮里倒1.5千克油装满小瓶；

②把小瓶里的1.5千克油倒入大瓶；

③再从油瓮里倒1.5千克油装满小瓶；

④把小瓶里的油倒满大瓶，小瓶剩0.5千克油；

⑤把大瓶里的2.5千克油倒还油瓮，这时油瓮有3.5千克油；

⑥把小瓶的0.5千克油再倒入大瓶；

⑦再从油瓮里倒1.5千克油装满小瓶；这时油瓮里就剩2千克油了。

⑧最后把小瓶里的1.5千克油倒入大瓶中；

于是大瓶里也是2千克油。

75 分干粮

◆3个人。

第一批人在没有见到第二批人的时候，干粮只能吃4天了。与第二批人合计后，干粮只能吃3天了。

也就是说，第二批人在3天中吃的干粮是第一批人1天吃的量。

第一批人共9个人，因此第二批人就是3个。

76 趣味数学

◆(1+2)÷3=1

1×2+3-4=1

[(1+2)÷3+4]÷5=1

(1×2+3-4+5)÷6=1

{[(1+2)÷3+4]÷5+6}÷7=1

[(1×2+3-4+5)÷6+7]÷8=1

第八章

侦探与推理——思维火山大爆发

1 指纹在哪里

◆这是一道测试你阅读是否足够仔细的题目，如果你粗心大意的话，可就犯下和托蒂一样的错误了。安东尼是按门铃进来的，所以门铃按钮上还留有一个指纹，而警察敲门进来的原因，就是不破坏这最后一个没有被清除掉的指纹。

2 破绽

◆门铃使用的是干电池，与停电无关。

3 智取宝石

◆神偷先把盒子倒放，然后把盖子拉开一点，仅仅使三颗宝石能掉出来，这样就不会接触到毒蛇了。

4 特制弹头

◆凶手利用与死者同血型的血液，经过快速冷冻，变成固体做成弹头。这种弹头射入人体后，会受体温影响而解冻融化成血液，使弹头自动消失。

5 真假之辨

◆死者脚底板的伤痕是从脚趾到脚跟，是纵向的，若他真是爬树时从树上摔下来的，那么脚底板不会有纵向的伤痕。因为爬树时要用双脚夹住树干，脚底受伤也只能是横向的。

6 军事情报

◆E=7，W=4，F=6，T=2，Q=0，东路兵力是7240，西路兵力是6760，总兵力是14000。

细心分析，可以发现只能是Q+Q=Q，而不可能是Q+Q=2Q，故Q=0；

所以有三个式子：

(1)W+F=10

(2)T+E=9

(3)E+F=9+W

可以推出2W=E+1，所以E是单数。

另外E+F＞9，E＞F，所以推算出E=9是错误的，E=7是正确的。

7 粗心的劫匪

◆因为劫匪慌忙中忘记换掉后面的车牌了。

8 江洋大盗

◆防盗玻璃整体是难以毁坏的，但如果玻璃上有个小小的缺陷，被人用锤在那里一击，防盗玻璃一定会破碎，知道这个破绽的人，只有设计制造防盗玻璃柜的那个经手人。

9 智擒盗贼

◆华盛顿用双手分别蒙住马的眼睛，问盗马贼："你说这马是你的，那你说这匹马哪只眼睛是瞎的？"盗马贼愣住了，他可没有注意马的眼睛呀，他只好猜："是左眼。"华盛顿马上放开左手，马的左眼亮闪闪的，一点也不瞎。盗马贼一看，马上改口说："我记错了，是右眼。"华盛顿又把右手放开，马的右眼同样也是亮闪闪的，根本也不瞎。盗马贼无话可说了，只得低头认罪。

10 智取情报

◆按常规，云杉顶梢高耸入云，人是不可能上去的，那么"货"就肯定不会在树顶。他们经过逻辑分析："货"肯定是在与树顶有关的地方"下午6时"说明取"货"有一定的时间限制。

由此，他们很快得出：6点钟，树顶在地面上的投影处，就是藏货的地方。

11 雪后脚印

◆是一个人由于某种原因而伪造了一个自杀现场的恶作剧。他的伪造过程是怎样的呢？

他制造了一副高跷，但这副高跷是脚尖朝后的。当快要下雪的时候，他拿着这副高跷走到了峭壁上；当雪将停时，他就蹬着自制的高跷，小心翼翼地一步步走回村了。

谁都会知道，我们的脚一般是用来移动身体使之前进的，这是人们的常识。也就是说，脚印当中的脚指总是与人前进的方向一致，能够指出那时人是朝着什么方向走的，是人行进方向的证据。搞此恶作剧的人，就是利用了这一点，做了反常的现场。

而解决这个问题的关键，也在于识破这一点。

12 作案时间

◆短针的一个刻度间隔，相当于长针的12分钟。短针正对着某一个刻度时，长针可能是0分、12分、24分、36分或48分的任一位置上。分析了这种情况，就可以得到答案：只能是2时12分。正确的判断来自对生活中各种现象的观察和思考。

13 吊在半空中的管理员

◆他是这样做的：他利用梯子把绳子的一头系在顶梁上，然后把梯子移到了门外。回来时带进一块巨大的冰块，这冰块是事先放在冷藏库里的。

他站在冰块上，用绳子把自己系好，然后耐心等待。

第二天当侍者发现他的时候，冰块已完全融化了，管理员就此被吊在半空中。

14 藏尸案

◆警方经细查，断定凶手是C。他假装正午离开小屋，于1点30分D和E都离开后，再等A与B通过电话，便进入小屋杀了他，凶器为登山用的攀岩锤。

C行凶之后离开小屋之时为2点10分，随即从东边往下跑，跑到半山腰，便偷了E放在那儿的滑板，一口气滑向山庄，所以4点40分就到达了目的地，因此1点30分出发的E到达半山腰时，找不到滑雪用具。

15 巧妙的自杀

◆农夫在手枪的柄上拴上了羊爱吃的草编的绳子，于是那十几只羊就可以边吃边将手枪拉进羊圈。

16 精明的探长

◆任何一个单人房间的旅客，在进自己的房间之前绝不会敲门的，所以年轻人说自己"我走错房间了"显然是在撒谎。年轻人之后又上了四楼，而四楼仍然是单人房间，探长之所以不揭发他，是怕打草惊蛇。

17 福尔摩斯断案

◆男人出现的时候浑身湿漉漉的，而事发地点距离他出现的地方有半小时路程。如果他真是跑出来求救的，应该全身都冻得结冰才对。因此，可以判断出朋友是他推下去的，或者在别处杀害以后再推下去的，而他自己则在旅馆里弄湿衣服，出来呼救。

18 海底谋杀案

◆凶手是中田，因为从海底上升到地面，中途至少需要40分钟的时间。按照中田的说法，他30分钟就到了地面，这不符合海底上升的科学规范，也就是说如果他是30分钟就上升到地面的话，他早就死了。这说明他在撒谎，实际上是他杀害了村上。

19 背景与领结

◆既然她只看到了后面的背影，怎么能看到身前的领结呢？

20 公司行窃案

◆作案的人应该是公司里的员工，或至少能够经常进出公司的人，比如清洁工。作案的人买来一把相同的锁，趁别人不注意的时候和原锁调换了一下。财务人员下班时不用钥匙上锁，所以根本不会发现。晚上，罪犯潜入公司开锁进屋，作案后又将原锁换回锁好。这样，第二天早上财务人员开门时，还是不会察觉到门锁被换过。

21 诬告

◆林肯做出这样判决的科学根据是：那一年阳历的7月20日是上弦月，晚上10点钟时月亮已经西沉，不会有月光。即使证人记错了时间，把作案时间推前，月亮还在西天，月光从西边照射过来，如果凶手面向西，藏在树东边草堆后面的证人是根本无法看到其面容的；倘若作案者面向证人，月光照在作案人后脑勺上，证人依然无法看到其面容。

22 纵火案

◆画家把猫关在密封的房间里，目的是不让它吃东西，猫肯定会肚子饿，于是就想吃鱼缸里的鱼。鱼缸里的水打翻后接触到席子上的生石灰反应生成熟石灰并放出大量热，于是就着火了。所以，纵火的是画家。

23 上当的侦探

◆因为侦探要多下一层。

大楼正门在一层，女盗上三楼，只再爬两层就行了。而亨利侦探的地下三层是要上下三层。也就是说，亨利侦探上下要比女盗多爬一层，当然要输。

24 雨后的鞋印

◆天晴的时候，阳光直接照射到土壤，在让泥土变干的同时，也会让留在泥土上的鞋印收缩，大约会收缩半码。因此，如果鞋印模型和吉恩的鞋子完全吻合的话，只能说明吉恩是清白的，凶手应该穿比吉恩大半码的鞋子。

25 自杀还是谋杀

◆插上插头，电风扇开始转动，桌子上的遗书就会被风吹掉。而那封遗书在警察到达时仍放在桌面上。这就是说，被射杀的伯顿先生倒地时，碰到了电源线，插头从插座中脱落，电风扇停止了转动，然后凶手才将伪造的遗书放到桌面上。如果是伯顿先生死前自己放的遗书，那遗书就会被吹到地上了，因此毫无疑问这是他杀。

26 白纸遗嘱

◆其实，简的妻子为了保住遗产，故意把没有墨水的钢笔递给简。由于库尔和简都是盲人，自然也就没有发现。没有字的白纸最终被当成遗嘱保存了下来。

可是，虽然没有字迹，但钢笔划过白纸留下的笔迹仍然存在，如果仔细鉴定是可以分辨出来的，所以遗嘱仍然有效。

27 宝石藏在哪儿

◆普通的冰块应该浮在水面上，冰块里藏有钻石肯定要沉入杯底，因为它的密度比水大。矶川侦探看到梅姑杯子里只有2块冰块浮在水面上，另外2块冰块则沉到了杯底，推测里面一定藏有钻石。

28 情报

◆常识断案：福特探长在打电话时做了点手脚。在通话时，探长一讲到无关紧要的话，就用手掌心捂紧话筒，不让电话中的另一方听到，而讲到关键的话时，就松开手。

这样，警方就收到了这么一段“间歇式的情报电话：我是福特……现在……金冠大酒店……和……目标……在一起……请……快……赶来”。

29 盛开的牵牛花

◆应朝东追捕。根据玛丽未完成的画稿，玛丽小姐是在画牵牛花时被劫走的，而牵牛花只有早晨才盛开，过了上午9点钟就开始萎谢了，所以发案时间应是上午8点之前。

30 凶宅后门

◆弗纳声称他不知道布伦敦的住址，从来没到过他的家。可是，当他和德里克在阁楼上听到楼下传来门的响动时，他不假思索地便匆匆向后门跑去，这说明他早知道这座房子有后门。

31 骨灰盒里的钻石

◆钻石是夏尔太太的女友弗路丝偷的。

要知道是谁作的案，就必须推断出谁有时间、有条件作案。我们不妨这样来推算：设水流速度为u，船在静水中的速度为v，那么船顺流时速度为v+u；逆流时的速度为v-u，再设投下骨灰盒的时间为t。因为小木盒漂流的路程加上船逆流赶上小木盒所走的路程，等于船在10点30分到11点45分这段时间内顺流所走的路程，即(v-u)(10：30-t)+(11：45-t)u=(u+v)(11：45-10：30)解此方程得t=9：15，因此，投下骨灰盒的时间是9点15分，而此时安娜正在与夏尔太太争吵，她不可能作案，因此作案的是弗路丝。

32 杀人蜂

◆这部微型录音机里的磁带开头录着轻松柔和的华尔兹乐曲，可就在这部乐曲中突然插了一段节奏紧张、刺激性强的现代音乐。

毒蜂在听轻松柔和的乐曲时表现得温顺老实，而当突然听到这种强刺激的现代音乐时，马上兴奋起来，野性大发。罪犯就是趁被害人睡午觉的时候，利用毒蜂的这种习性，用录音机里装的这盘磁带，让毒蜂袭击了他。

33 别墅惨案

◆凶手是送牛奶的人。因为只有知道金姆森太太已经遇害，他才不再到这里送牛奶，而送报纸的人显然不知道这一点，每天仍然准时把报纸送来。

因此，送报纸的虽然每天都来，却因此被排除了嫌疑。送牛奶的人作案后，显然没有想到这桩凶案在十多天以才被人发现，他停止送奶的行为恰恰暴露了自己的罪行。

34 船长是何时被害的

◆从蜡烛的熔化情况来判定被害时间。

从蜡烛的上端熔化部分呈水平状态来看，船在触礁而倾斜的时侯，蜡烛还在燃烧着。

海水的涨潮和退潮，其间总是隔6个小时轮流变化着，这艘船被发现的时候是上午9点左右，此时恰好是刚退潮。

由此可知，此次退潮至上一次退潮，其间只涨过一次潮，以此可推论船是在昨晚9点左右触礁倾斜，凶手也是在此刻下手的。

倘若凶手是在涨潮时进入船舱吹熄蜡烛作案的，那么蜡烛上端熔化部分一定会和船体倾斜的状态呈同样的角度。

35 消失的凶器

◆凶器就是死者的丝袜。把长长的丝袜装满沙子，就变成了一件凶器。

36 伪造的遗书

◆刑警看到小鸟还在笼子里便断定是他杀的，因为既然死者是爱鸟协会的会长，在自杀之前应该会将小鸟放飞，给它们自由。爱鸟的人对小鸟的爱要超出常人，而把它们关在笼子里自杀是不可想象的。

37 移花接木

◆警察看到蜡烛后产生了怀疑，再加上停电，蜡烛一直没有熄灭。假如晶晶是在自己屋里被杀，过了二十三四个小时，蜡烛早就燃尽了，一定是有人夜里把尸体弄来，走时忘了灭蜡烛。

38 烟头作证

◆是那个业务员。如果是画家的老朋友，就没有必要在门口把烟弄灭了。

39 奇怪的手枪

◆歹徒用的是左轮手枪，左轮手枪只有6发子弹。田中说匪徒向他开了2枪，他自己又开了5枪，一共是7枪，这怎么可能呢？所以田中是在说谎。

40 美术馆的盗窃犯

◆外面正在下雨，其他人的雨伞都是湿的，而盗窃犯的雨伞却是干的，这说明他不是从外面进来的。

41 博尔思岛上的抢劫

◆令A表示被告，B表示被告的辩护律师，C表示原告。

先分析大侦探到达前我们已能得出哪些结论。

首先，A不可能是无赖。因为如果他是无赖的话，他说的就是假话，因而事实上他是罪犯，这和罪犯不是无赖的条件矛盾。因此，A是骑士或外来居民。

可能性1：A是骑士。这样他说的话就是真的，因而他事实上是无辜的。这样B说的话也是真的，因此B是外来居民，C是无赖。由条件可知，罪犯不是无赖，所以B是罪犯。

可能性2：A是外来居民但不是罪犯。这样B的话同样是真的，因此，B是骑士，C是无赖。同样因为罪犯不是无赖，所以B是罪犯。

可能性3：A是外来居民而且是罪犯。这样，C的话是真的，因此C是骑士，B是无赖。

再分析大侦探到达后的情况。

当大侦探问原告他是否是犯罪的时候，事实上他已知道原告是无罪的，他提这个问题的目的是要弄清原告是骑士或无赖。

如果原告真实地回答“不”，则大侦探立即可以确定以上排列中“可能性3”是真实情况，因而无须再提问题，即可确定谁是罪犯及三个人的身份。但事实上大侦探又提了第二个问题，这说明原告肯定是无赖，他的回答是“是”。这样就排除了可能性3，只剩下可能性1和可能性2。这时我们已能知道被告律师是罪犯，被告是无罪的，但仍不能区分两人谁是骑士、谁是外来居民。这时大侦探问被告：“原告是罪犯吗？”显然，骑士的回答一定是“不”，而外来居民的回答则可能是“不”，也可能是“是”。因此，如果大侦探得到的回答是“不”，他仍然没法分清两人的身份，但现在他分清了，因此，他得到的答案肯定是“是”，因而，被告是外来居民，被告律师是骑士同时也是罪犯。

从而可知，可能性2是真实情况：被告是外来居民，原告是无赖，被告律师是骑士并且是罪犯。

42 杀手的失误

◆在开枪射击的时候，火药燃烧会在射击者的手上或者袖口留下火药颗粒，即“硝烟反应”。当警方检查会长持枪的手时，发现他的手上根本就没有火药味和火药颗粒，因此确定此案为谋杀。

43 散落的玻璃碎片

◆因为满地都是玻璃碎片，如果窗帘是拉着的话，小偷从外面闯进来，打碎玻璃后不应该散落一地。可见A是在说谎。

44 奇怪的爆炸案

◆罪犯趁被害人外出家里没人时，悄悄地溜进屋里，往火药里掺上氨溶液和碘的混合物。如果在氨溶液里掺入碘，在湿着的状态时是安全无害的。但一干燥，其敏感度甚于TNT炸药，哪怕是高音量的震动也会引起爆炸。所以，被害人在用小号吹奏高音曲调的一刹那，其声波震动了烧杯里的炸药引起了爆炸。

45 难倒警察

◆植物也有血型。尽管植物没有红色的血液，但也有确定血型的物质。那躺在床上的尸体枕着用荞麦皮装制的枕头，由于荞麦中有A抗原和B抗原，所以枕头上验出了血型。

而在车祸一案中，轮胎碾过山村小路上的植物，能够确定植物血型的物质粘在轮胎上了。

46 狮子的微笑

◆这是一宗巧妙地利用狮子杀人的案件。狮子的微笑实际上是它想打喷嚏的表情。凶手事先暗中把一种刺激性很强的药物喷在女驯兽师的头发上，当女驯兽师在台上把头伸入狮子口中时，狮子因药物的刺激而打了个喷嚏。由于狮子的力气太大，嘴一张一合，无意间便咬碎了女驯兽师的头颅。

47 台风

◆案件的破绽就在那顶帽子。由于昨晚有台风刮过，因此，死者的帽子不可能遗留在现场。

48 新干线上的抢劫案

◆既然两个劫匪都是蒙面，他们怎么抽烟呢？显然是安田在说谎。

49 假口供

◆如果A是在凌晨3时许死去的，啤酒不应该还有泡。

50 特工如何被杀

◆凶手就是男服务生。他在汤中放了大量的盐，使女特务喝后感到口渴。于是叫他拿水，而毒药则放在第一杯水中，当男服务生再拿杯去倒第二杯水时，暗中已换了另一个杯子。

51 死亡气体

◆因为从刚刚打开的汽水中冒出来的“气”是二氧化碳。所以，在汽水表面附近，聚集着浓浓的二氧化碳层，而原先在杯中的氧气和其他气体被排挤到杯子外面去了。在二氧化碳气体中，任何生物都不能生存，火柴也不能燃烧。

52 足球

◆世界球星中有英国人、德国人、巴西人、意大利人，怎么都如此凑巧，只用英文签名呢？理由只有一个，就是大毒枭只懂英文，他弄虚作假。

53 偷钱者的疏忽

◆因为日本国旗不论是正挂还是倒挂，都没有区别。

54 手印

◆老人看到5个指头的指纹全部是正面紧紧地贴在墙上的情形才觉得奇怪的。

因为手贴到墙上时，拇指的指纹不应全贴在墙上。

55 越狱

◆在他每天上厕所时将挖出来的土一点点地带出，然后从厕所中冲走。

56 后视镜里的车牌号

◆王强没有看错车牌号，也没有记错。他是从后视镜里看到的。从后视镜里看到的号码是反着的。肇事逃逸者的正确车牌应是810VA81。

57 藏邮票的地方

◆小偷把邮票沾水后贴在电风扇的叶片上，然后打开电风扇，因为电风扇在转动，所以不可能发现邮票。

警察关掉电风扇后，邮票自然也就找到了。

58 不攻自破

◆“那么受伤以前，你能举多高呢？”原告下意识地很快把手举过了头顶。

顿时，引起在场的人一片哄笑。原告这才明白自己上当了。

59 古堡奇案

◆凶手是红蝙蝠，能在古堡里夜夜出没，并迅速结束人的生命而不留伤痕的，只能是红蝙蝠。

这种奇特的红蝙蝠，长着像钢针一样锋利的牙，专门在夜间出来觅食，乘人畜不备，瞬间能将尖嘴插入人和动物的大脑，吮吸脑汁，可立即致人死命。

乞丐正是想到了这一点，才有把握破案的。他在铁箱里等到午夜，红蝙蝠从古堡顶部飞下来，向猴子猛扑过去，听到苏醒过来的猴子一声惨叫，乞丐迅速收紧了渔网，将红蝙蝠捉住。次日早晨，他才从古堡里安然走出。

60 不配合的三个人

◆佛罗姆声称整个上午都在外面刷门廊，然而他的牛仔裤却是干净的，这是不符合常识的，对这个异常现象的解释只能是，佛罗姆在干活的时候杀死了比尔，当佛罗姆快刷完门廊的时候，进屋换了一身衣服，又出来干完了活儿，为什么他要换衣服呢？

因为他原来的衣服上面溅满了比尔的鲜血。

61 去找金笔的凶手

◆哈莱金并没有提到案发地点，那巴尼特能拿回金笔说明他知道案发地点不是“第三大街一套小巧的单元”，而是“贝当大街布鲁克巷3号的一间情人旅馆”。

62 易容师的智慧

◆原来，易容师前几天在报上看到了一张通缉犯的照片，于是，就把这个通缉犯的模样移植到了此人的脸上。他一出现，当然会引起警察极大的注意。

63 混乱

◆地方官员是真正的凶手。他进诊所时，中年男于已经换上了干净的衣服，并且吊着手臂，他不可能知道陌生人是背部中弹。

64 护送宝马

◆盗贼把整个车厢都盗走了，把马和手枪队一块弄走了。

65 揭穿谎言

◆根据一般门的厚度，透过锁孔不可能看到房间里面的两侧。

66 逃税的商人

◆琼尼把这10000只右手套分装成5000盒，海关人员认为1盒里装了2只手套，那一定是1副了，于是这批手套顺利地通过了美国的海关。